The Elusive SAMURAI

1

UNTERGANG 1333

YU SEI MAT SUI

The Elusive SAMURAI

1 UNTERGANG 1333

INHALT

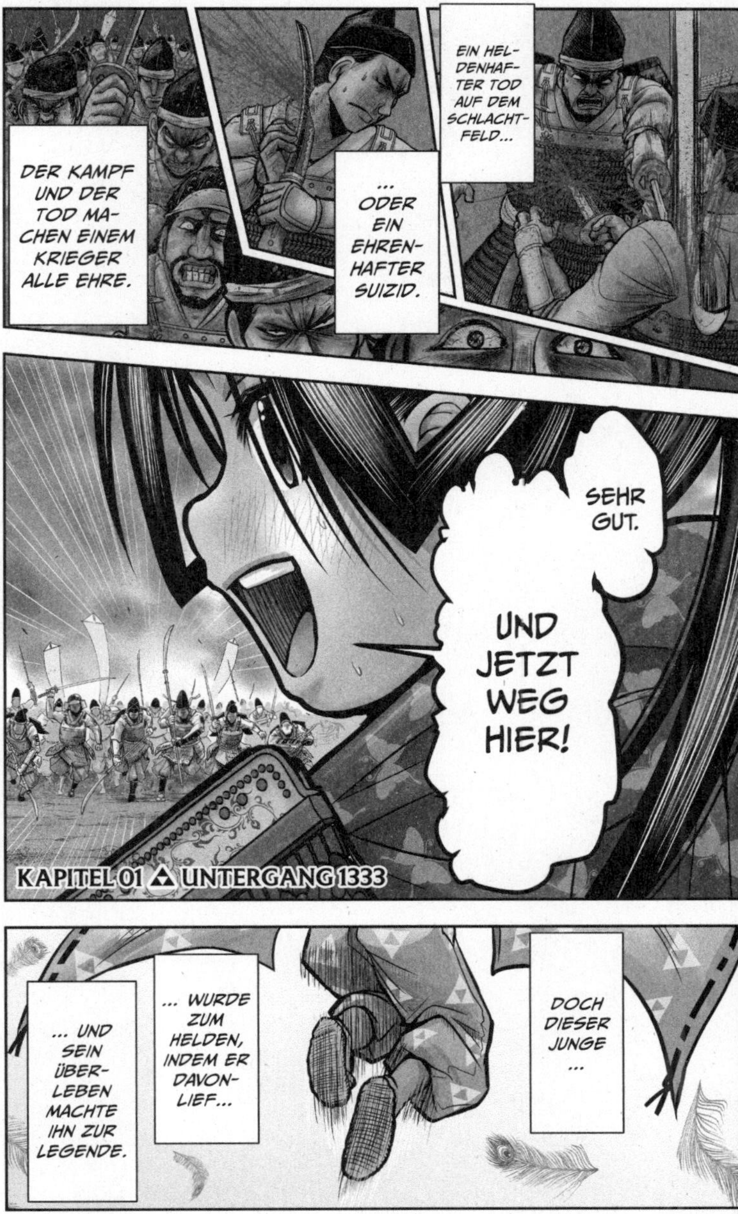
EIN HELDENHAFTER TOD AUF DEM SCHLACHTFELD...
... ODER EIN EHRENHAFTER SUIZID.
DER KAMPF UND DER TOD MACHEN EINEM KRIEGER ALLE EHRE.
SEHR GUT.
UND JETZT WEG HIER!
KAPITEL 01 UNTERGANG 1333
DOCH DIESER JUNGE ...
... WURDE ZUM HELDEN, INDEM ER DAVONLIEF...
... UND SEIN ÜBERLEBEN MACHTE IHN ZUR LEGENDE.

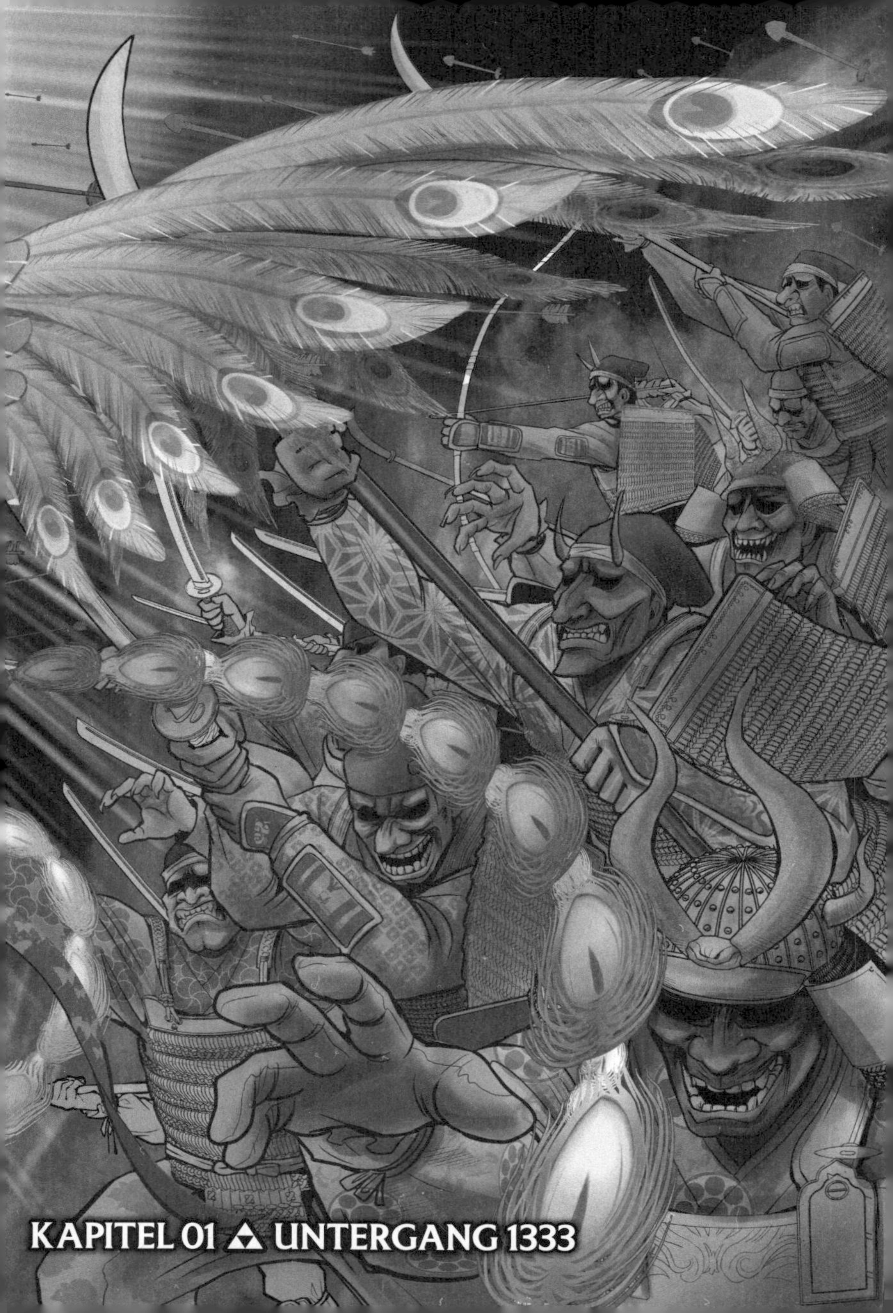

KAPITEL 01 ▲ UNTERGANG 1333

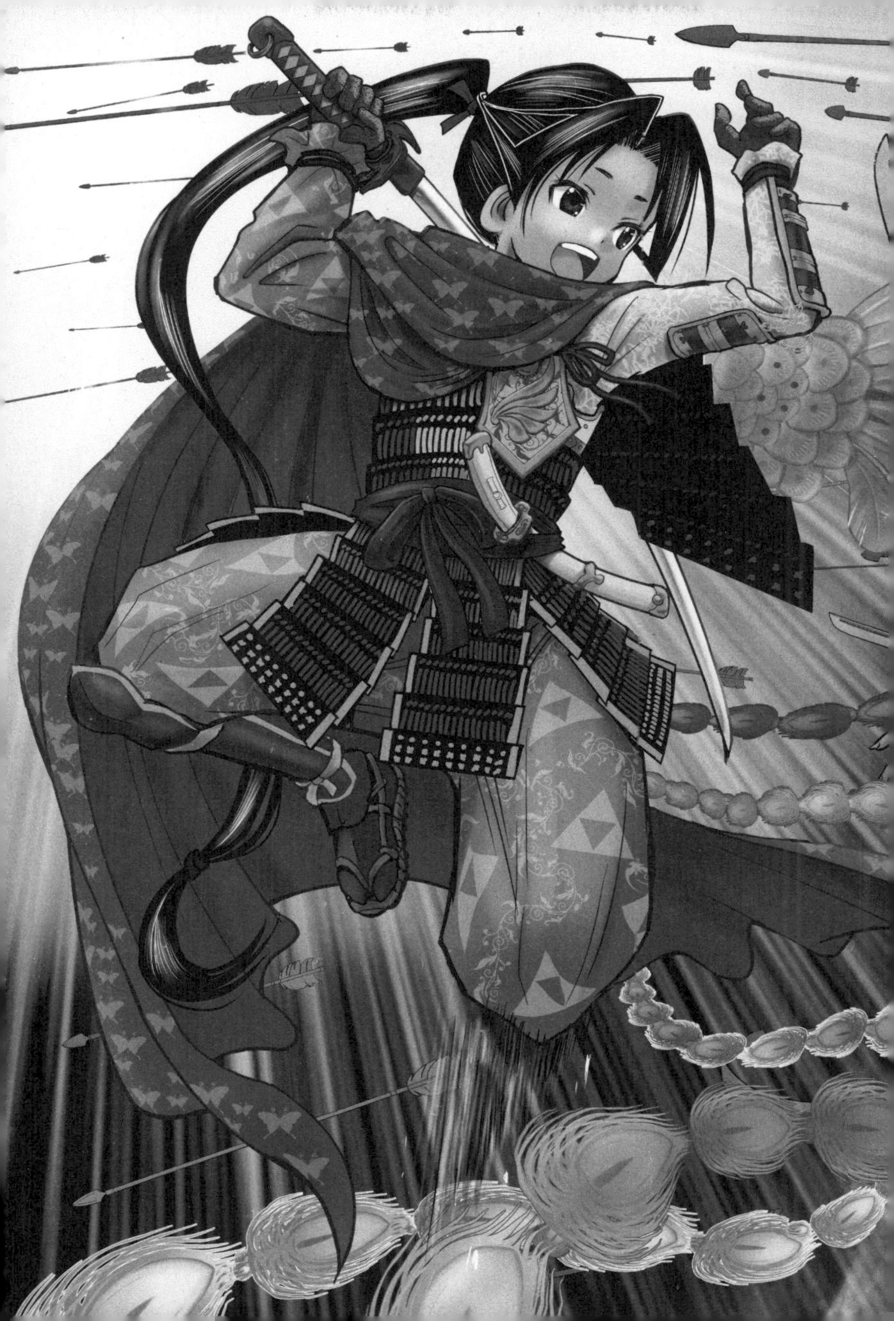

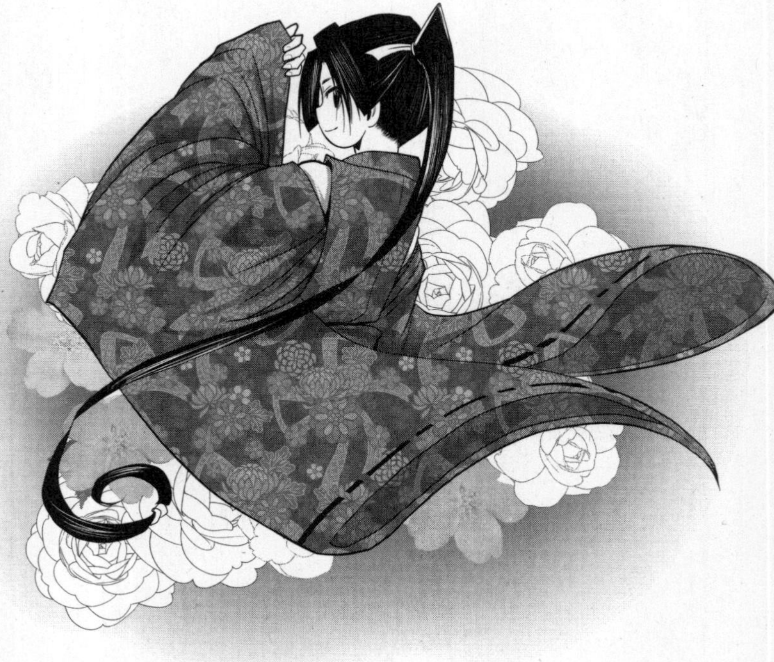

The Elusive SAMURAI

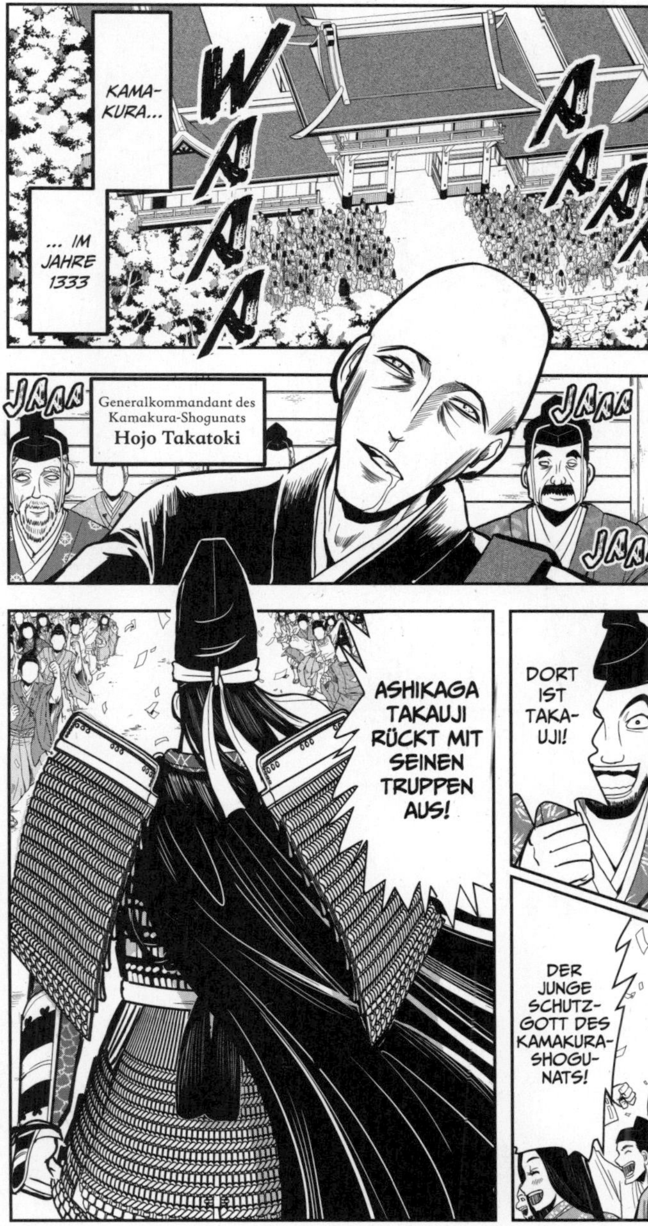
KAMA-KURA...
... IM JAHRE 1333
WAAAAA
AAAAAH
JAAA
Generalkommandant des Kamakura-Shogunats
Hojo Takatoki
JAAA
JAAA
DORT IST TAKA-UJI!
ASHIKAGA TAKAUJI RÜCKT MIT SEINEN TRUPPEN AUS!
DER JUNGE SCHUTZ-GOTT DES KAMAKURA-SHOGU-NATS!

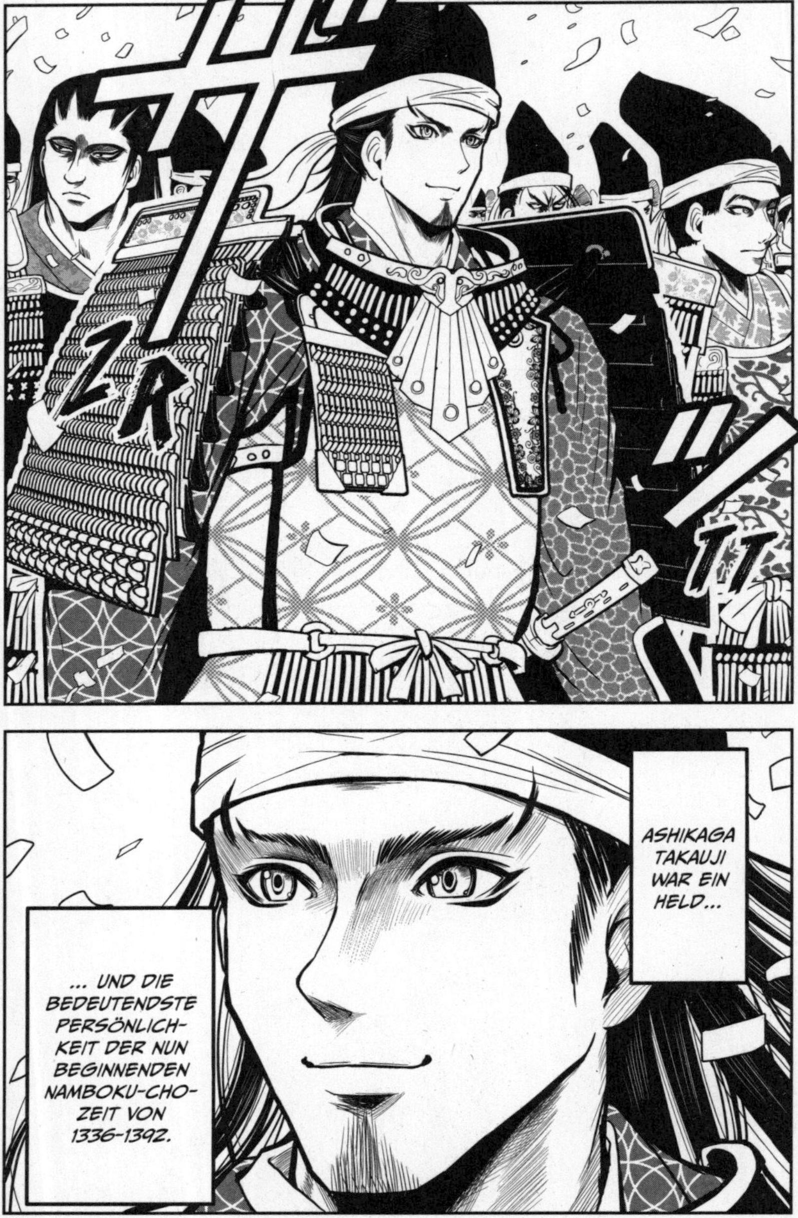
ZA
ASHIKAGA TAKAUJI WAR EIN HELD...
... UND DIE BEDEUTENDSTE PERSÖNLICH-KEIT DER NUN BEGINNENDEN NAMBOKU-CHO-ZEIT VON 1336-1392.

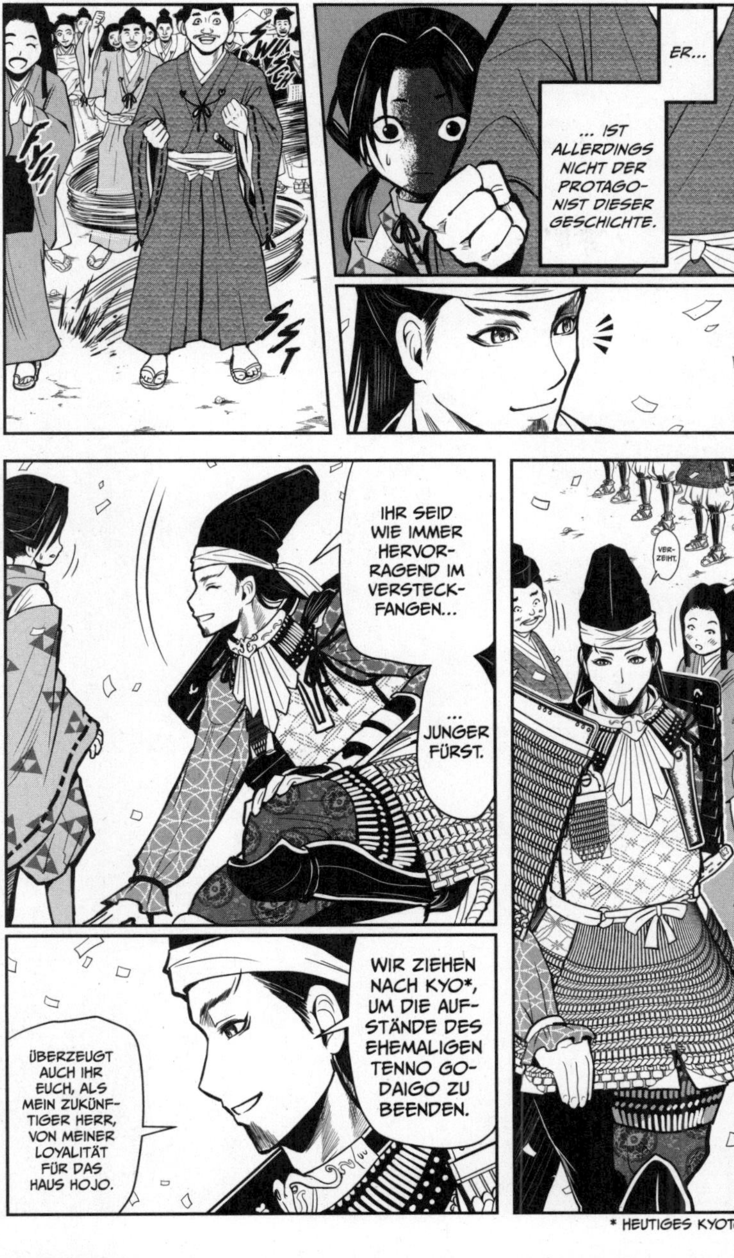

* HEUTIGES KYOTO

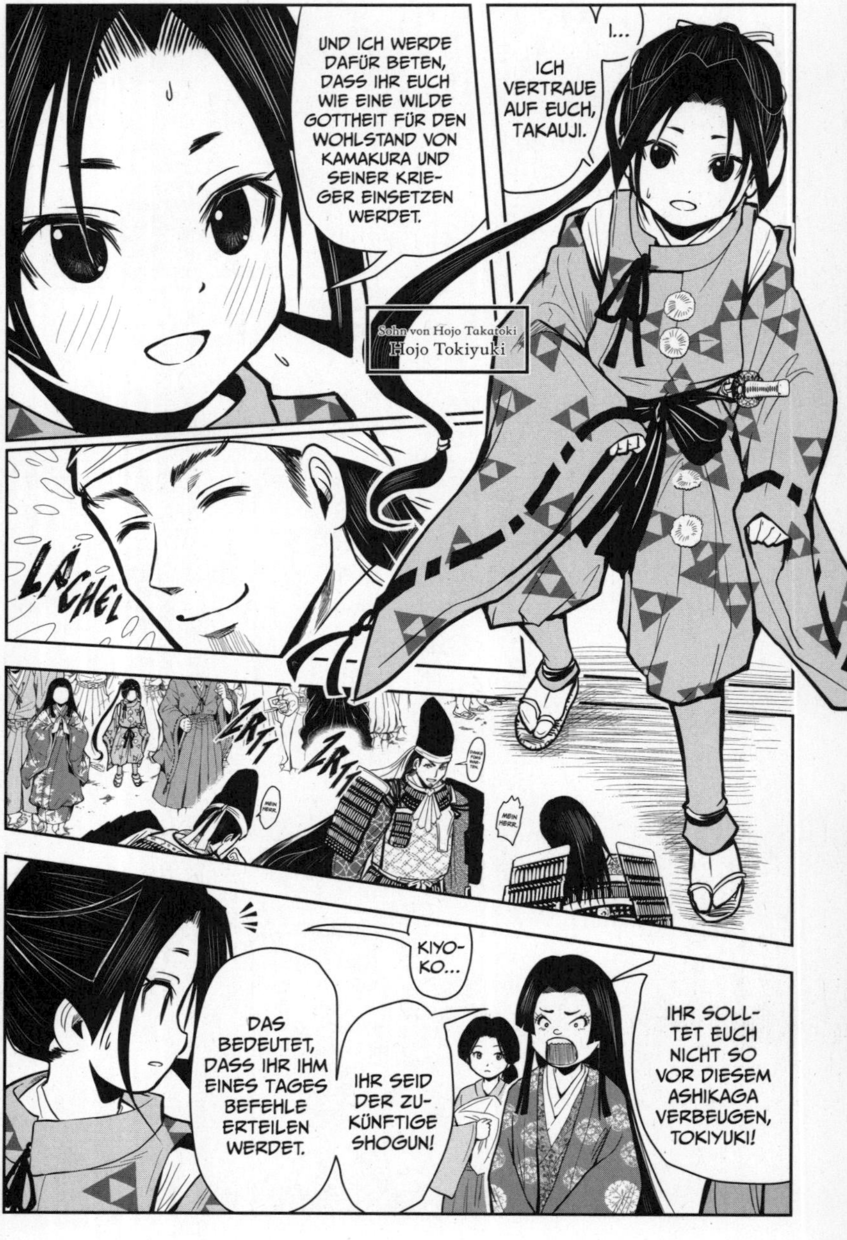
I...
ICH VERTRAUE AUF EUCH, TAKAUJI.
UND ICH WERDE DAFÜR BETEN, DASS IHR EUCH WIE EINE WILDE GOTTHEIT FÜR DEN WOHLSTAND VON KAMAKURA UND SEINER KRIEGER EINSETZEN WERDET.
Sohn von Hojo Takatoki
Hojo Tokiyuki
LÄCHEL
ZR11
ZR11
DANKE FÜRS WARTEN.
MEIN HERR.
MEIN HERR.
KIYOKO...
IHR SOLLTET EUCH NICHT SO VOR DIESEM ASHIKAGA VERBEUGEN, TOKIYUKI!
IHR SEID DER ZUKÜNFTIGE SHOGUN!
DAS BEDEUTET, DASS IHR IHM EINES TAGES BEFEHLE ERTEILEN WERDET.

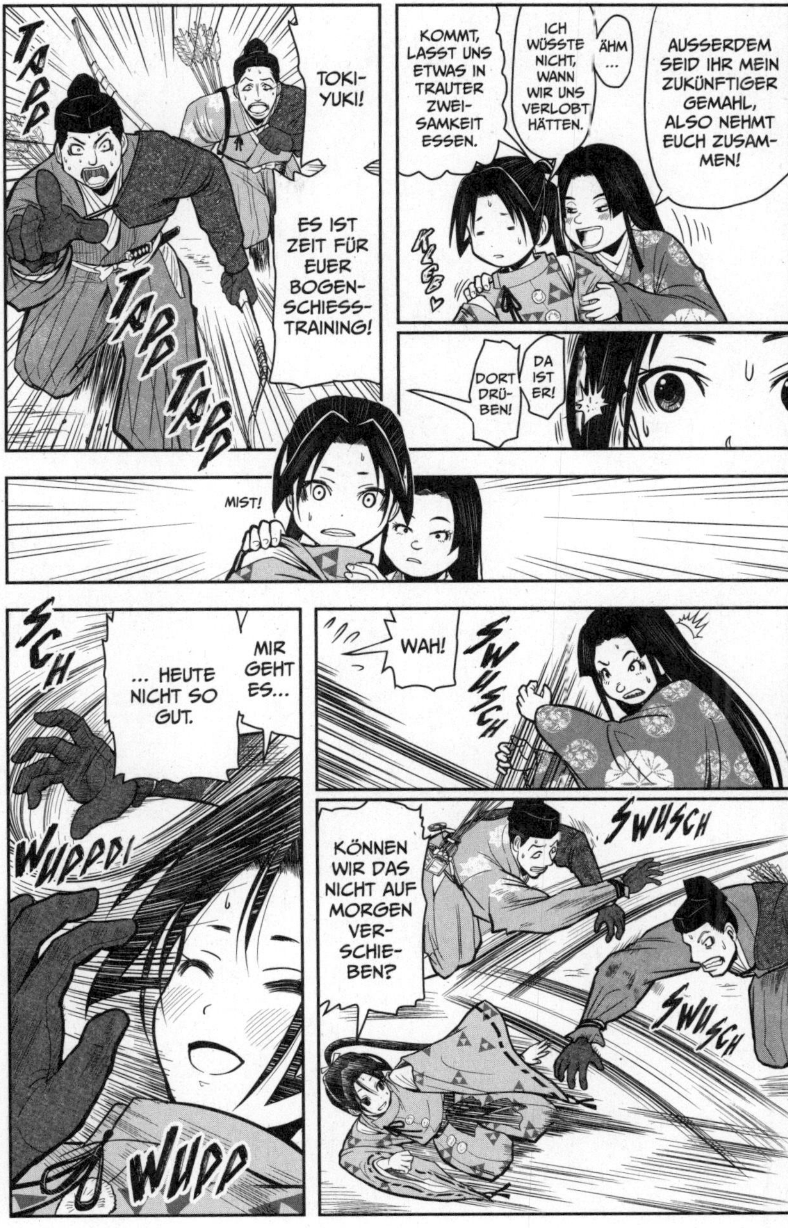
ÄHM …
AUSSERDEM SEID IHR MEIN ZUKÜNFTIGER GEMAHL, ALSO NEHMT EUCH ZUSAMMEN!
ICH WÜSSTE NICHT, WANN WIR UNS VERLOBT HÄTTEN.
KOMMT, LASST UNS ETWAS IN TRAUTER ZWEISAMKEIT ESSEN.
KLAMMER
TOKI-YUKI!
ES IST ZEIT FÜR EUER BOGENSCHIESS-TRAINING!
TAPP
TAPP TAPP TAPP
DA IST ER!
DORT DRÜBEN!
MIST!
WAH!
SWUSCH
MIR GEHT ES…
… HEUTE NICHT SO GUT.
SCH
WUPPDI
WUPP
KÖNNEN WIR DAS NICHT AUF MORGEN VERSCHIEBEN?
SWUSCH
SWUSCH

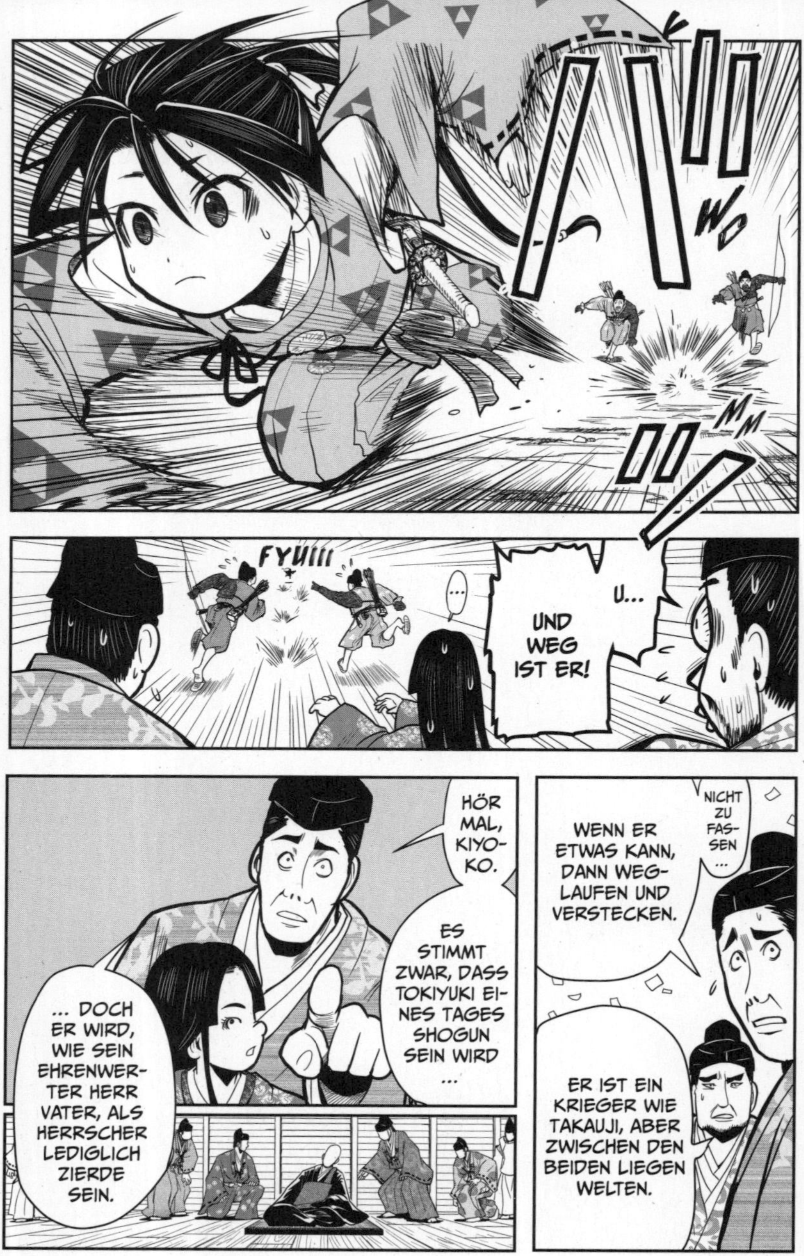
WO
MM
U...
UND WEG IST ER!
...
FYUIII
NICHT ZU FASSEN ...
WENN ER ETWAS KANN, DANN WEGLAUFEN UND VERSTECKEN.
ER IST EIN KRIEGER WIE TAKAUJI, ABER ZWISCHEN DEN BEIDEN LIEGEN WELTEN.
HÖR MAL, KIYOKO.
ES STIMMT ZWAR, DASS TOKIYUKI EINES TAGES SHOGUN SEIN WIRD ...
... DOCH ER WIRD, WIE SEIN EHRENWERTER HERR VATER, ALS HERRSCHER LEDIGLICH ZIERDE SEIN.

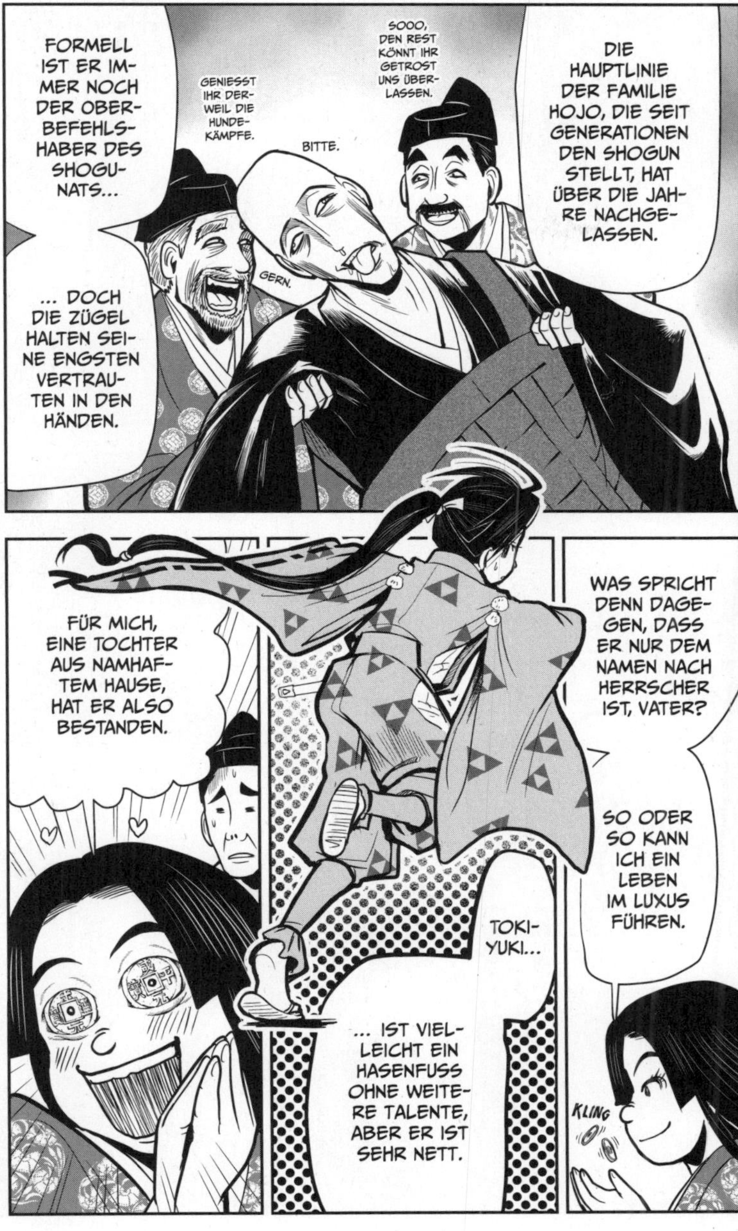

DIE HAUPTLINIE DER FAMILIE HOJO, DIE SEIT GENERATIONEN DEN SHOGUN STELLT, HAT ÜBER DIE JAHRE NACHGELASSEN.
SOOO, DEN REST KÖNNT IHR GETROST UNS ÜBERLASSEN.
GENIESST IHR DERWEIL DIE HUNDEKÄMPFE.
BITTE.
GERN.
FORMELL IST ER IMMER NOCH DER OBERBEFEHLSHABER DES SHOGUNATS...
... DOCH DIE ZÜGEL HALTEN SEINE ENGSTEN VERTRAUTEN IN DEN HÄNDEN.
WAS SPRICHT DENN DAGEGEN, DASS ER NUR DEM NAMEN NACH HERRSCHER IST, VATER?
SO ODER SO KANN ICH EIN LEBEN IM LUXUS FÜHREN.
KLING
TOKIYUKI...
... IST VIELLEICHT EIN HASENFUSS OHNE WEITERE TALENTE, ABER ER IST SEHR NETT.
FÜR MICH, EINE TOCHTER AUS NAMHAFTEM HAUSE, HAT ER ALSO BESTANDEN.

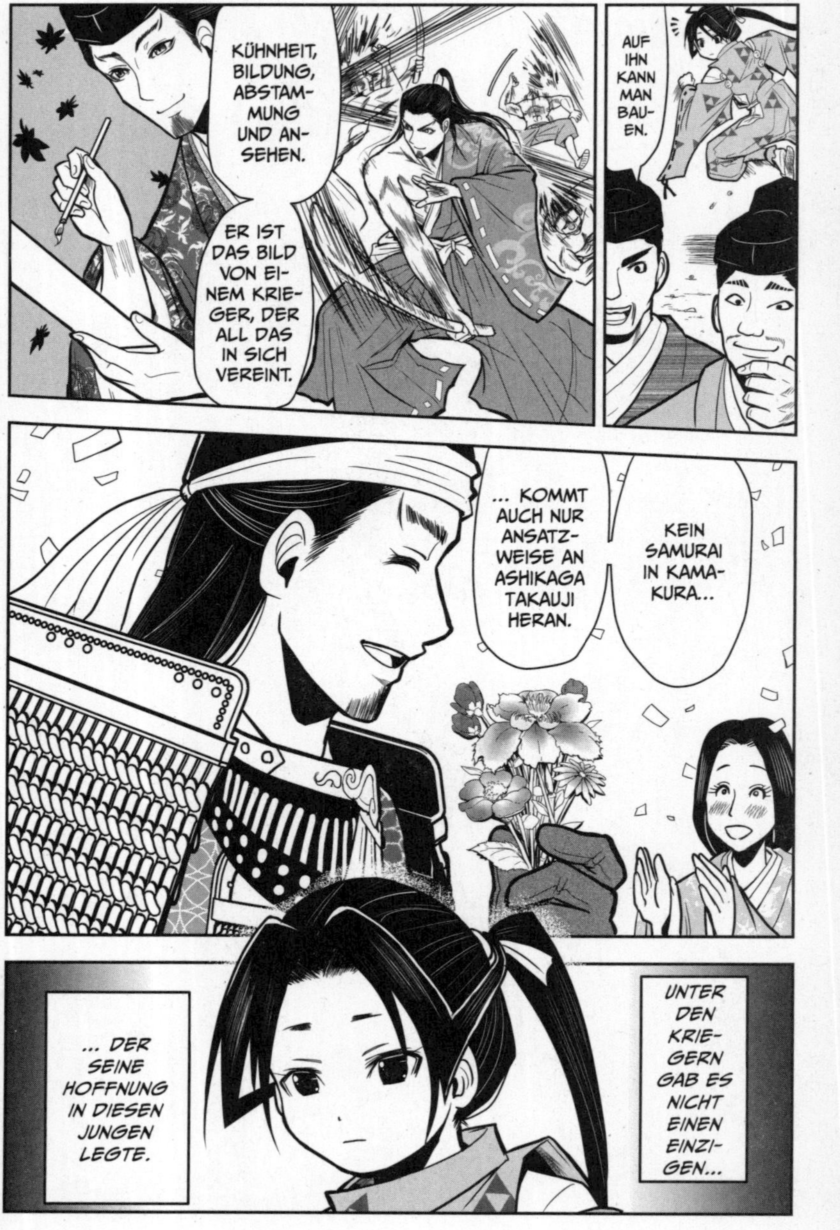
AUF IHN KANN MAN BAUEN.
KÜHNHEIT, BILDUNG, ABSTAMMUNG UND ANSEHEN.
ER IST DAS BILD VON EINEM KRIEGER, DER ALL DAS IN SICH VEREINT.
KEIN SAMURAI IN KAMAKURA...
... KOMMT AUCH NUR ANSATZWEISE AN ASHIKAGA TAKAUJI HERAN.
UNTER DEN KRIEGERN GAB ES NICHT EINEN EINZIGEN...
... DER SEINE HOFFNUNG IN DIESEN JUNGEN LEGTE.

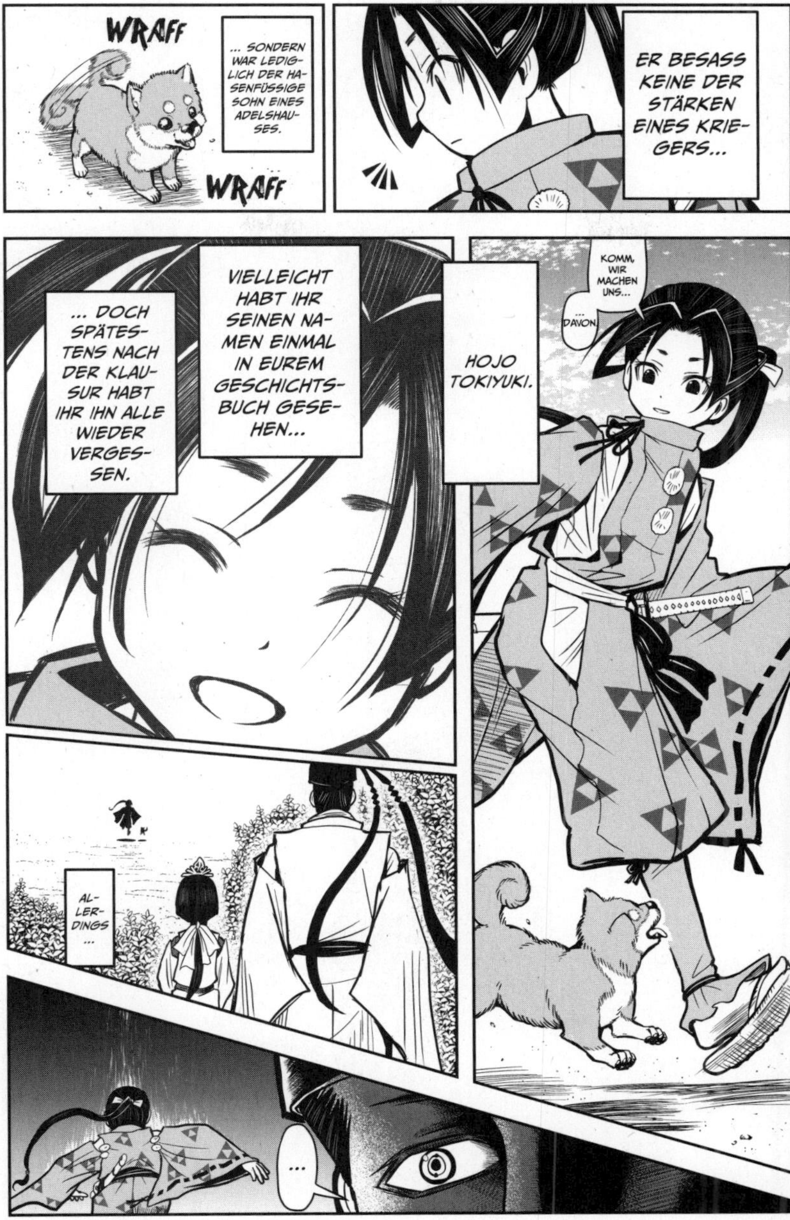

ER BESASS KEINE DER STÄRKEN EINES KRIEGERS...
... SONDERN WAR LEDIGLICH DER HASENFÜSSIGE SOHN EINES ADELSHAUSES.
WRAFF
WRAFF
KOMM, WIR MACHEN UNS...
... DAVON.
HOJO TOKIYUKI.
VIELLEICHT HABT IHR SEINEN NAMEN EINMAL IN EUREM GESCHICHTSBUCH GESEHEN...
... DOCH SPÄTESTENS NACH DER KLAUSUR HABT IHR IHN ALLE WIEDER VERGESSEN.
ALLERDINGS ...
...

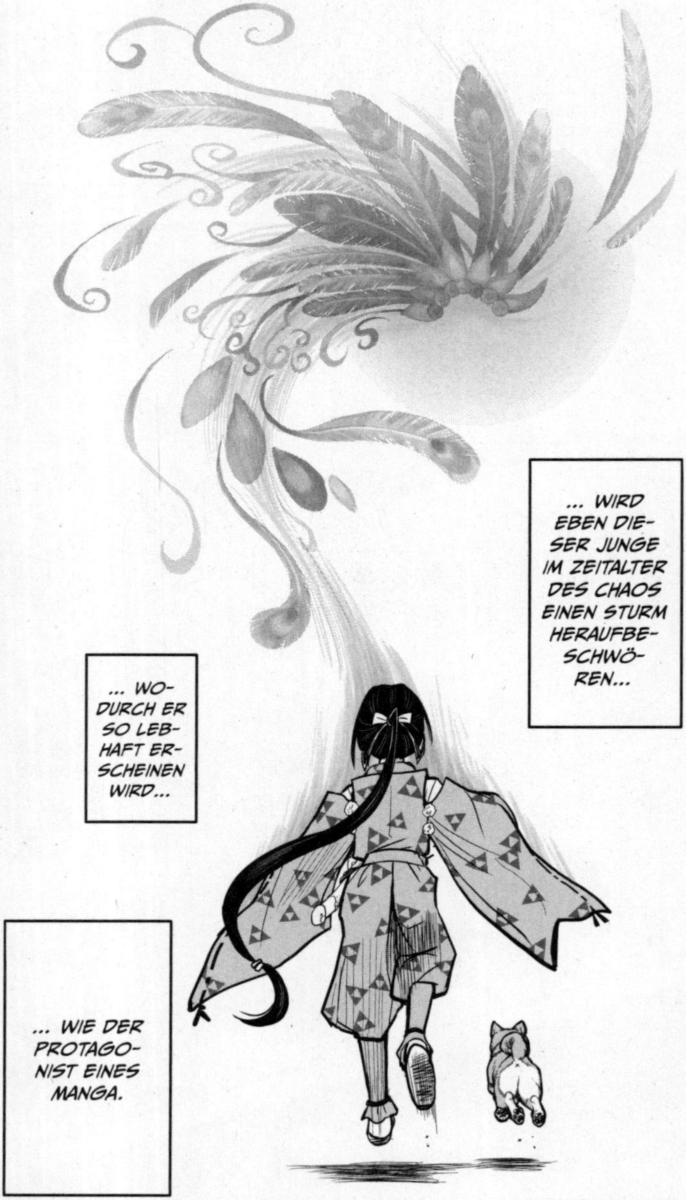
... WIRD EBEN DIESER JUNGE IM ZEITALTER DES CHAOS EINEN STURM HERAUFBESCHWÖREN...
... WODURCH ER SO LEBHAFT ERSCHEINEN WIRD...
... WIE DER PROTAGONIST EINES MANGA.

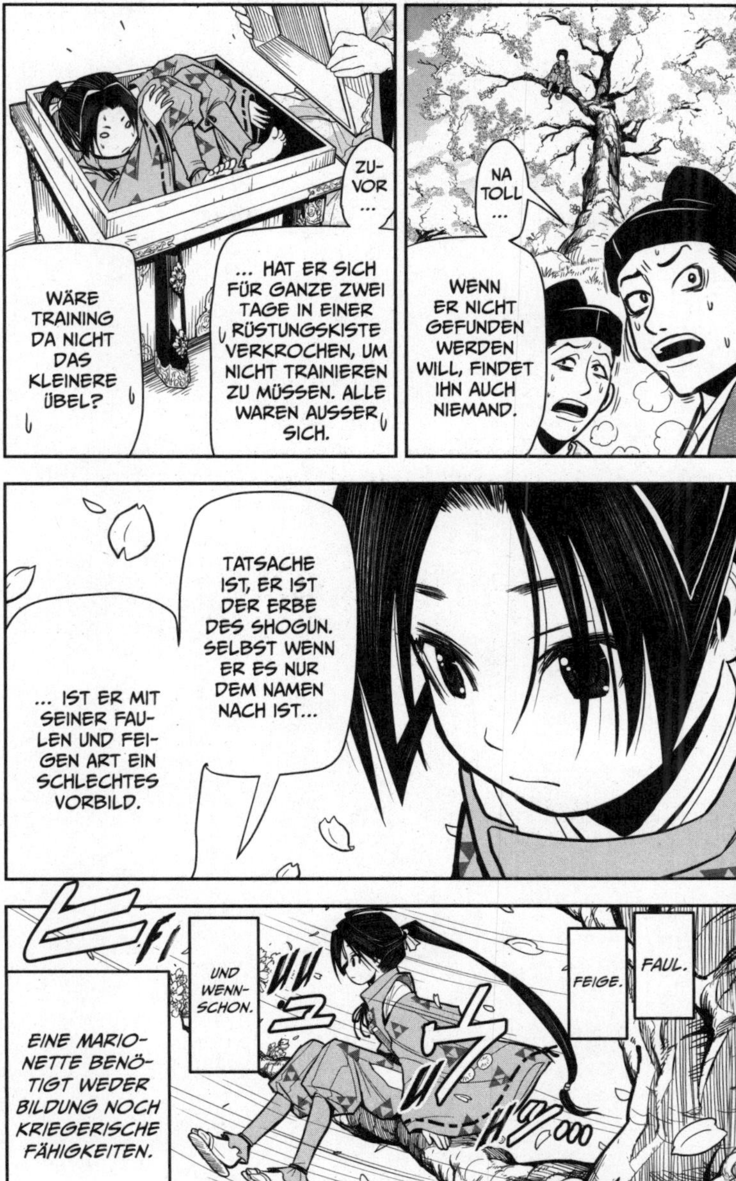
NA TOLL ...
WENN ER NICHT GEFUNDEN WERDEN WILL, FINDET IHN AUCH NIEMAND.
ZUVOR ...
... HAT ER SICH FÜR GANZE ZWEI TAGE IN EINER RÜSTUNGSKISTE VERKROCHEN, UM NICHT TRAINIEREN ZU MÜSSEN. ALLE WAREN AUSSER SICH.
WÄRE TRAINING DA NICHT DAS KLEINERE ÜBEL?
TATSACHE IST, ER IST DER ERBE DES SHOGUN. SELBST WENN ER ES NUR DEM NAMEN NACH IST...
... IST ER MIT SEINER FAULEN UND FEIGEN ART EIN SCHLECHTES VORBILD.
FAUL.
FEIGE.
UND WENNSCHON.
EINE MARIONETTE BENÖTIGT WEDER BILDUNG NOCH KRIEGERISCHE FÄHIGKEITEN.

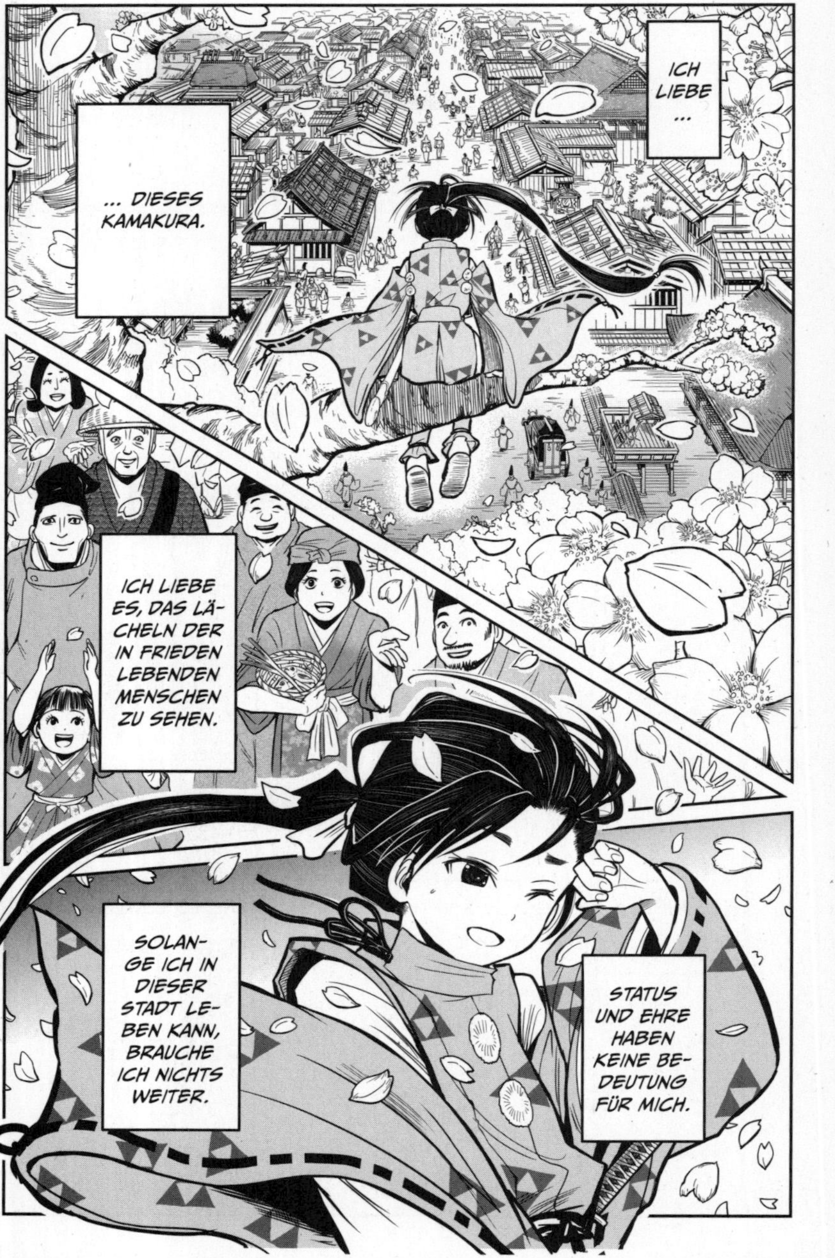

ICH LIEBE ...
... DIESES KAMAKURA.
ICH LIEBE ES, DAS LÄCHELN DER IN FRIEDEN LEBENDEN MENSCHEN ZU SEHEN.
STATUS UND EHRE HABEN KEINE BEDEUTUNG FÜR MICH.
SOLANGE ICH IN DIESER STADT LEBEN KANN, BRAUCHE ICH NICHTS WEITER.

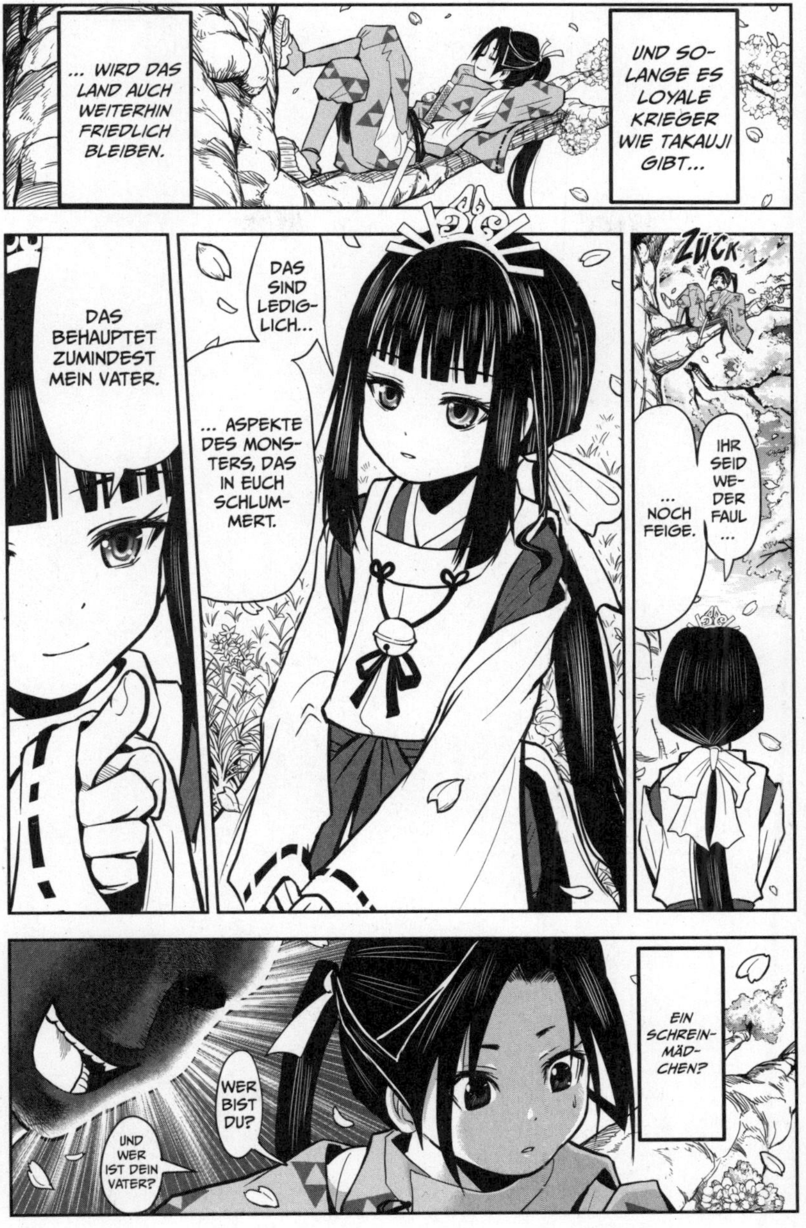
UND SO-LANGE ES LOYALE KRIEGER WIE TAKAUJI GIBT...
... WIRD DAS LAND AUCH WEITERHIN FRIEDLICH BLEIBEN.
ZUCK
IHR SEID WEDER FAUL ...
... NOCH FEIGE.
DAS SIND LEDIGLICH...
... ASPEKTE DES MONSTERS, DAS IN EUCH SCHLUMMERT.
DAS BEHAUPTET ZUMINDEST MEIN VATER.
EIN SCHREIN-MÄDCHEN?
WER BIST DU?
UND WER IST DEIN VATER?

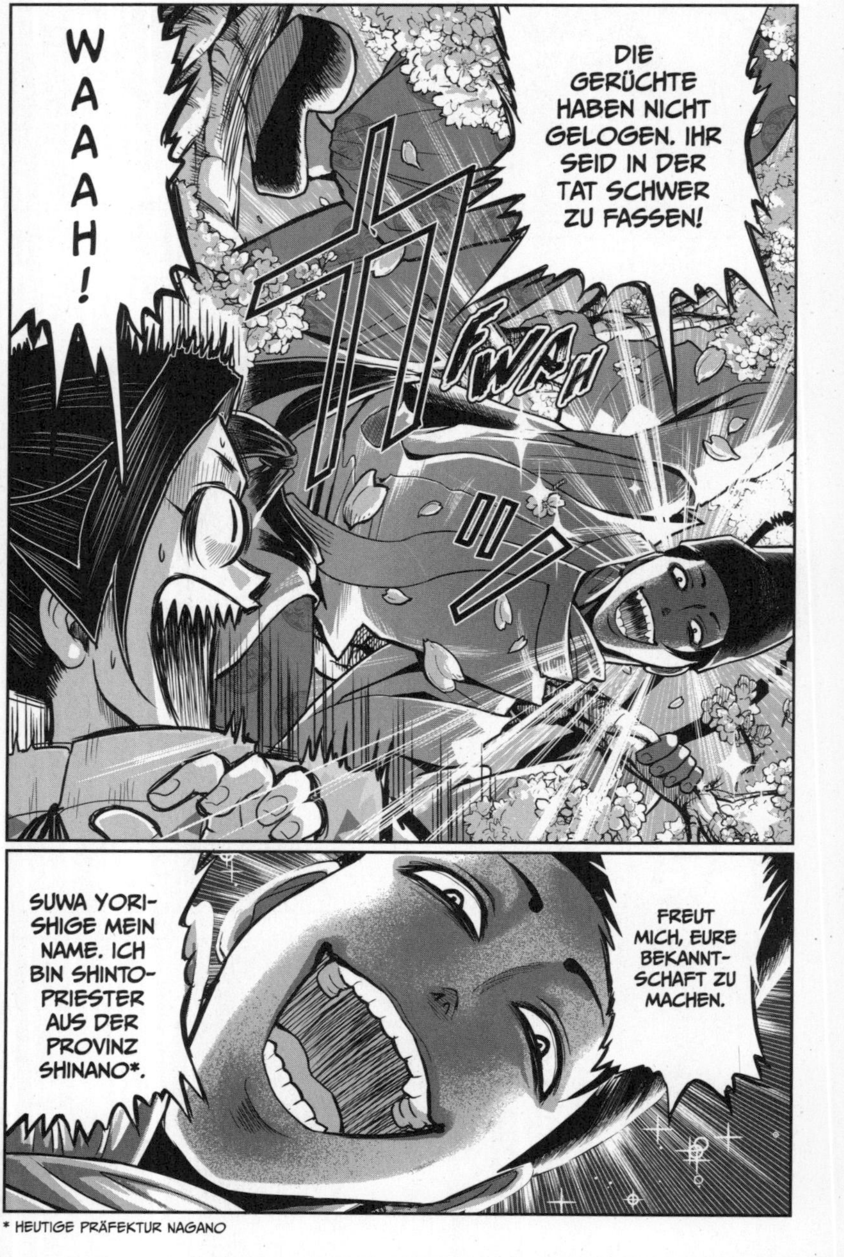

* HEUTIGE PRÄFEKTUR NAGANO

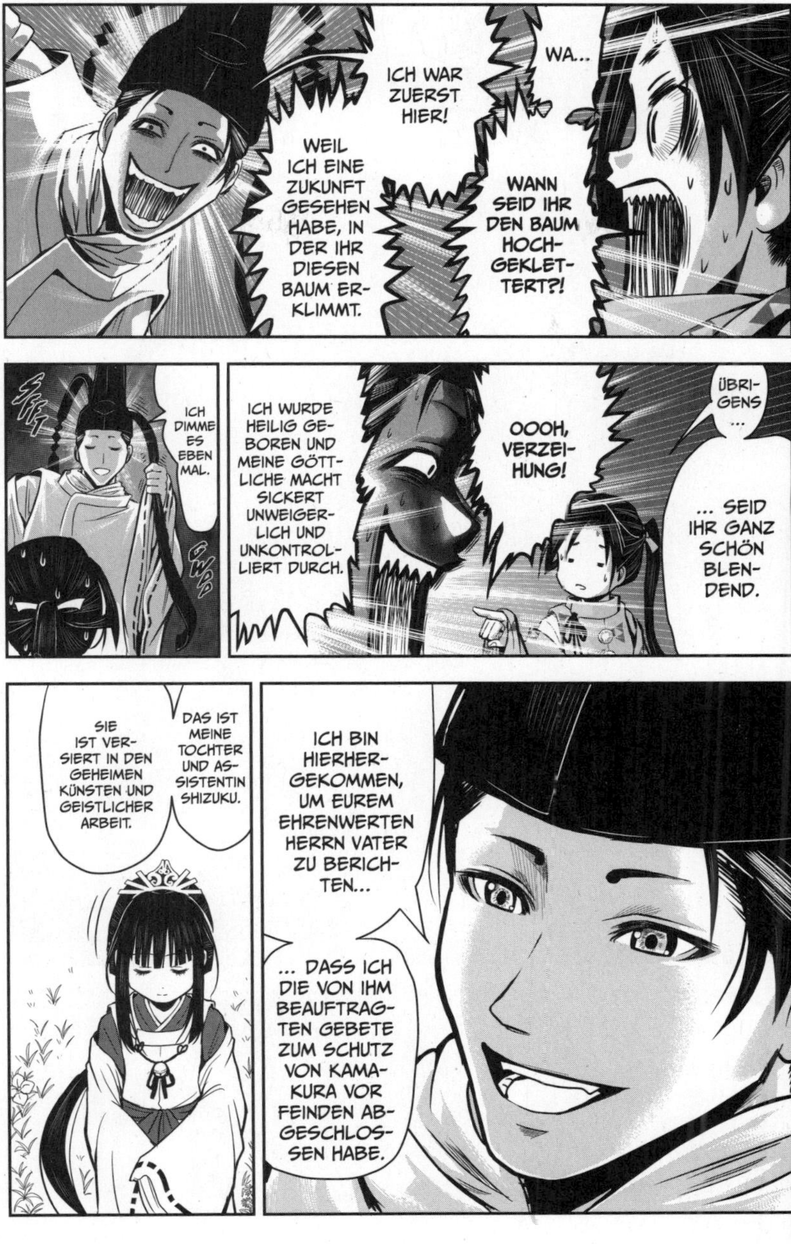
WA...
WANN SEID IHR DEN BAUM HOCHGEKLETTERT?!
ICH WAR ZUERST HIER!
WEIL ICH EINE ZUKUNFT GESEHEN HABE, IN DER IHR DIESEN BAUM ERKLIMMT.
ÜBRIGENS ...
... SEID IHR GANZ SCHÖN BLENDEND.
OOOH, VERZEIHUNG!
ICH WURDE HEILIG GEBOREN UND MEINE GÖTTLICHE MACHT SICKERT UNWEIGERLICH UND UNKONTROLLIERT DURCH.
ICH DIMME ES EBEN MAL.
ICH BIN HIERHERGEKOMMEN, UM EUREM EHRENWERTEN HERRN VATER ZU BERICHTEN...
... DASS ICH DIE VON IHM BEAUFTRAGTEN GEBETE ZUM SCHUTZ VON KAMAKURA VOR FEINDEN ABGESCHLOSSEN HABE.
DAS IST MEINE TOCHTER UND ASSISTENTIN SHIZUKU.
SIE IST VERSIERT IN DEN GEHEIMEN KÜNSTEN UND GEISTLICHER ARBEIT.

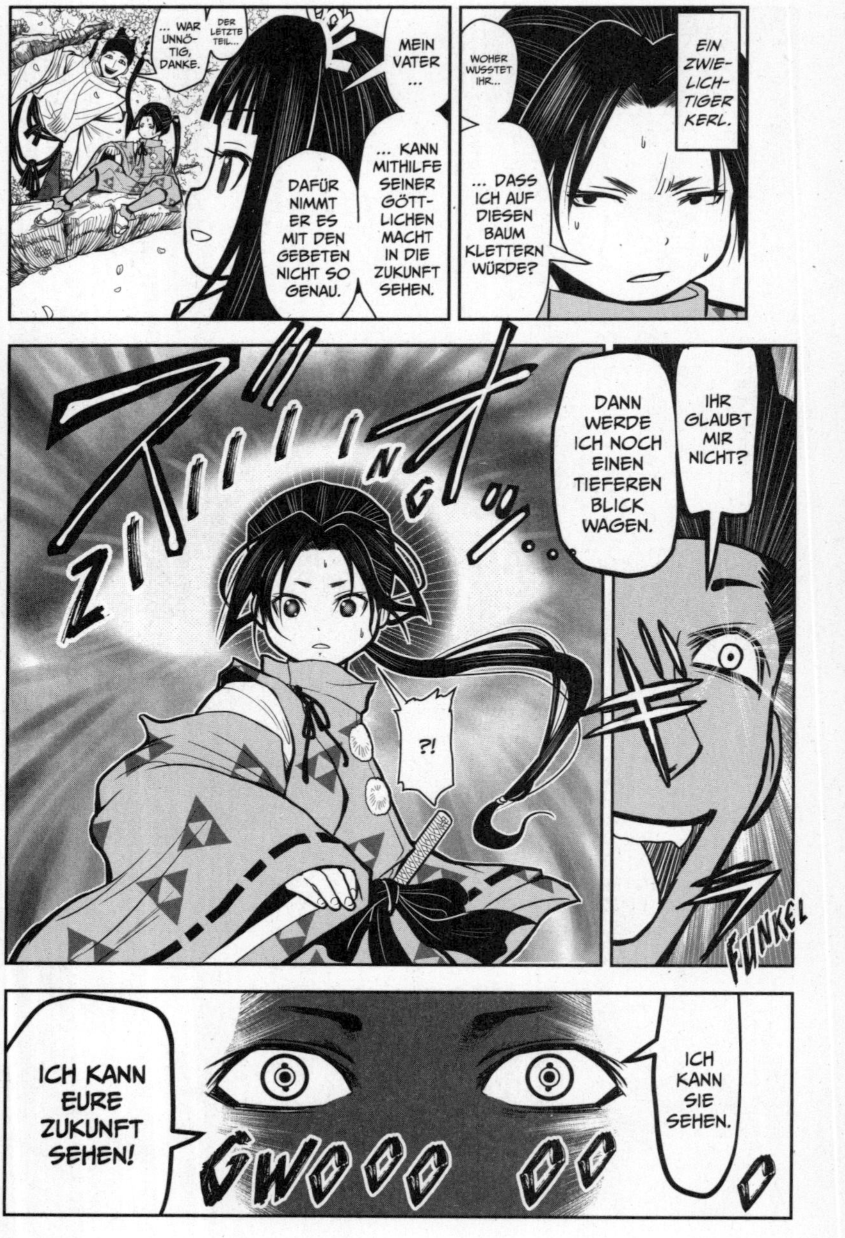
EIN ZWIELICHTIGER KERL.
WOHER WUSSTET IHR...
... DASS ICH AUF DIESEN BAUM KLETTERN WÜRDE?
MEIN VATER ...
... KANN MITHILFE SEINER GÖTTLICHEN MACHT IN DIE ZUKUNFT SEHEN.
DAFÜR NIMMT ER ES MIT DEN GEBETEN NICHT SO GENAU.
DER LETZTE TEIL...
... WAR UNNÖTIG, DANKE.
IHR GLAUBT MIR NICHT?
DANN WERDE ICH NOCH EINEN TIEFEREN BLICK WAGEN.
FUNKEL
ZIIIIING...
?!
ICH KANN SIE SEHEN.
ICH KANN EURE ZUKUNFT SEHEN!
GWOOOOOO

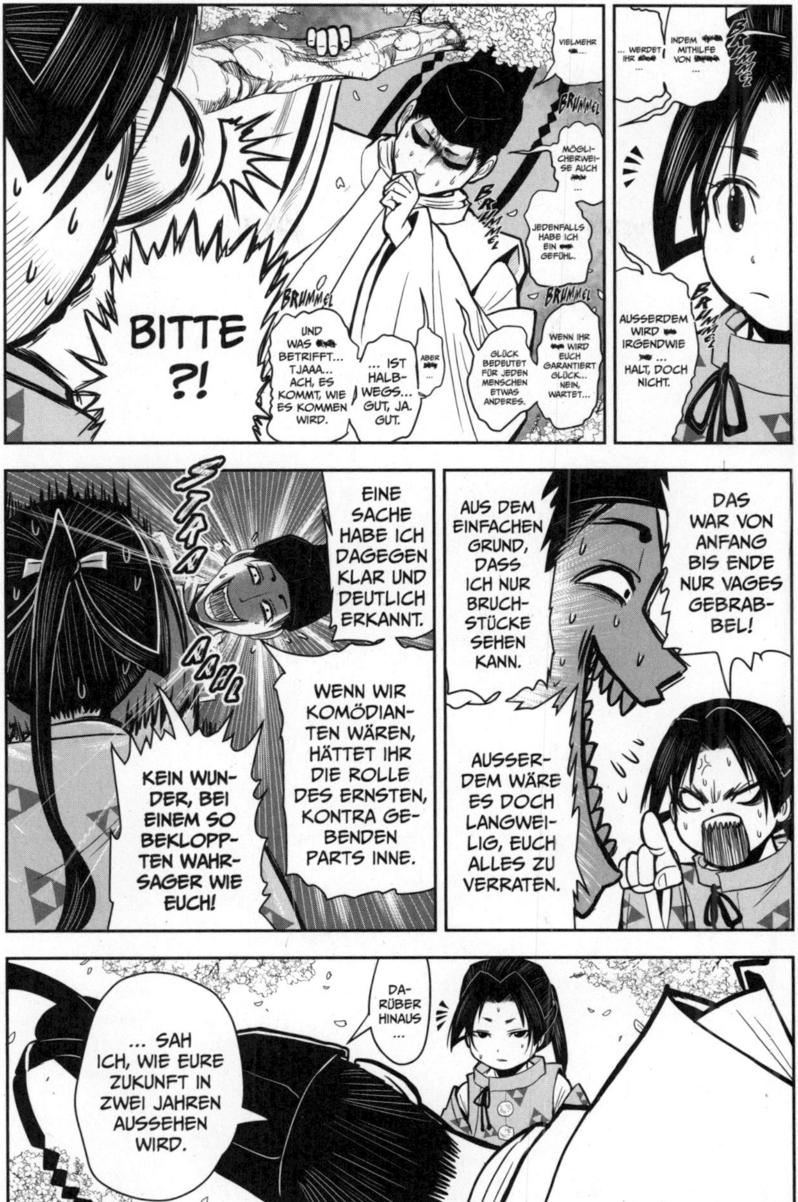
BRUMMEL
INDEM MITHILFE VON …
… WERDET IHR …
VIELMEHR …
BRUMMEL
MÖGLICHERWEISE AUCH …
BRUMMEL
JEDENFALLS HABE ICH EIN GEFÜHL.
AUSSERDEM WIRD … IRGENDWIE … HALT, DOCH NICHT.
BRUMMEL
BRUMMEL
WENN IHR … WIRD EUCH GARANTIERT GLÜCK… NEIN, WARTET…
GLÜCK BEDEUTET FÜR JEDEN MENSCHEN ETWAS ANDERES.
ABER …
… IST HALBWEGS… GUT, JA. GUT.
BRUMMEL
UND WAS … BETRIFFT… TJAAA… ACH, ES KOMMT, WIE ES KOMMEN WIRD.
BITTE ?!
DAS WAR VON ANFANG BIS ENDE NUR VAGES GEBRABBEL!
AUS DEM EINFACHEN GRUND, DASS ICH NUR BRUCHSTÜCKE SEHEN KANN.
AUSSERDEM WÄRE ES DOCH LANGWEILIG, EUCH ALLES ZU VERRATEN.
EINE SACHE HABE ICH DAGEGEN KLAR UND DEUTLICH ERKANNT.
STRAHL
WENN WIR KOMÖDIANTEN WÄREN, HÄTTET IHR DIE ROLLE DES ERNSTEN, KONTRA GEBENDEN PARTS INNE.
KEIN WUNDER, BEI EINEM SO BEKLOPPTEN WAHRSAGER WIE EUCH!
DARÜBER HINAUS …
… SAH ICH, WIE EURE ZUKUNFT IN ZWEI JAHREN AUSSEHEN WIRD.

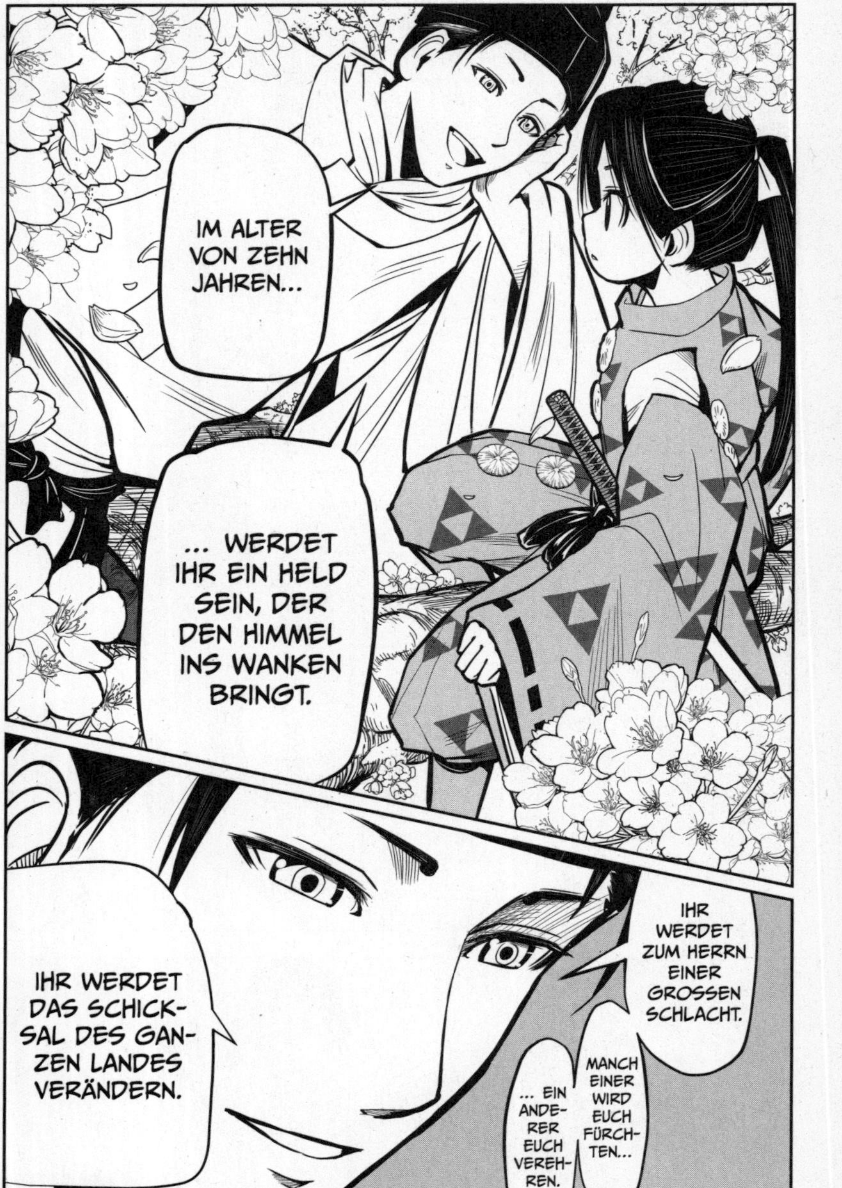
IM ALTER VON ZEHN JAHREN...
... WERDET IHR EIN HELD SEIN, DER DEN HIMMEL INS WANKEN BRINGT.
IHR WERDET ZUM HERRN EINER GROSSEN SCHLACHT.
MANCH EINER WIRD EUCH FÜRCHTEN...
... EIN ANDERER EUCH VEREHREN.
IHR WERDET DAS SCHICKSAL DES GANZEN LANDES VERÄNDERN.

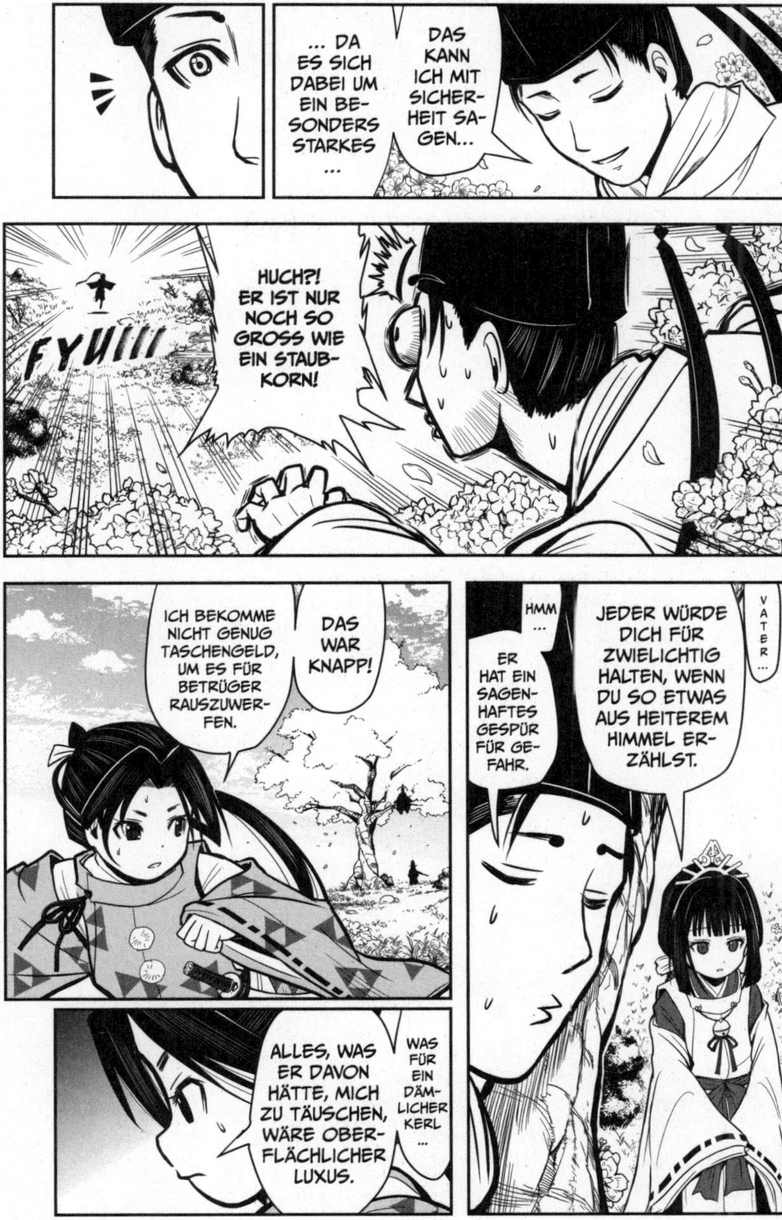
DAS KANN ICH MIT SICHERHEIT SAGEN...
... DA ES SICH DABEI UM EIN BESONDERS STARKES ...
HUCH?! ER IST NUR NOCH SO GROSS WIE EIN STAUBKORN!
FYUIII
VATER ...
JEDER WÜRDE DICH FÜR ZWIELICHTIG HALTEN, WENN DU SO ETWAS AUS HEITEREM HIMMEL ERZÄHLST.
HMM ...
ER HAT EIN SAGENHAFTES GESPÜR FÜR GEFAHR.
DAS WAR KNAPP!
ICH BEKOMME NICHT GENUG TASCHENGELD, UM ES FÜR BETRÜGER RAUSZUWERFEN.
WAS FÜR EIN DÄMLICHER KERL ...
ALLES, WAS ER DAVON HÄTTE, MICH ZU TÄUSCHEN, WÄRE OBERFLÄCHLICHER LUXUS.

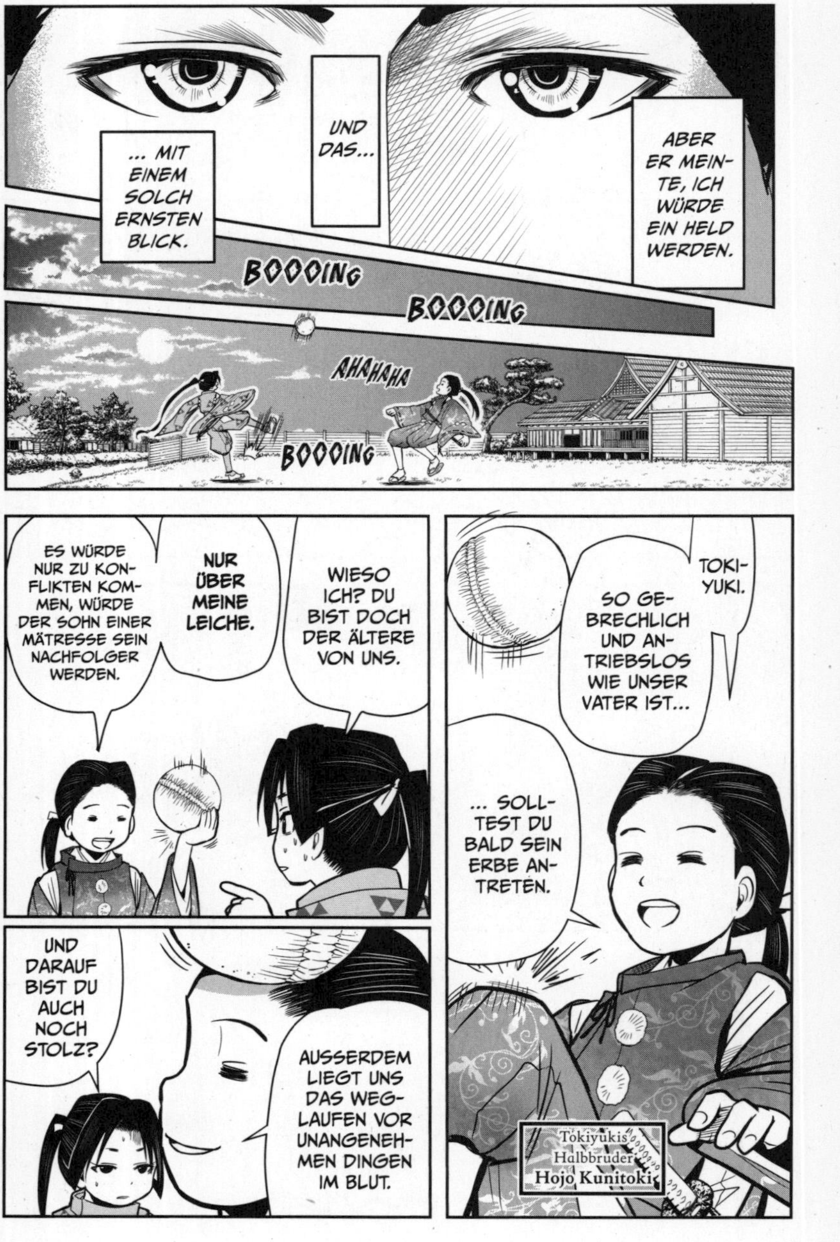
ABER ER MEINTE, ICH WÜRDE EIN HELD WERDEN.
UND DAS...
... MIT EINEM SOLCH ERNSTEN BLICK.
BOOOING
BOOOING
AHAHAHA
BOOOING
TOKIYUKI.
SO GEBRECHLICH UND ANTRIEBSLOS WIE UNSER VATER IST...
... SOLLTEST DU BALD SEIN ERBE ANTRETEN.
Tokiyukis Halbbruder Hojo Kunitoki
WIESO ICH? DU BIST DOCH DER ÄLTERE VON UNS.
NUR ÜBER MEINE LEICHE.
ES WÜRDE NUR ZU KONFLIKTEN KOMMEN, WÜRDE DER SOHN EINER MÄTRESSE SEIN NACHFOLGER WERDEN.
AUSSERDEM LIEGT UNS DAS WEGLAUFEN VOR UNANGENEHMEN DINGEN IM BLUT.
UND DARAUF BIST DU AUCH NOCH STOLZ?

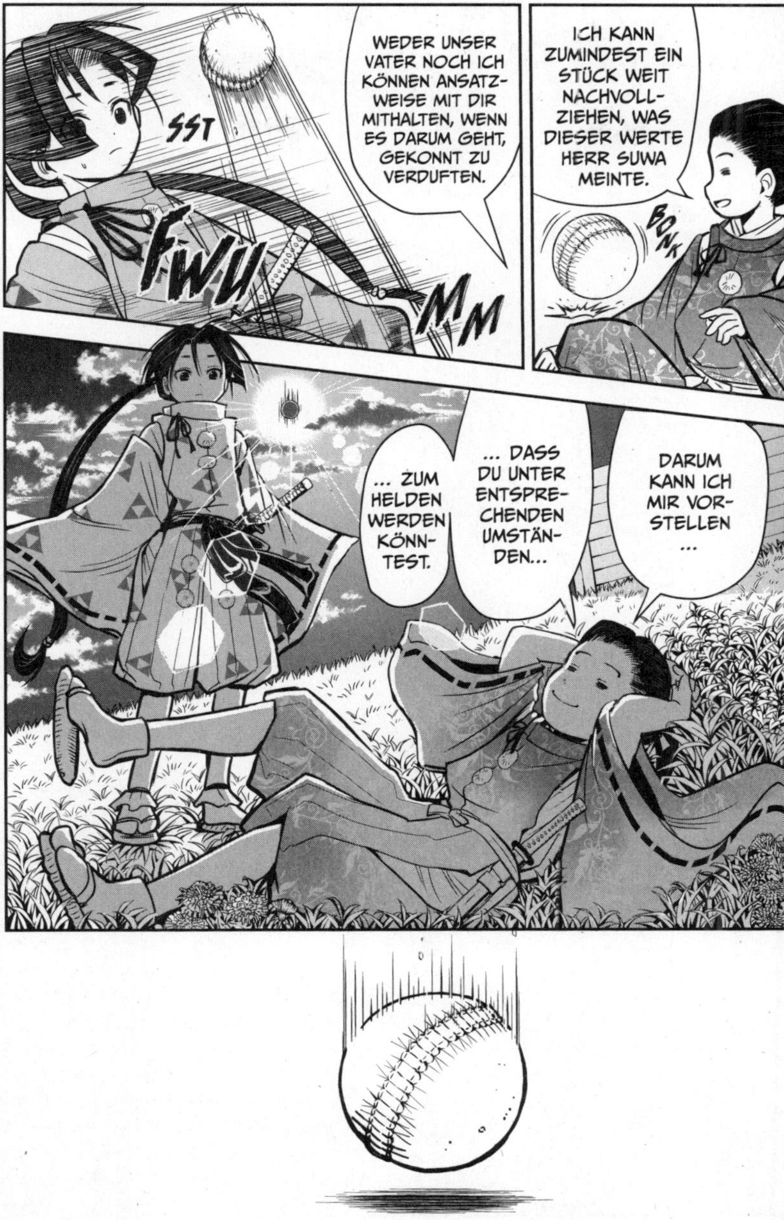
ICH KANN ZUMINDEST EIN STÜCK WEIT NACHVOLLZIEHEN, WAS DIESER WERTE HERR SUWA MEINTE.
BONK
WEDER UNSER VATER NOCH ICH KÖNNEN ANSATZWEISE MIT DIR MITHALTEN, WENN ES DARUM GEHT, GEKONNT ZU VERDUFTEN.
SST
FWUMM
DARUM KANN ICH MIR VORSTELLEN ...
... DASS DU UNTER ENTSPRECHENDEN UMSTÄNDEN...
... ZUM HELDEN WERDEN KÖNNTEST.

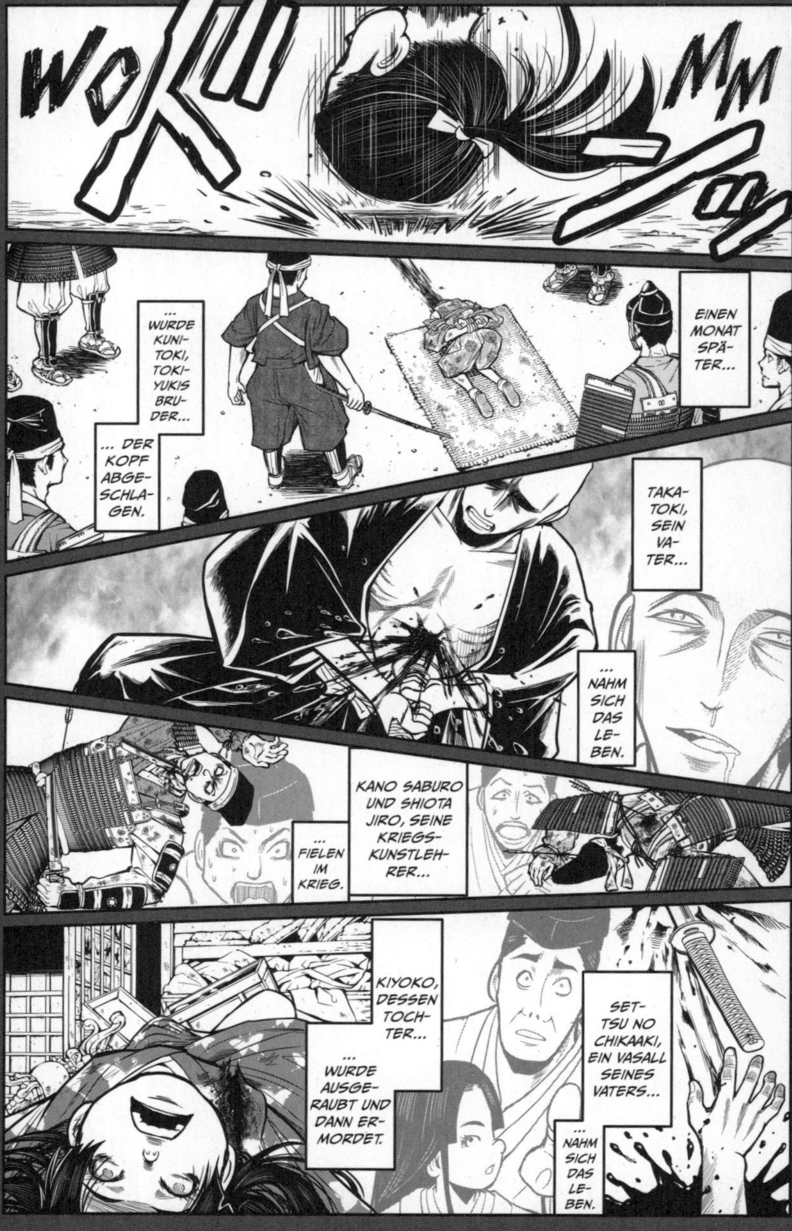
EINEN MONAT SPÄTER...
... WURDE KUNITOKI, TOKIYUKIS BRUDER...
... DER KOPF ABGESCHLAGEN.
TAKATOKI, SEIN VATER...
... NAHM SICH DAS LEBEN.
KANO SABURO UND SHIOTA JIRO, SEINE KRIEGSKUNSTLEHRER...
... FIELEN IM KRIEG.
SETTSU NO CHIKAAKI, EIN VASALL SEINES VATERS...
... NAHM SICH DAS LEBEN.
KIYOKO, DESSEN TOCHTER...
... WURDE AUSGERAUBT UND DANN ERMORDET.

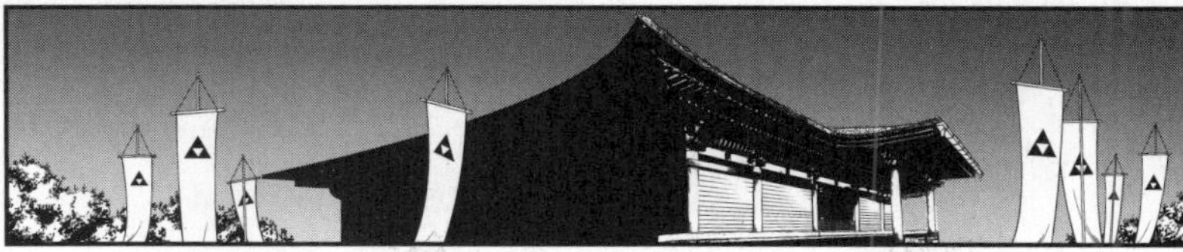

DER JUNGE MUSSTE ERST ALLES VERLIEREN...

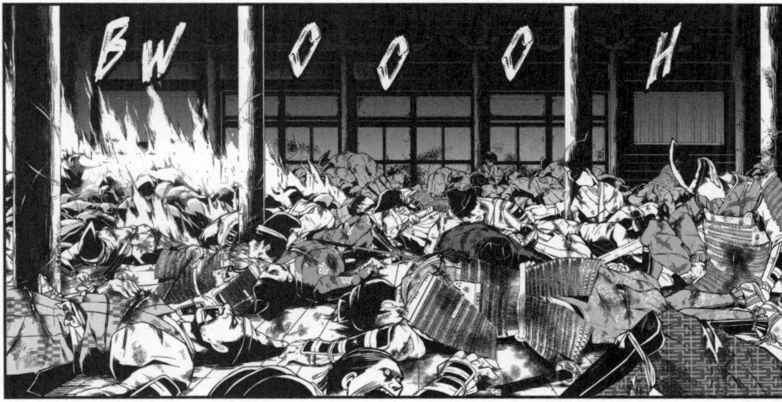

... UM EIN HELD WERDEN ZU KÖNNEN.

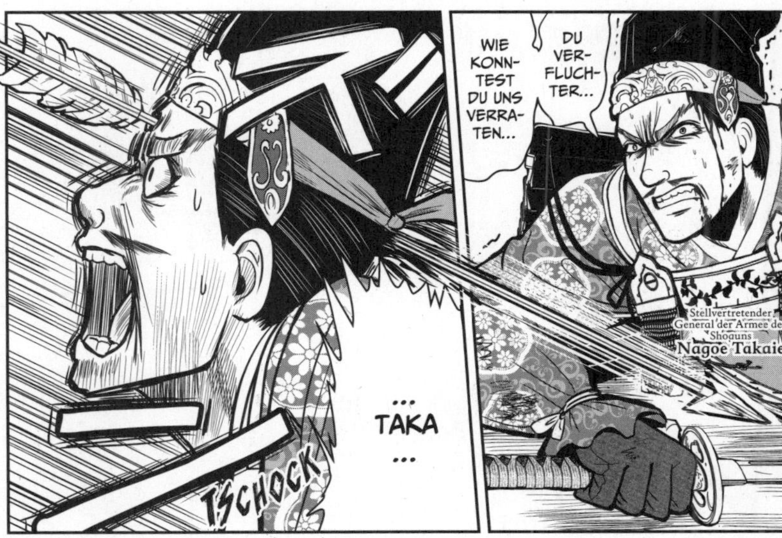

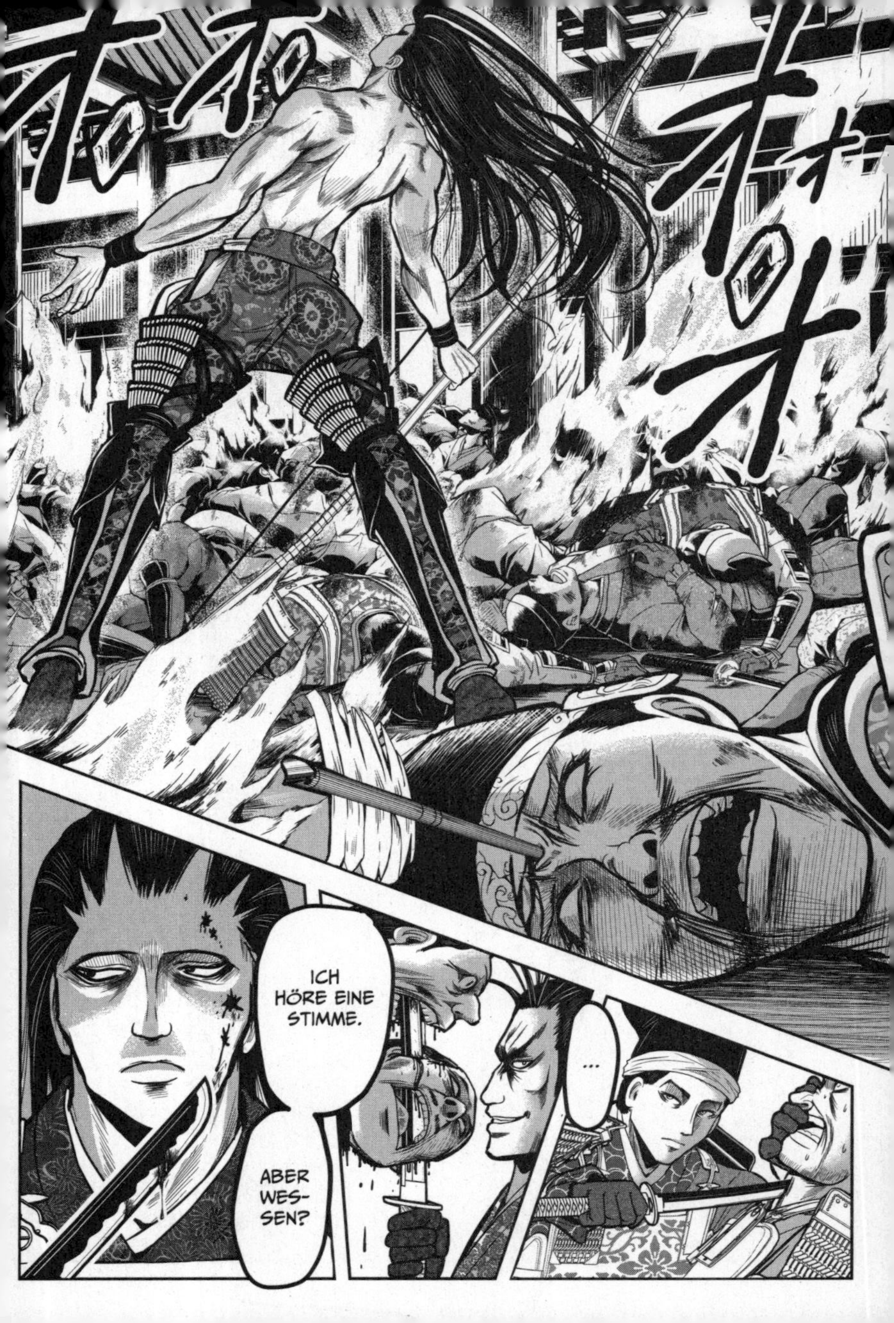
ICH HÖRE EINE STIMME.
ABER WESSEN?
...

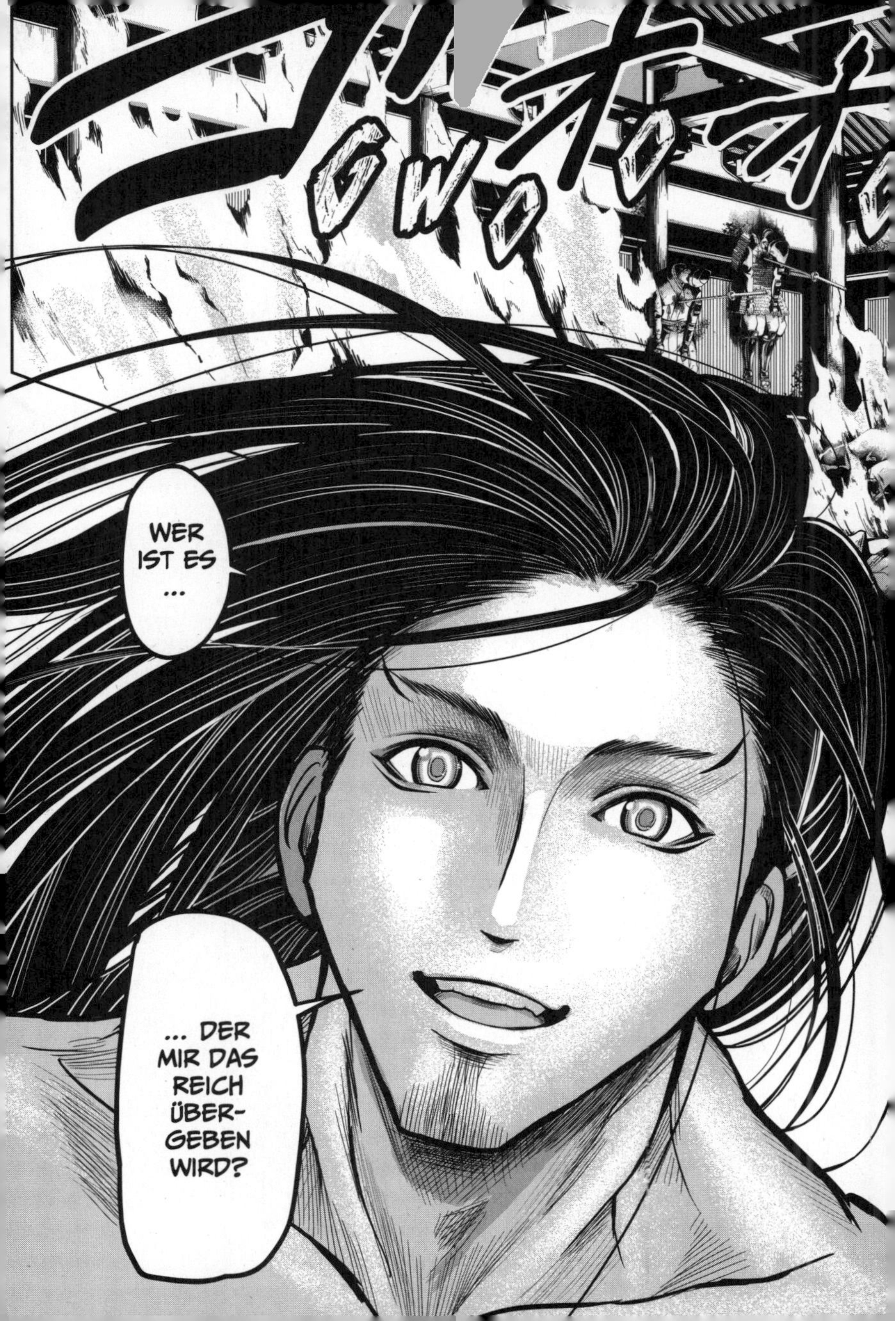
GWO
WER IST ES ...
... DER MIR DAS REICH ÜBERGEBEN WIRD?

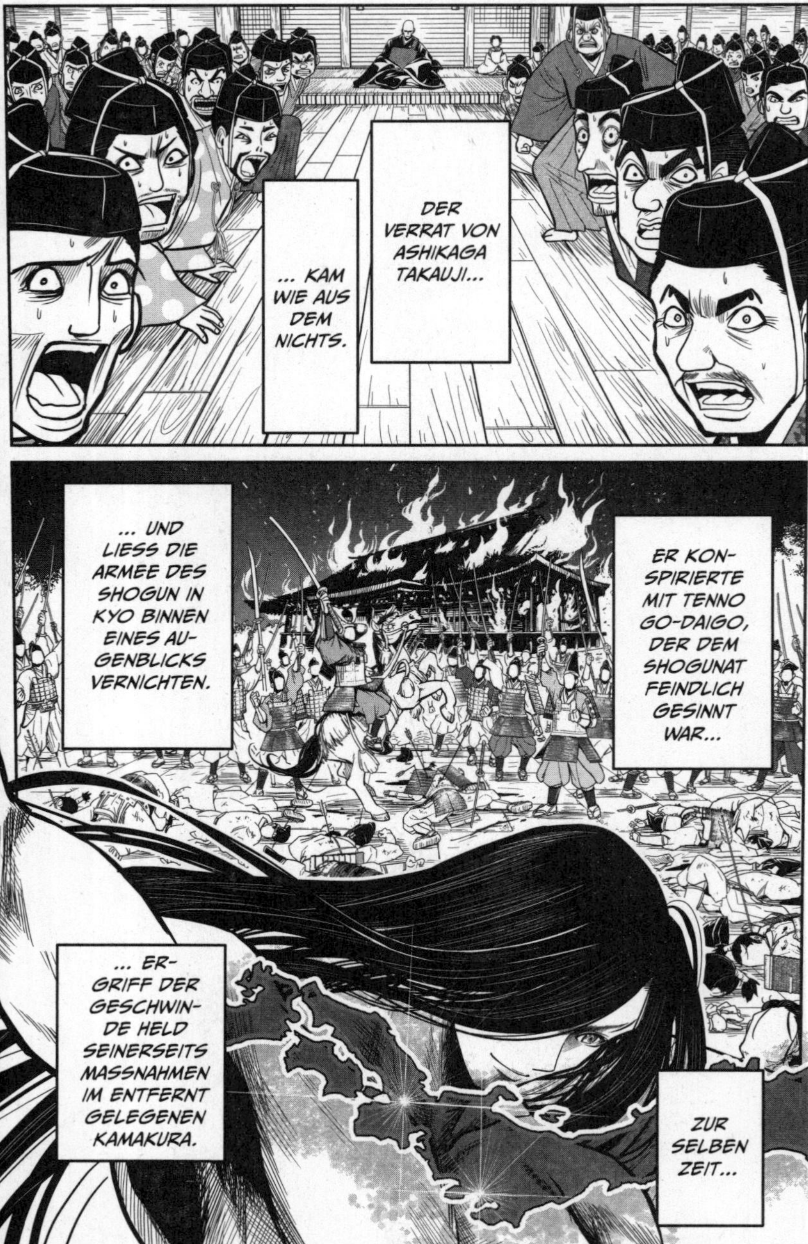
DER VERRAT VON ASHIKAGA TAKAUJI...
... KAM WIE AUS DEM NICHTS.
ER KON-SPIRIERTE MIT TENNO GO-DAIGO, DER DEM SHOGUNAT FEINDLICH GESINNT WAR...
... UND LIESS DIE ARMEE DES SHOGUN IN KYO BINNEN EINES AU-GENBLICKS VERNICHTEN.
ZUR SELBEN ZEIT...
... ER-GRIFF DER GESCHWIN-DE HELD SEINERSEITS MASSNAHMEN IM ENTFERNT GELEGENEN KAMAKURA.

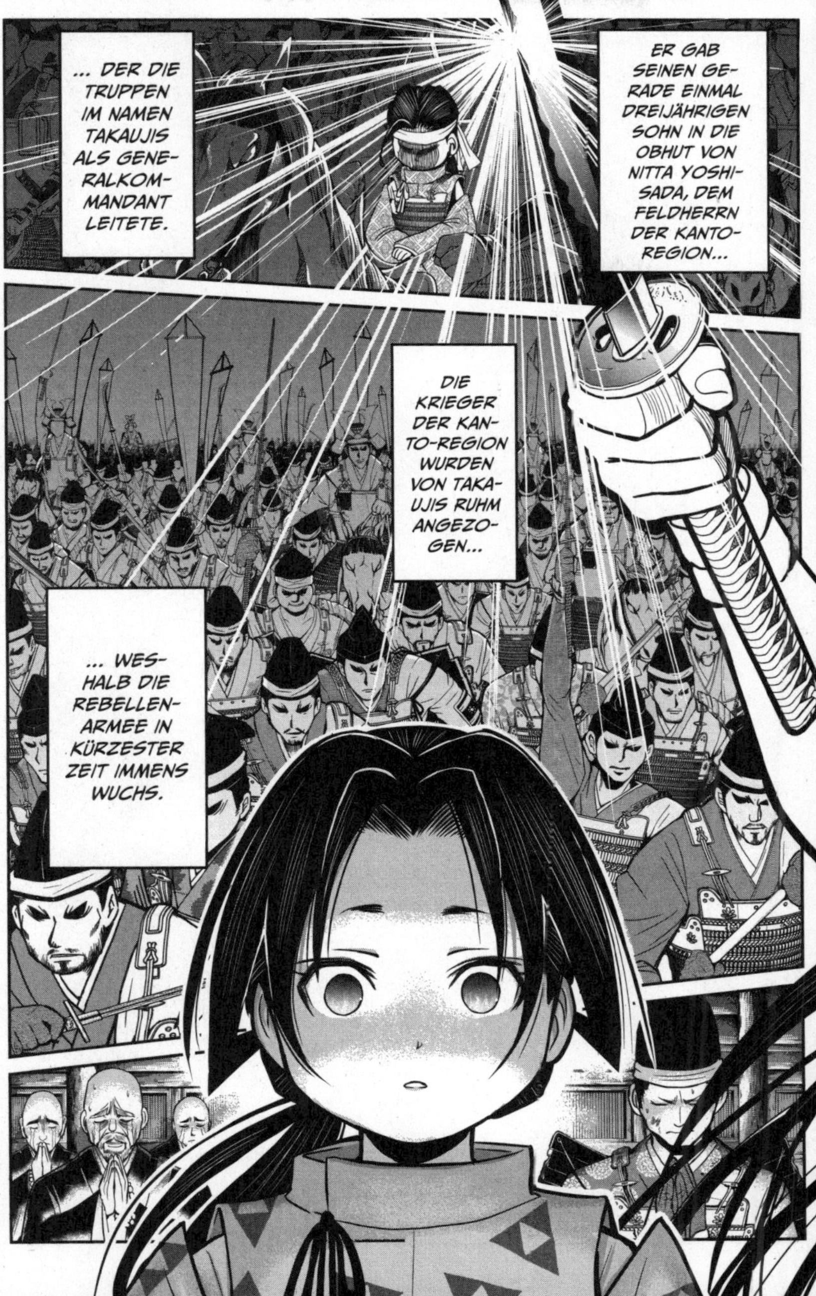
ER GAB SEINEN GERADE EINMAL DREIJÄHRIGEN SOHN IN DIE OBHUT VON NITTA YOSHISADA, DEM FELDHERRN DER KANTO-REGION...
... DER DIE TRUPPEN IM NAMEN TAKAUJIS ALS GENERALKOMMANDANT LEITETE.
DIE KRIEGER DER KANTO-REGION WURDEN VON TAKAUJIS RUHM ANGEZOGEN...
... WESHALB DIE REBELLENARMEE IN KÜRZESTER ZEIT IMMENS WUCHS.

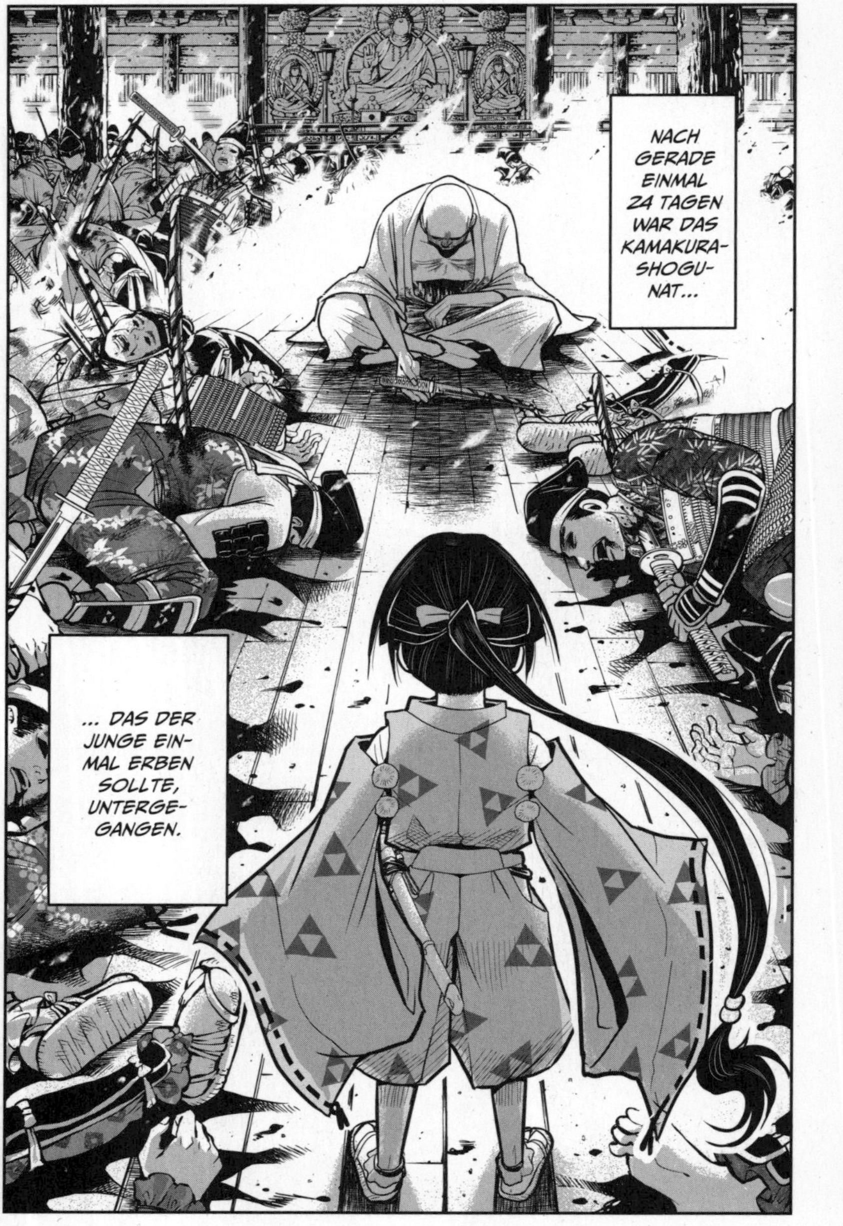
NACH GERADE EINMAL 24 TAGEN WAR DAS KAMAKURA-SHOGUNAT...
... DAS DER JUNGE EINMAL ERBEN SOLLTE, UNTERGEGANGEN.

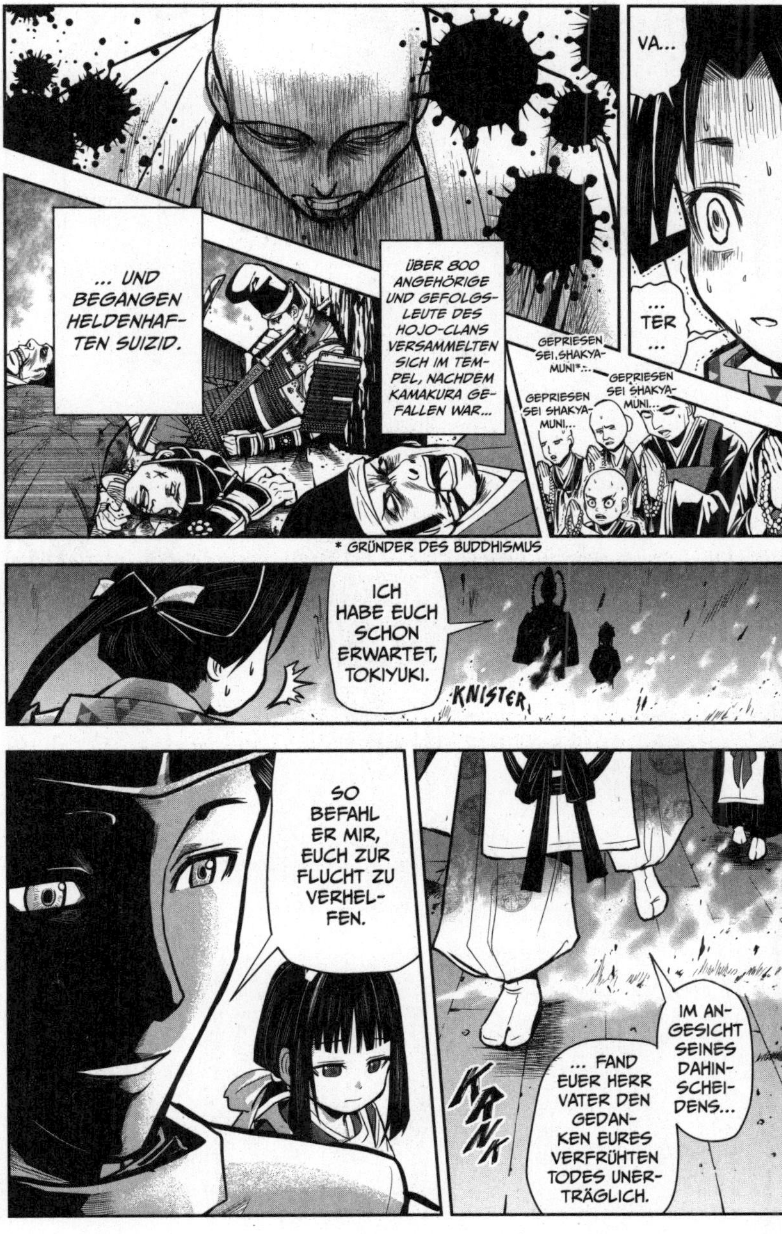

* GRÜNDER DES BUDDHISMUS

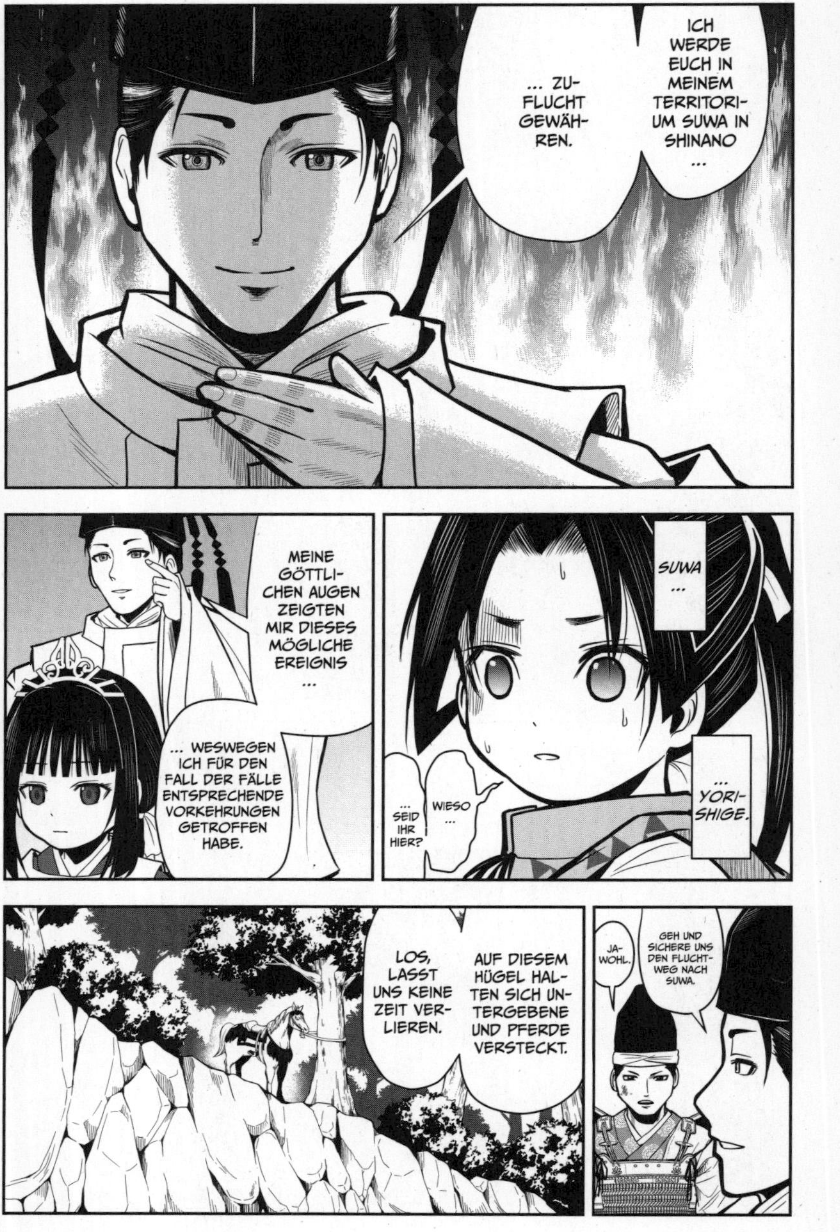
ICH WERDE EUCH IN MEINEM TERRITORIUM SUWA IN SHINANO ...
... ZUFLUCHT GEWÄHREN.
SUWA ...
... YORISHIGE.
WIESO ...
... SEID IHR HIER?
MEINE GÖTTLICHEN AUGEN ZEIGTEN MIR DIESES MÖGLICHE EREIGNIS ...
... WESWEGEN ICH FÜR DEN FALL DER FÄLLE ENTSPRECHENDE VORKEHRUNGEN GETROFFEN HABE.
GEH UND SICHERE UNS DEN FLUCHTWEG NACH SUWA.
JAWOHL.
AUF DIESEM HÜGEL HALTEN SICH UNTERGEBENE UND PFERDE VERSTECKT.
LOS, LASST UNS KEINE ZEIT VERLIEREN.

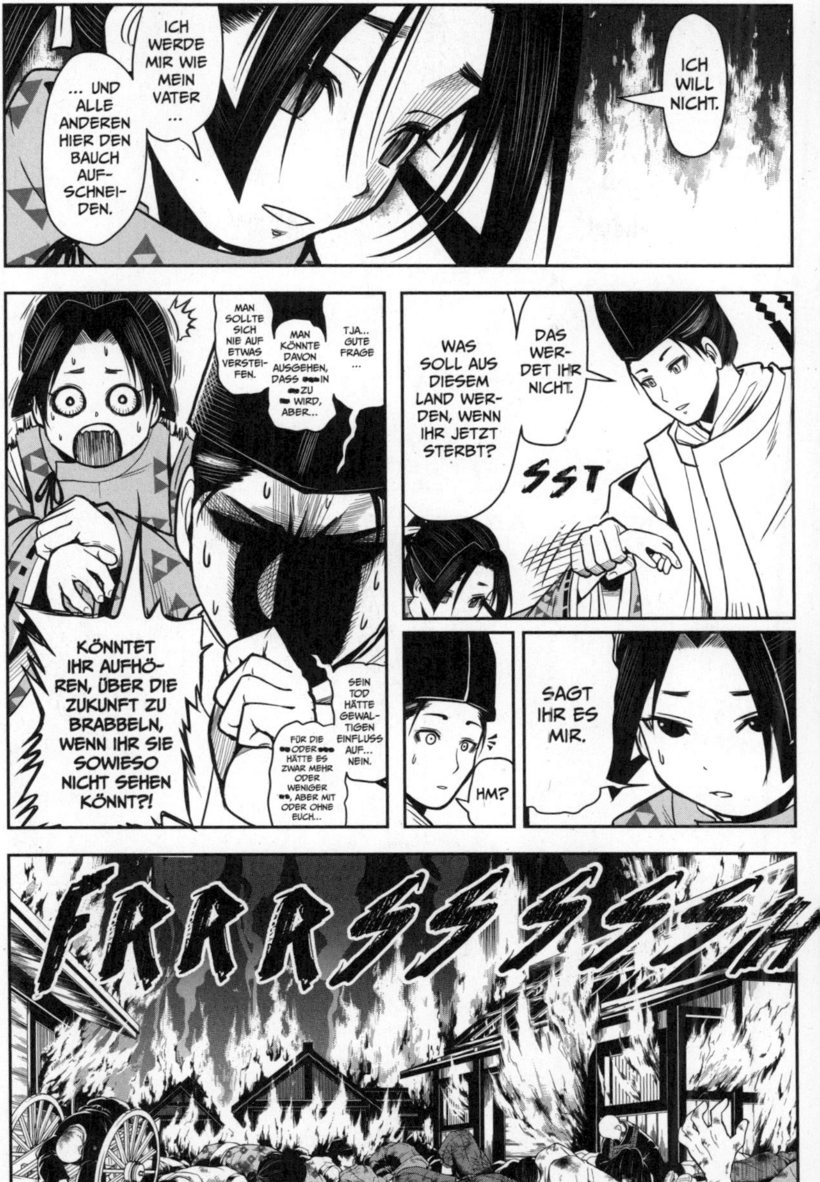
ICH WILL NICHT.
ICH WERDE MIR WIE MEIN VATER ...
... UND ALLE ANDEREN HIER DEN BAUCH AUF-SCHNEI-DEN.
DAS WER-DET IHR NICHT.
WAS SOLL AUS DIESEM LAND WER-DEN, WENN IHR JETZT STERBT?
SST
SAGT IHR ES MIR.
HM?
TJA... GUTE FRAGE ...
MAN KÖNNTE DAVON AUSGEHEN, DASS IN ZU WIRD, ABER...
MAN SOLLTE SICH NIE AUF ETWAS VERSTEI-FEN.
SEIN TOD HÄTTE GEWAL-TIGEN EINFLUSS AUF... NEIN.
FÜR DIE ODER HÄTTE ES ZWAR MEHR ODER WENIGER, ABER MIT ODER OHNE EUCH...
KÖNNTET IHR AUFHÖ-REN, ÜBER DIE ZUKUNFT ZU BRABBELN, WENN IHR SIE SOWIESO NICHT SEHEN KÖNNT?!
FRRRSSSSH

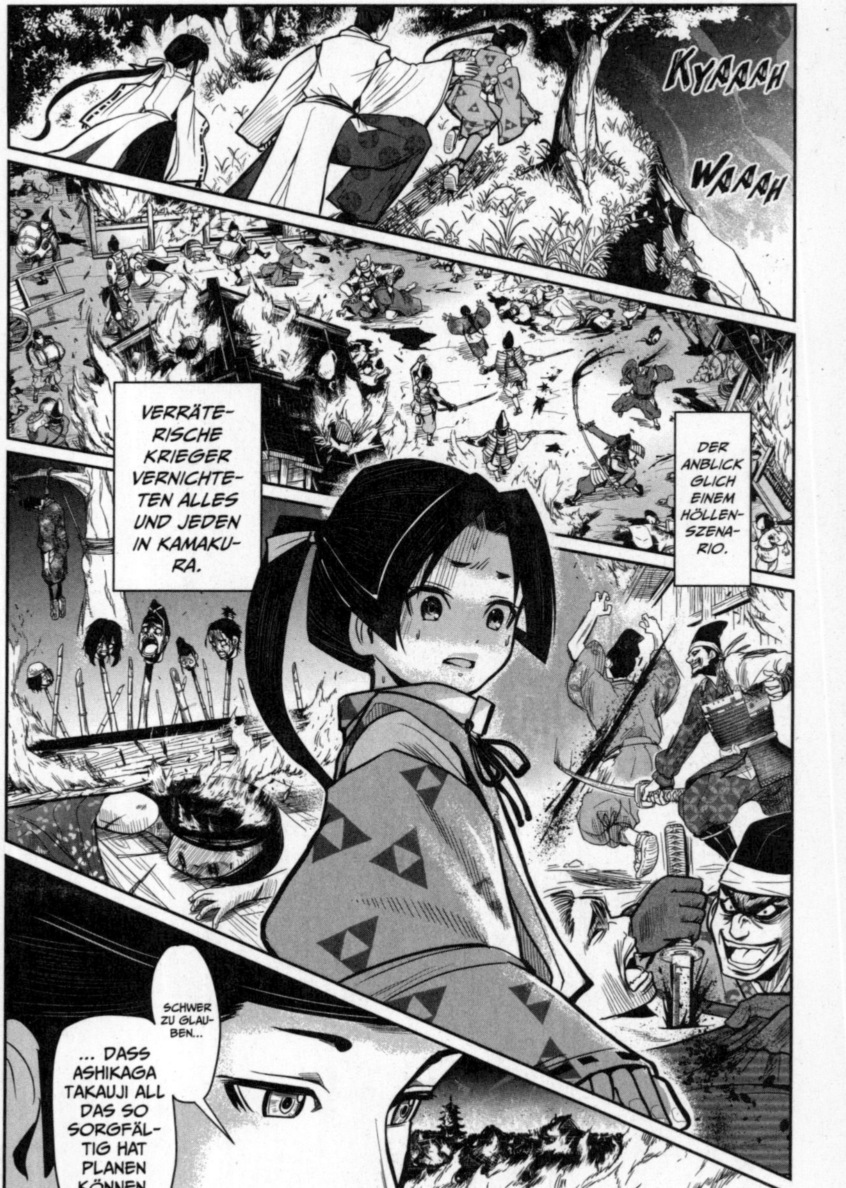
KYAAAH
WAAAH
DER ANBLICK GLICH EINEM HÖLLEN-SZENARIO.
VERRÄTERISCHE KRIEGER VERNICHTETEN ALLES UND JEDEN IN KAMAKURA.
SCHWER ZU GLAUBEN...
... DASS ASHIKAGA TAKAUJI ALL DAS SO SORGFÄLTIG HAT PLANEN KÖNNEN.

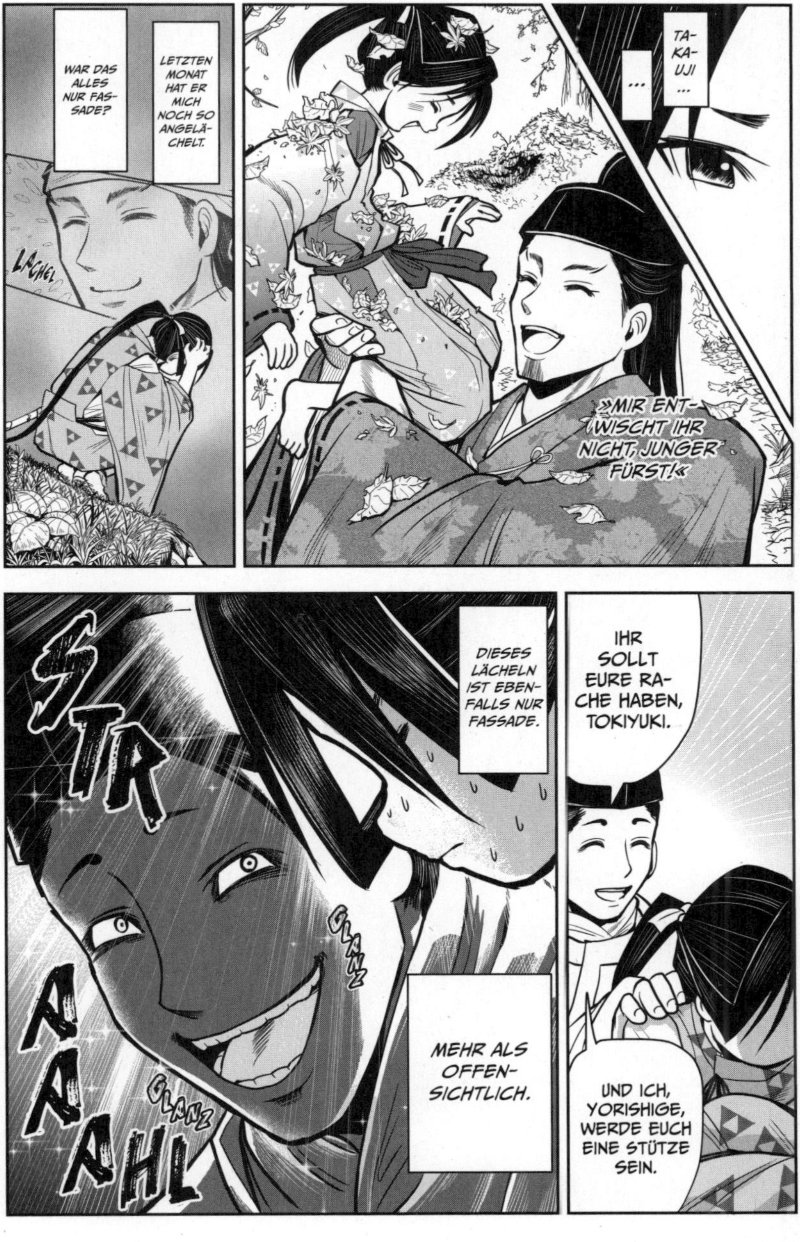
TAKAUJI ...
...
»MIR ENTWISCHT IHR NICHT, JUNGER FÜRST!«
LETZTEN MONAT HAT ER MICH NOCH SO ANGELÄCHELT.
WAR DAS ALLES NUR FASSADE?
LÄCHEL
IHR SOLLT EURE RACHE HABEN, TOKIYUKI.
UND ICH, YORISHIGE, WERDE EUCH EINE STÜTZE SEIN.
DIESES LÄCHELN IST EBENFALLS NUR FASSADE.
MEHR ALS OFFENSICHTLICH.
STRAAAHL
GLANZ
GLANZ

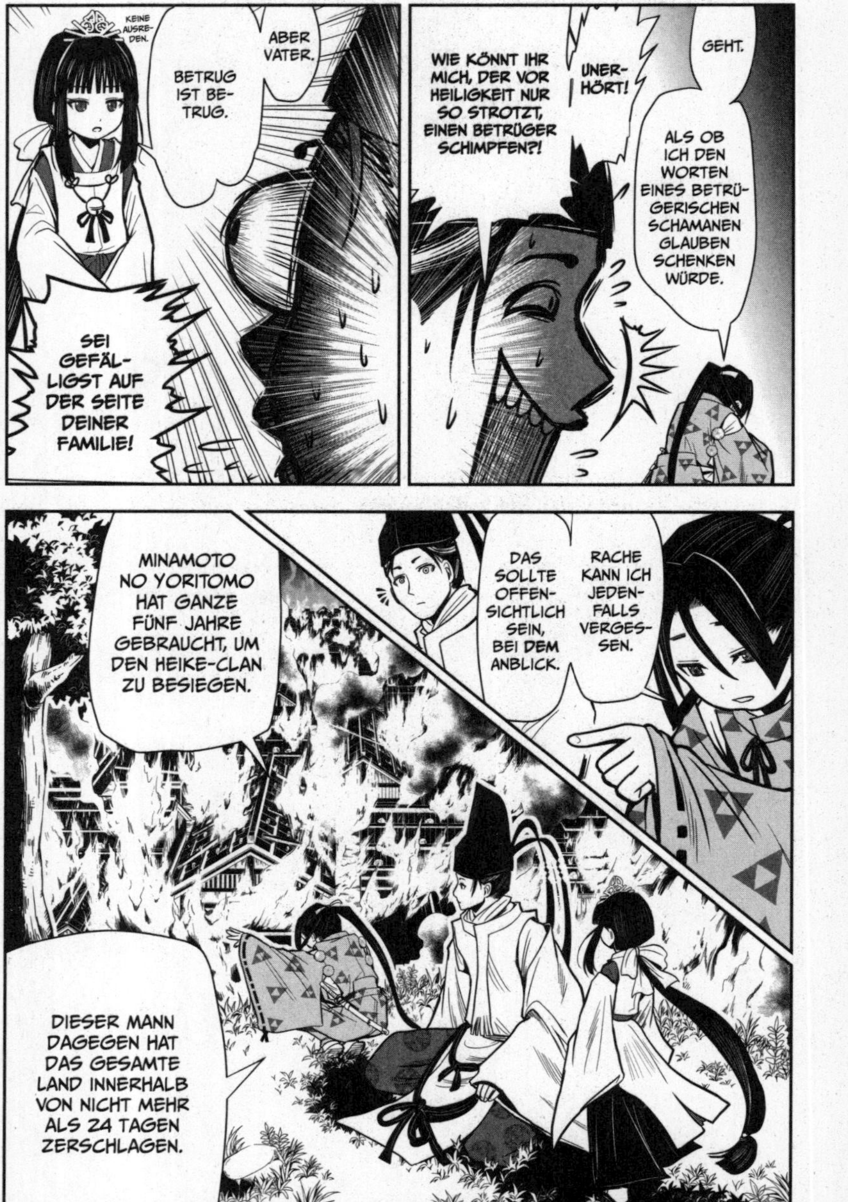
GEHT.
ALS OB ICH DEN WORTEN EINES BETRÜGERISCHEN SCHAMANEN GLAUBEN SCHENKEN WÜRDE.
UNERHÖRT!
WIE KÖNNT IHR MICH, DER VOR HEILIGKEIT NUR SO STROTZT, EINEN BETRÜGER SCHIMPFEN?!
ABER VATER.
BETRUG IST BETRUG.
KEINE AUSREDEN.
SEI GEFÄLLIGST AUF DER SEITE DEINER FAMILIE!
RACHE KANN ICH JEDENFALLS VERGESSEN.
DAS SOLLTE OFFENSICHTLICH SEIN, BEI DEM ANBLICK.
MINAMOTO NO YORITOMO HAT GANZE FÜNF JAHRE GEBRAUCHT, UM DEN HEIKE-CLAN ZU BESIEGEN.
DIESER MANN DAGEGEN HAT DAS GESAMTE LAND INNERHALB VON NICHT MEHR ALS 24 TAGEN ZERSCHLAGEN.

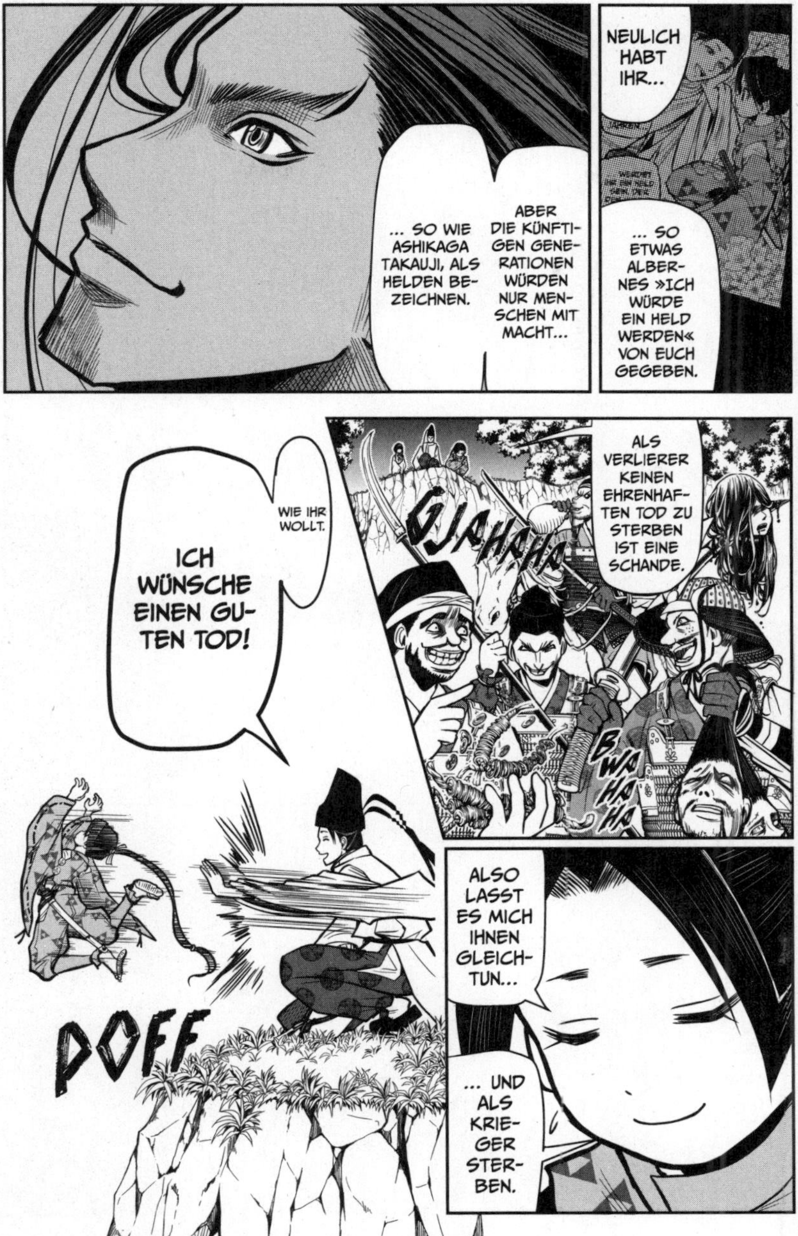
NEULICH HABT IHR...
... SO ETWAS ALBERNES »ICH WÜRDE EIN HELD WERDEN« VON EUCH GEGEBEN.
ABER DIE KÜNFTIGEN GENERATIONEN WÜRDEN NUR MENSCHEN MIT MACHT...
... SO WIE ASHIKAGA TAKAUJI, ALS HELDEN BEZEICHNEN.
ALS VERLIERER KEINEN EHRENHAFTEN TOD ZU STERBEN IST EINE SCHANDE.
GJAHAHA
BWAHAHAHA
WIE IHR WOLLT.
ICH WÜNSCHE EINEN GUTEN TOD!
ALSO LASST ES MICH IHNEN GLEICHTUN...
... UND ALS KRIEGER STERBEN.
DOFF

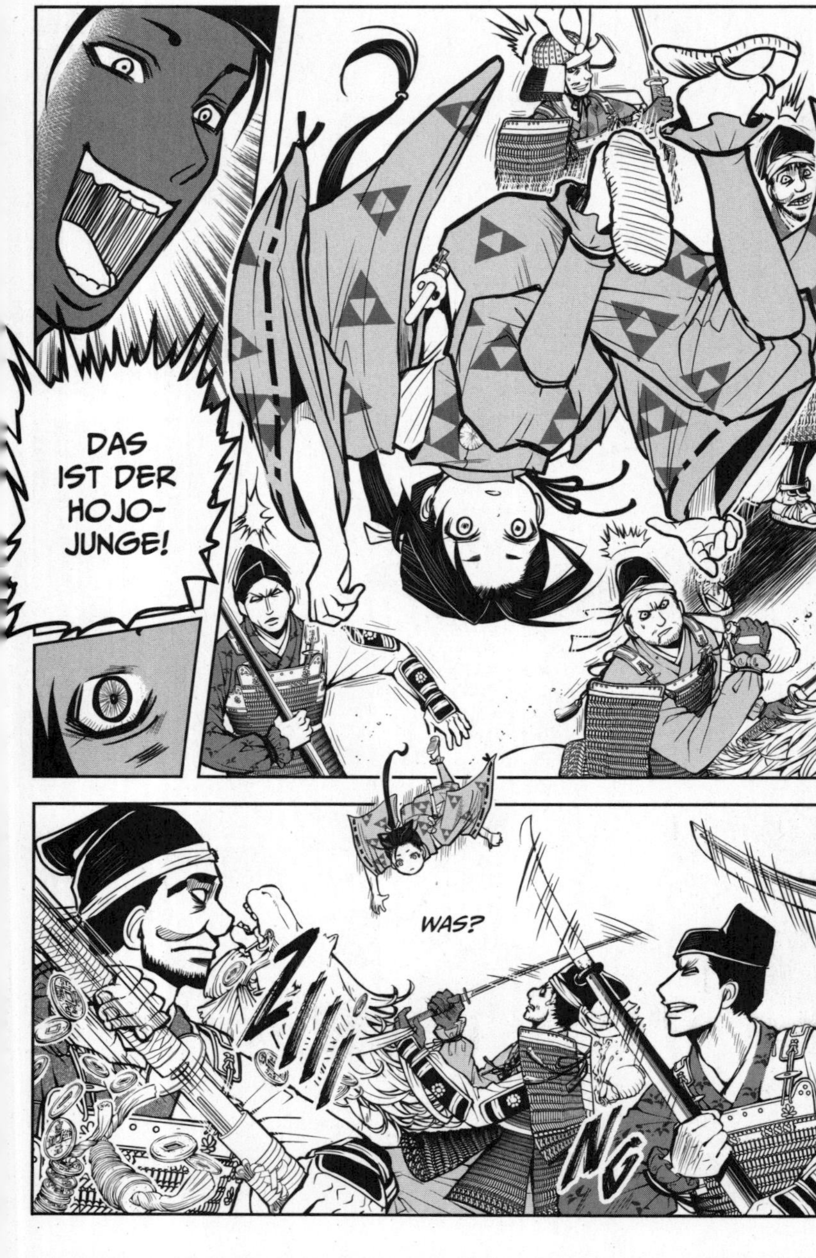
DAS IST DER HOJO-JUNGE!
WAS?
ZING

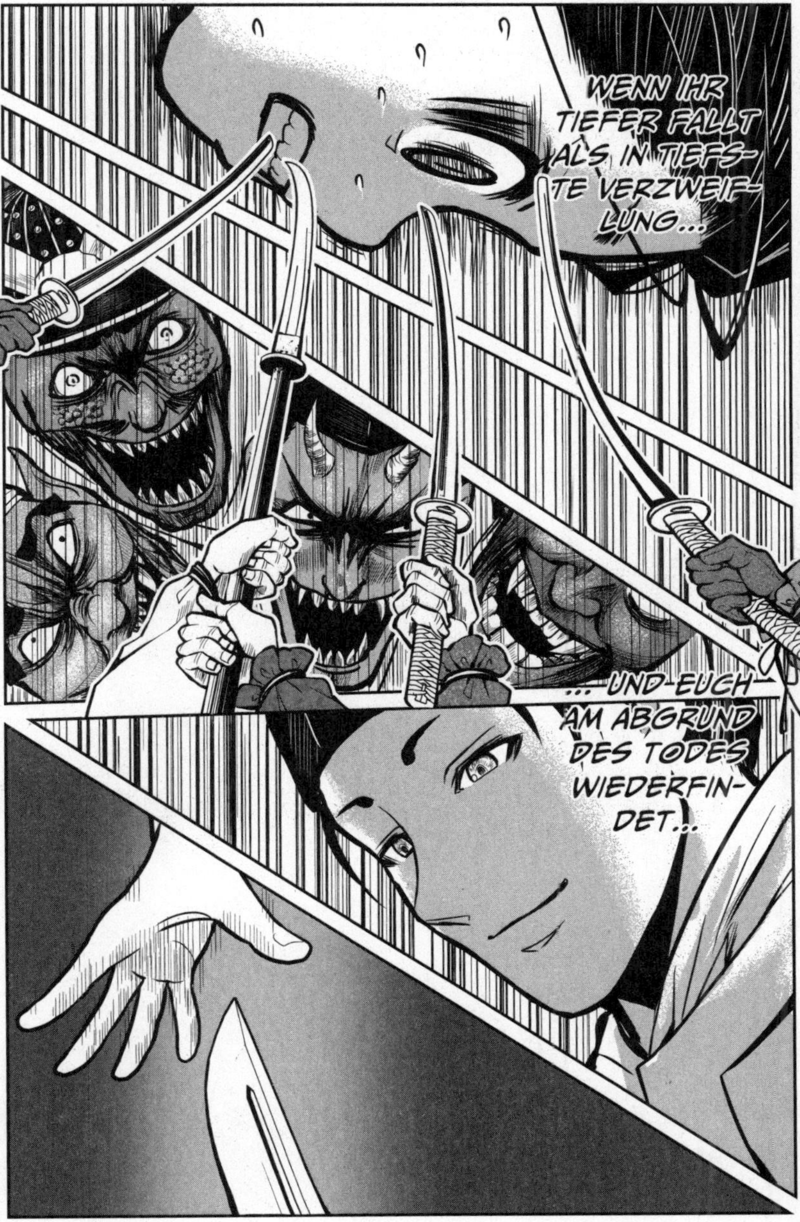
WENN IHR TIEFER FALLT ALS IN TIEFSTE VERZWEIFLUNG...
... UND EUCH AM ABGRUND DES TODES WIEDERFINDET...

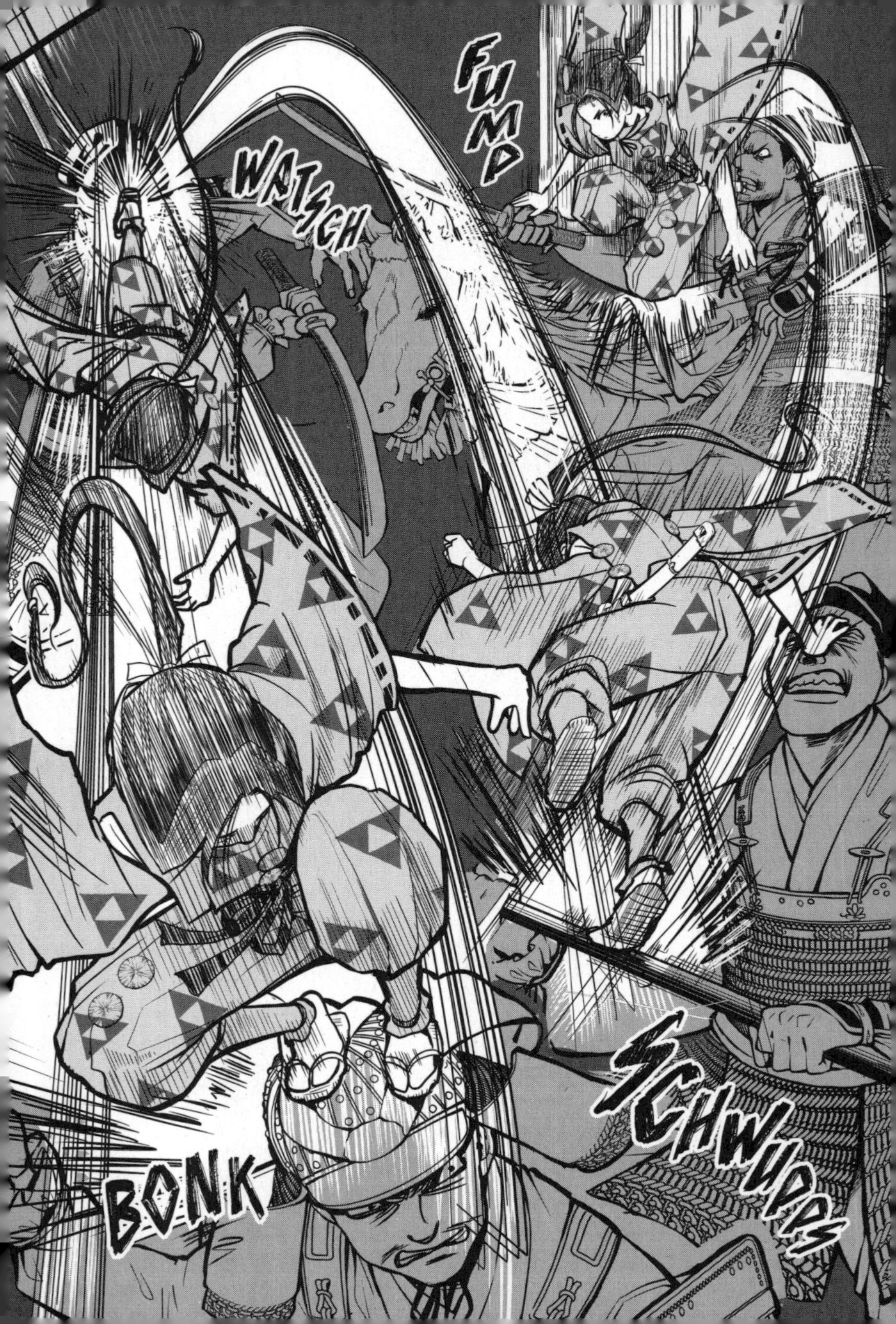
FUMP
WATSCH
BONK
SCHWIPPS

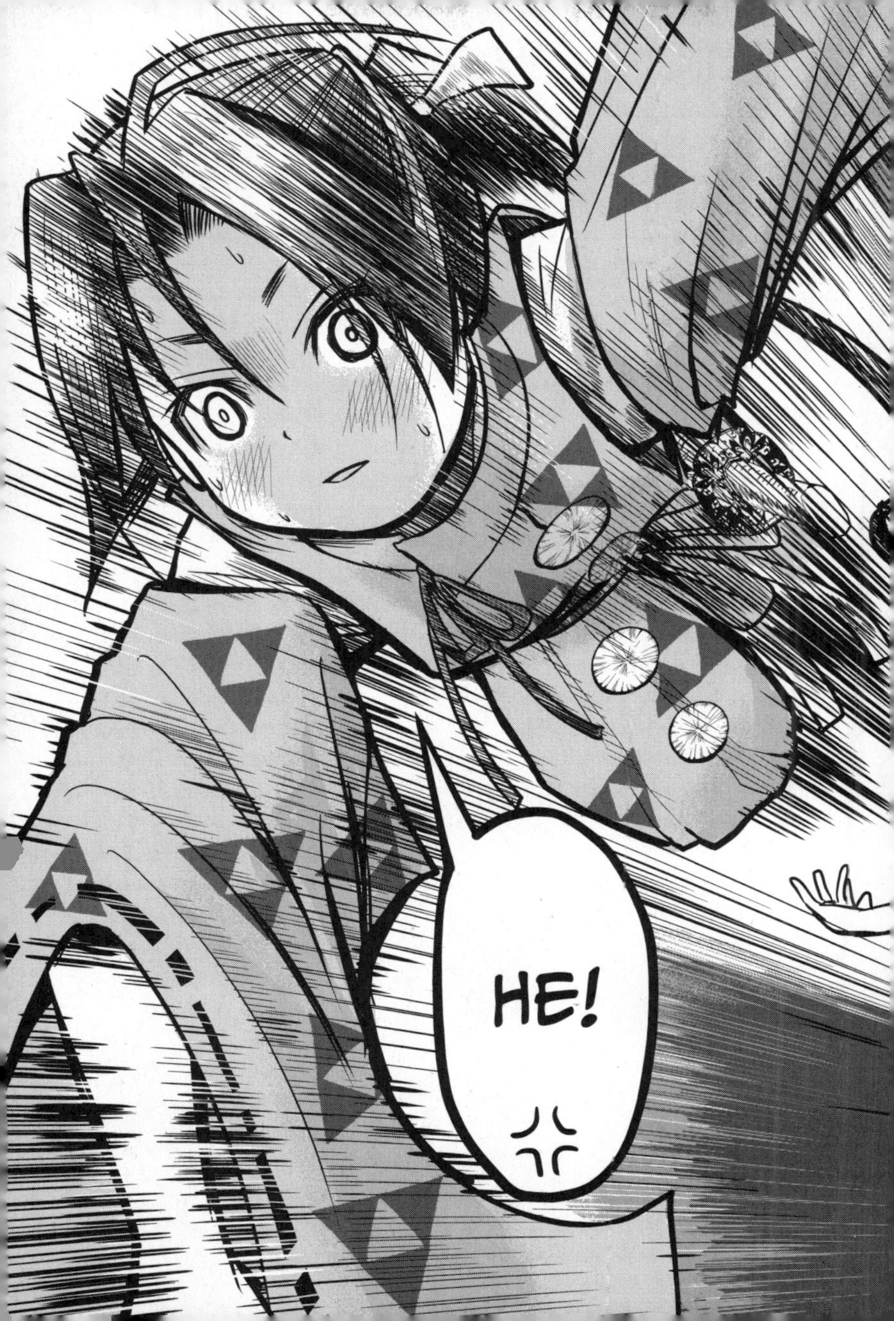
HE!

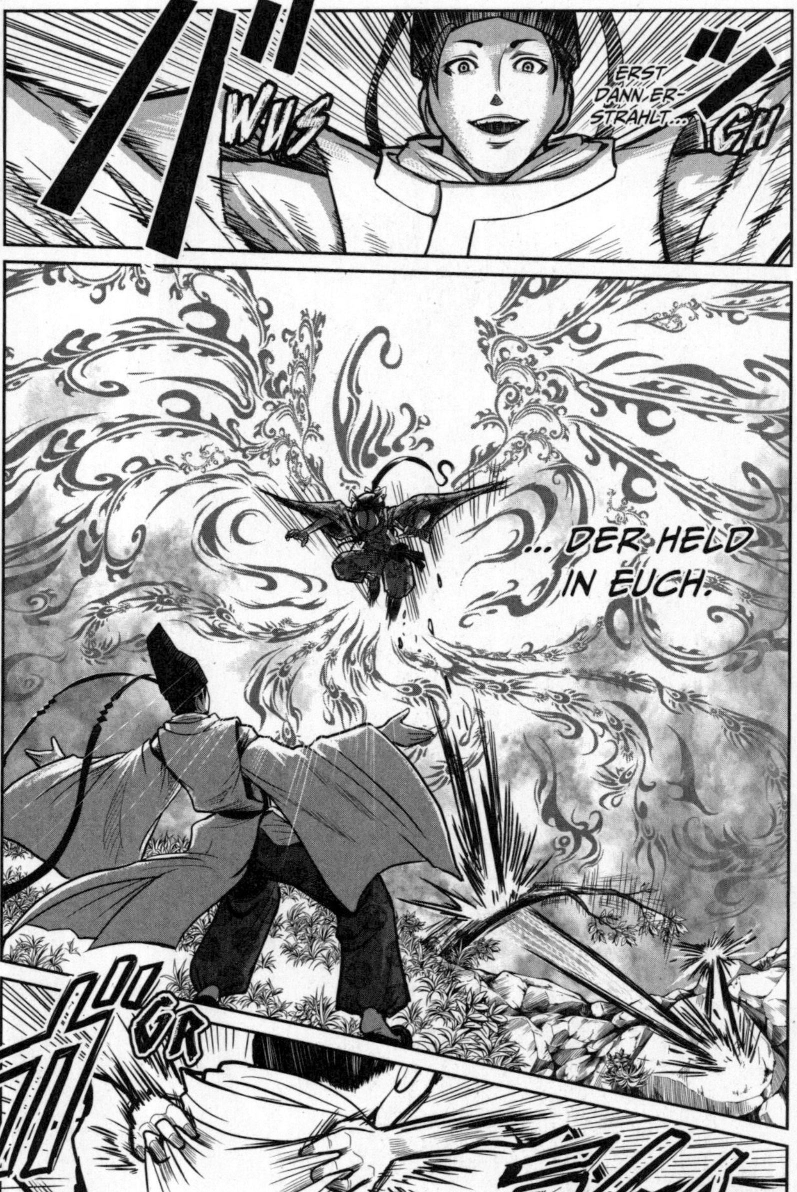
WUS
ERST DANN ER-STRAHLT ...
CH
... DER HELD IN EUCH.
GR
MP

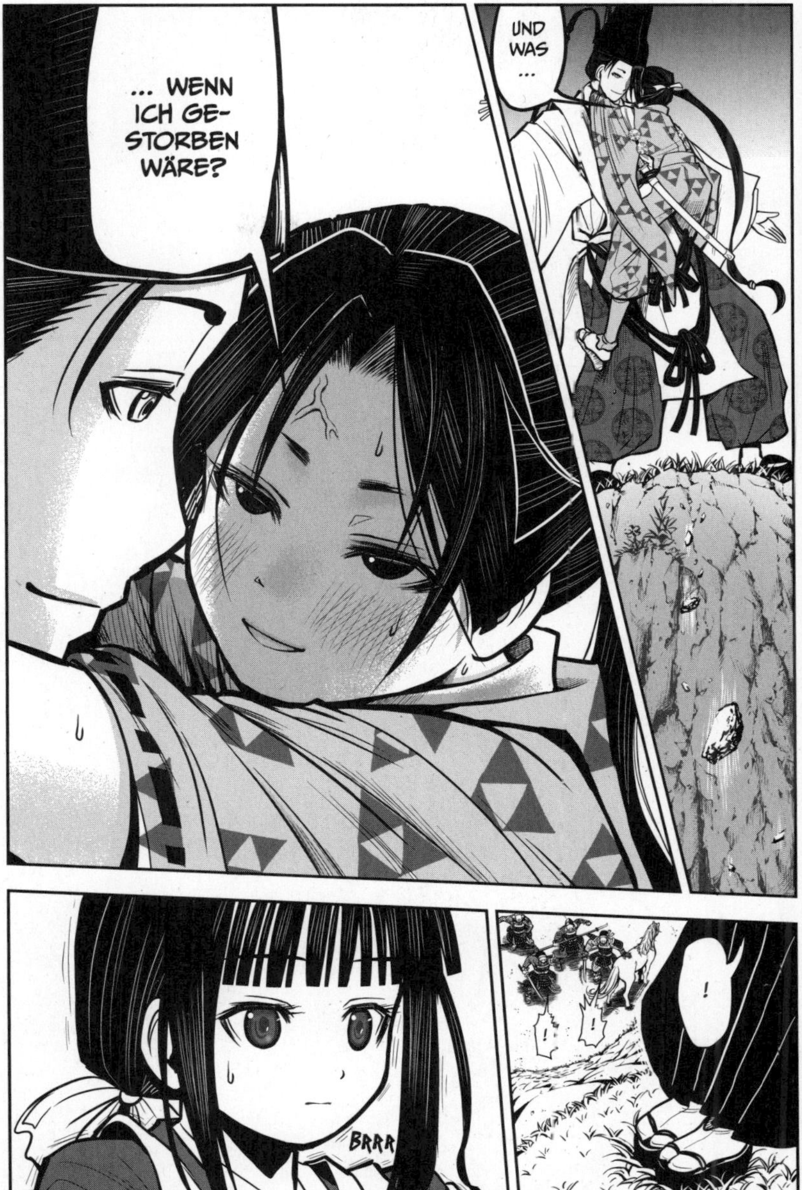
UND WAS ...
... WENN ICH GE- STORBEN WÄRE?
!
! !
BRRR

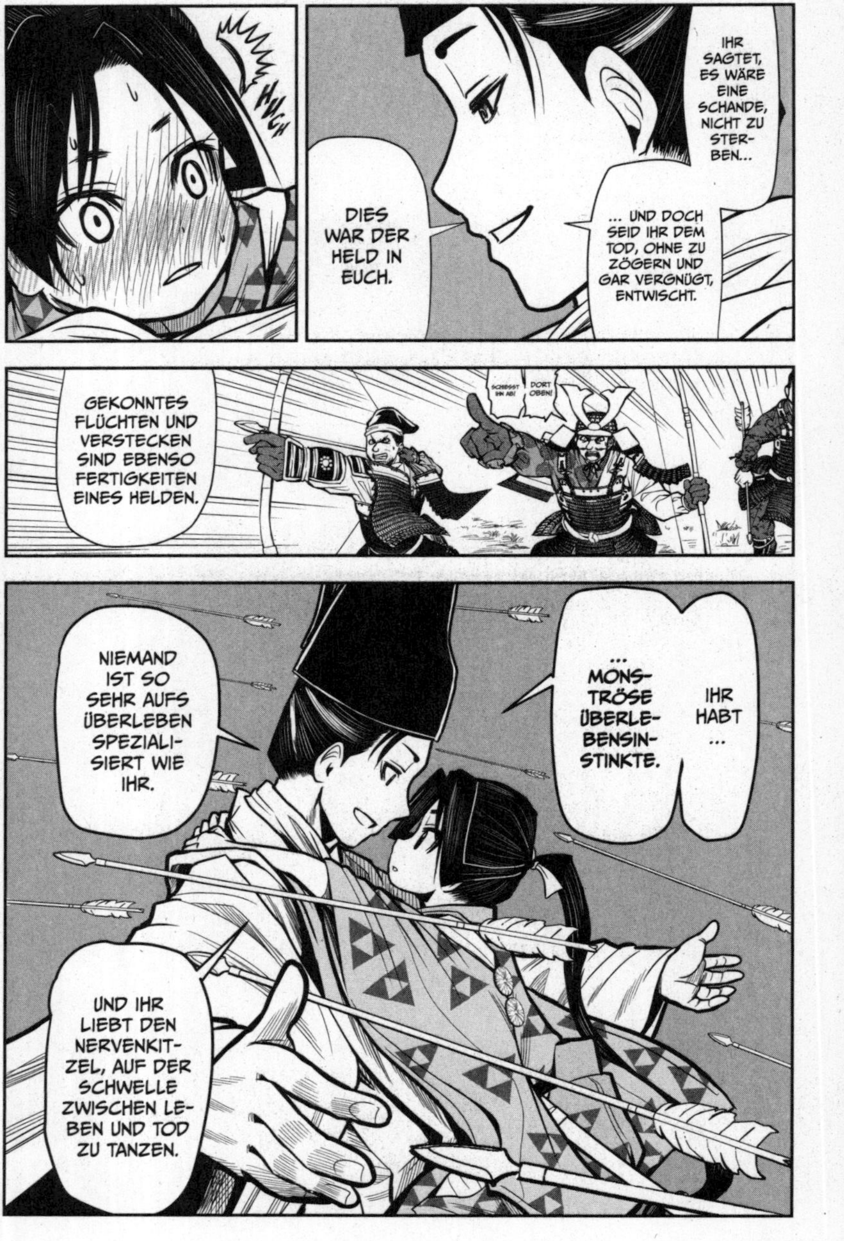
IHR SAGTET, ES WÄRE EINE SCHANDE, NICHT ZU STER-BEN...
... UND DOCH SEID IHR DEM TOD, OHNE ZU ZÖGERN UND GAR VERGNÜGT, ENTWISCHT.
DIES WAR DER HELD IN EUCH.
DORT OBEN!
SCHIESST IHN AB!
GEKONNTES FLÜCHTEN UND VERSTECKEN SIND EBENSO FERTIGKEITEN EINES HELDEN.
IHR HABT ...
... MONS-TRÖSE ÜBERLE-BENSIN-STINKTE.
NIEMAND IST SO SEHR AUFS ÜBERLEBEN SPEZIALI-SIERT WIE IHR.
UND IHR LIEBT DEN NERVENKIT-ZEL, AUF DER SCHWELLE ZWISCHEN LE-BEN UND TOD ZU TANZEN.

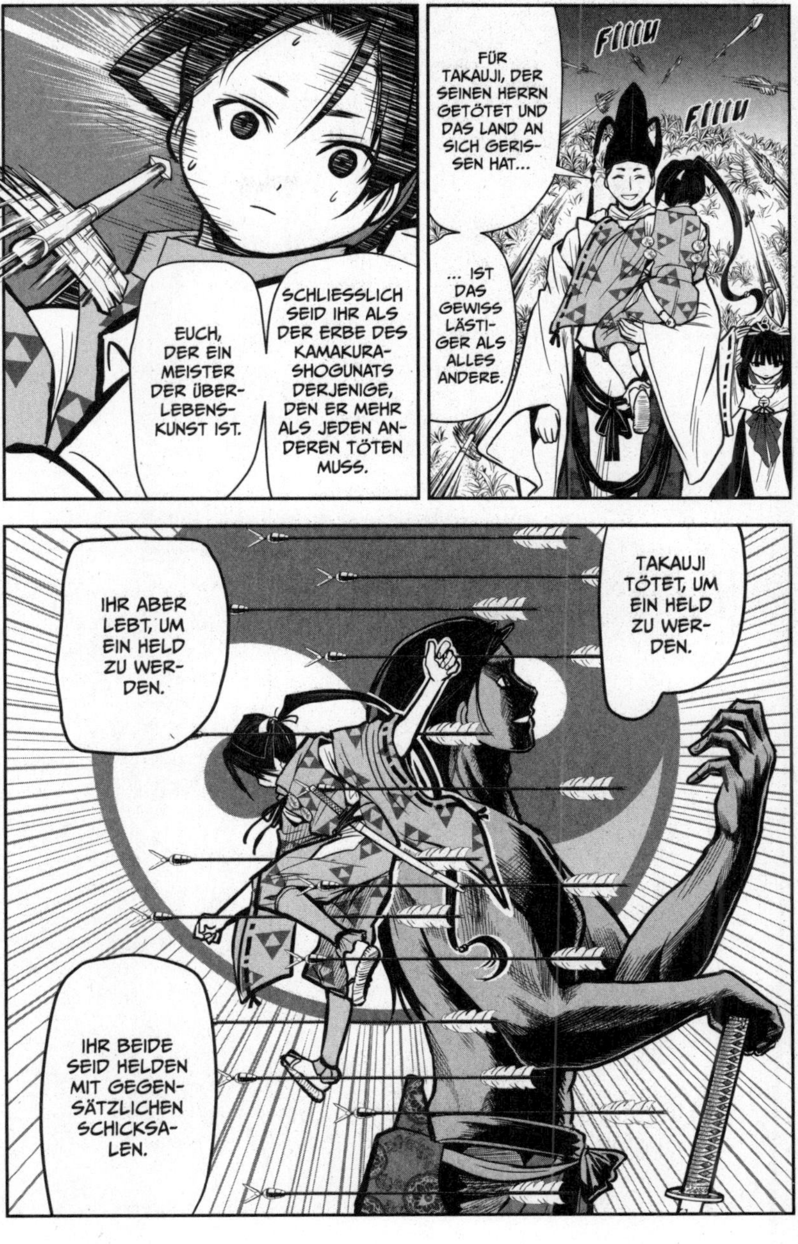
FIIIU
FÜR TAKAUJI, DER SEINEN HERRN GETÖTET UND DAS LAND AN SICH GERISSEN HAT...
FIIIU
... IST DAS GEWISS LÄSTIGER ALS ALLES ANDERE.
SCHLIESSLICH SEID IHR ALS DER ERBE DES KAMAKURA-SHOGUNATS DERJENIGE, DEN ER MEHR ALS JEDEN ANDEREN TÖTEN MUSS.
EUCH, DER EIN MEISTER DER ÜBERLEBENSKUNST IST.
TAKAUJI TÖTET, UM EIN HELD ZU WERDEN.
IHR ABER LEBT, UM EIN HELD ZU WERDEN.
IHR BEIDE SEID HELDEN MIT GEGENSÄTZLICHEN SCHICKSALEN.

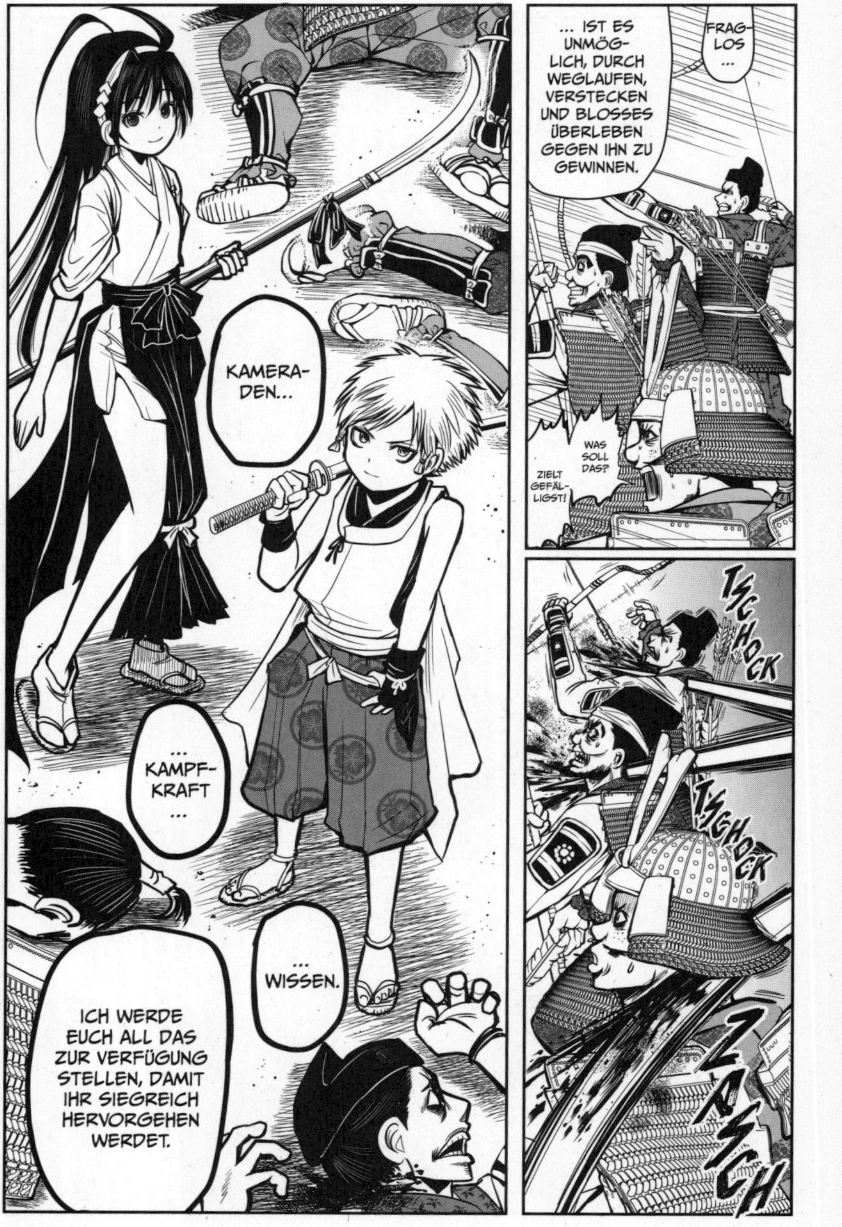

FRAGLOS ...
... IST ES UNMÖGLICH, DURCH WEGLAUFEN, VERSTECKEN UND BLOSSES ÜBERLEBEN GEGEN IHN ZU GEWINNEN.
WAS SOLL DAS?
ZIELT GEFÄLLIGST!
TSCHOCK
TSCHOCK
KAMERADEN...
... KAMPFKRAFT ...
... WISSEN.
ICH WERDE EUCH ALL DAS ZUR VERFÜGUNG STELLEN, DAMIT IHR SIEGREICH HERVORGEHEN WERDET.

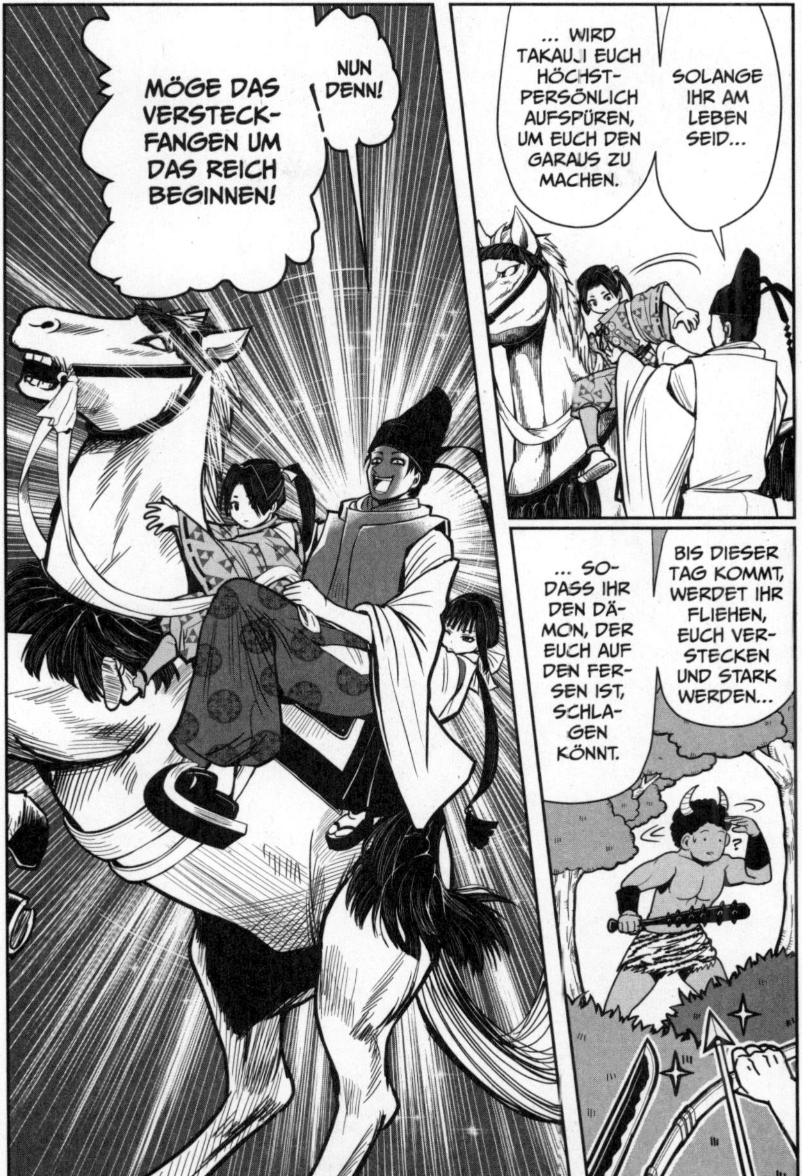
SOLANGE IHR AM LEBEN SEID...
... WIRD TAKAUJI EUCH HÖCHST-PERSÖNLICH AUFSPÜREN, UM EUCH DEN GARAUS ZU MACHEN.
BIS DIESER TAG KOMMT, WERDET IHR FLIEHEN, EUCH VERSTECKEN UND STARK WERDEN...
... SO-DASS IHR DEN DÄMON, DER EUCH AUF DEN FERSEN IST, SCHLAGEN KÖNNT.
NUN DENN!
MÖGE DAS VERSTECK-FANGEN UM DAS REICH BEGINNEN!

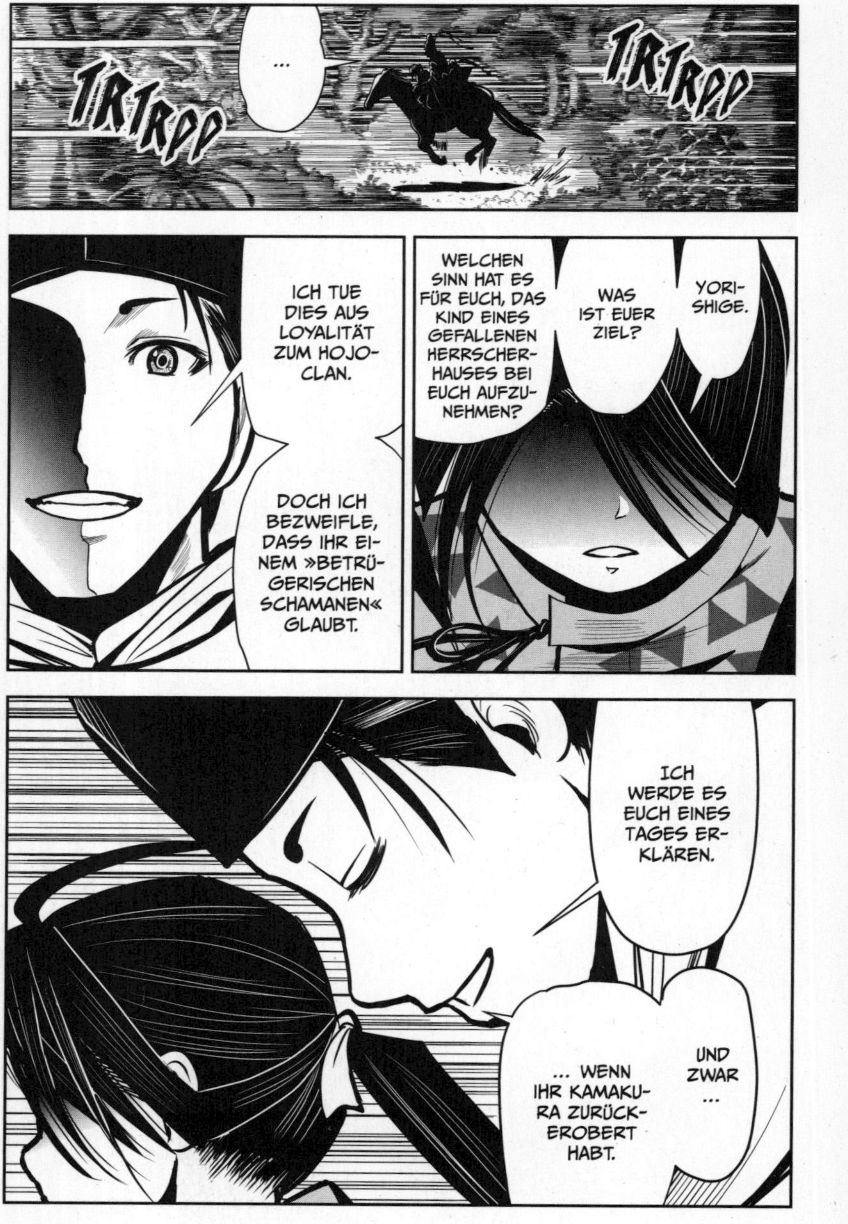
TRTRDD
...
TRTRDD
YORI-SHIGE.
WAS IST EUER ZIEL?
WELCHEN SINN HAT ES FÜR EUCH, DAS KIND EINES GEFALLENEN HERRSCHER-HAUSES BEI EUCH AUFZU-NEHMEN?
ICH TUE DIES AUS LOYALITÄT ZUM HOJO-CLAN.
DOCH ICH BEZWEIFLE, DASS IHR EI-NEM »BETRÜ-GERISCHEN SCHAMANEN« GLAUBT.
ICH WERDE ES EUCH EINES TAGES ER-KLÄREN.
UND ZWAR ...
... WENN IHR KAMAKU-RA ZURÜCK-EROBERT HABT.

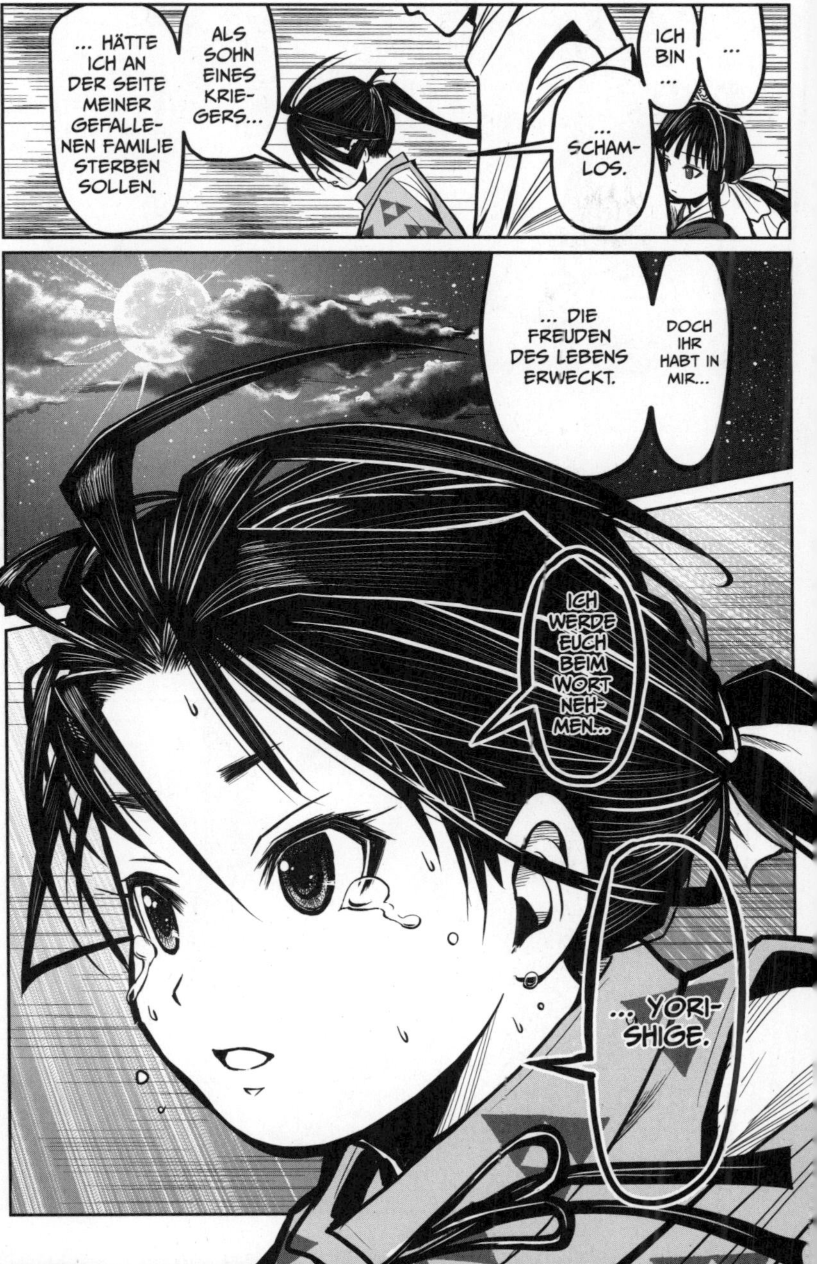
...
ICH BIN ...
... SCHAMLOS.
ALS SOHN EINES KRIEGERS...
... HÄTTE ICH AN DER SEITE MEINER GEFALLENEN FAMILIE STERBEN SOLLEN.
DOCH IHR HABT IN MIR...
... DIE FREUDEN DES LEBENS ERWECKT.
ICH WERDE EUCH BEIM WORT NEHMEN...
... YORISHIGE.

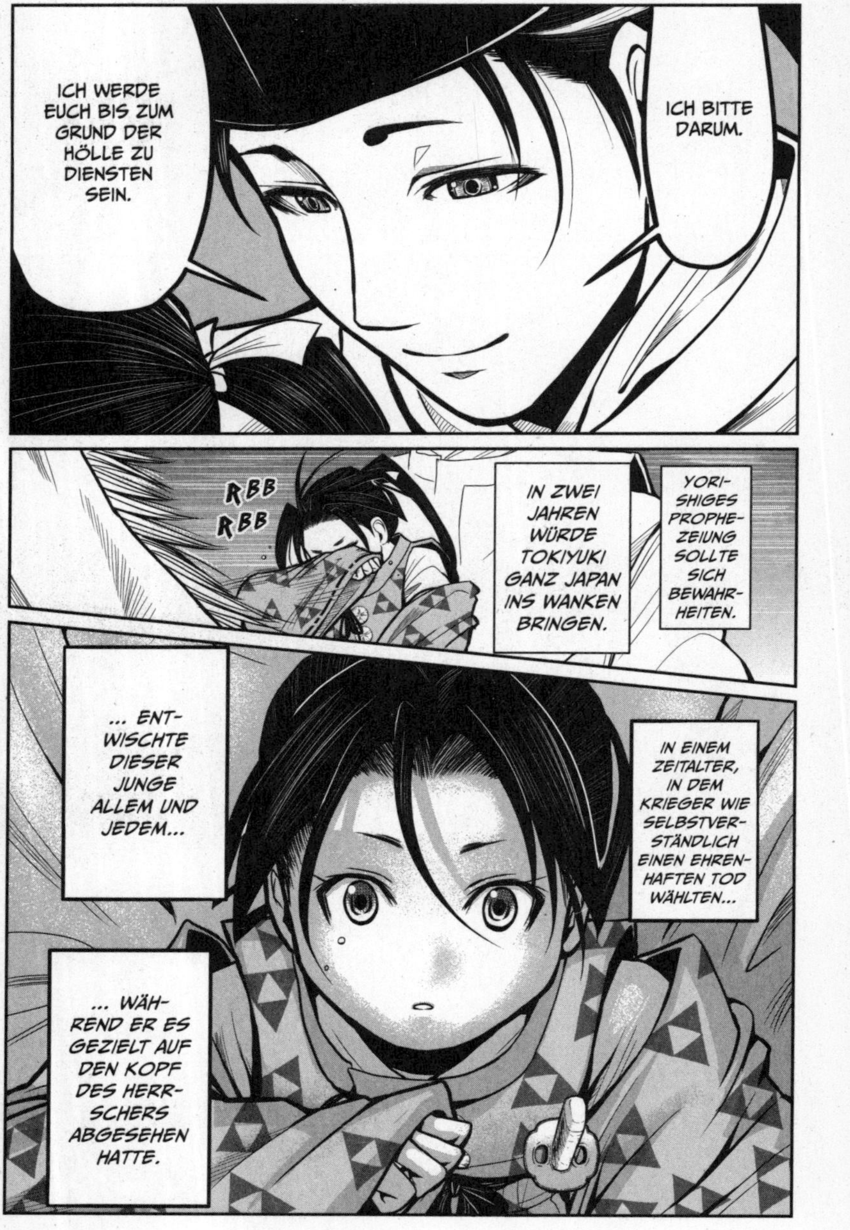
ICH BITTE DARUM.
ICH WERDE EUCH BIS ZUM GRUND DER HÖLLE ZU DIENSTEN SEIN.
YORISHIGES PROPHEZEIUNG SOLLTE SICH BEWAHRHEITEN.
IN ZWEI JAHREN WÜRDE TOKIYUKI GANZ JAPAN INS WANKEN BRINGEN.
RBB RBB
IN EINEM ZEITALTER, IN DEM KRIEGER WIE SELBSTVERSTÄNDLICH EINEN EHRENHAFTEN TOD WÄHLTEN...
... ENTWISCHTE DIESER JUNGE ALLEM UND JEDEM...
... WÄHREND ER ES GEZIELT AUF DEN KOPF DES HERRSCHERS ABGESEHEN HATTE.

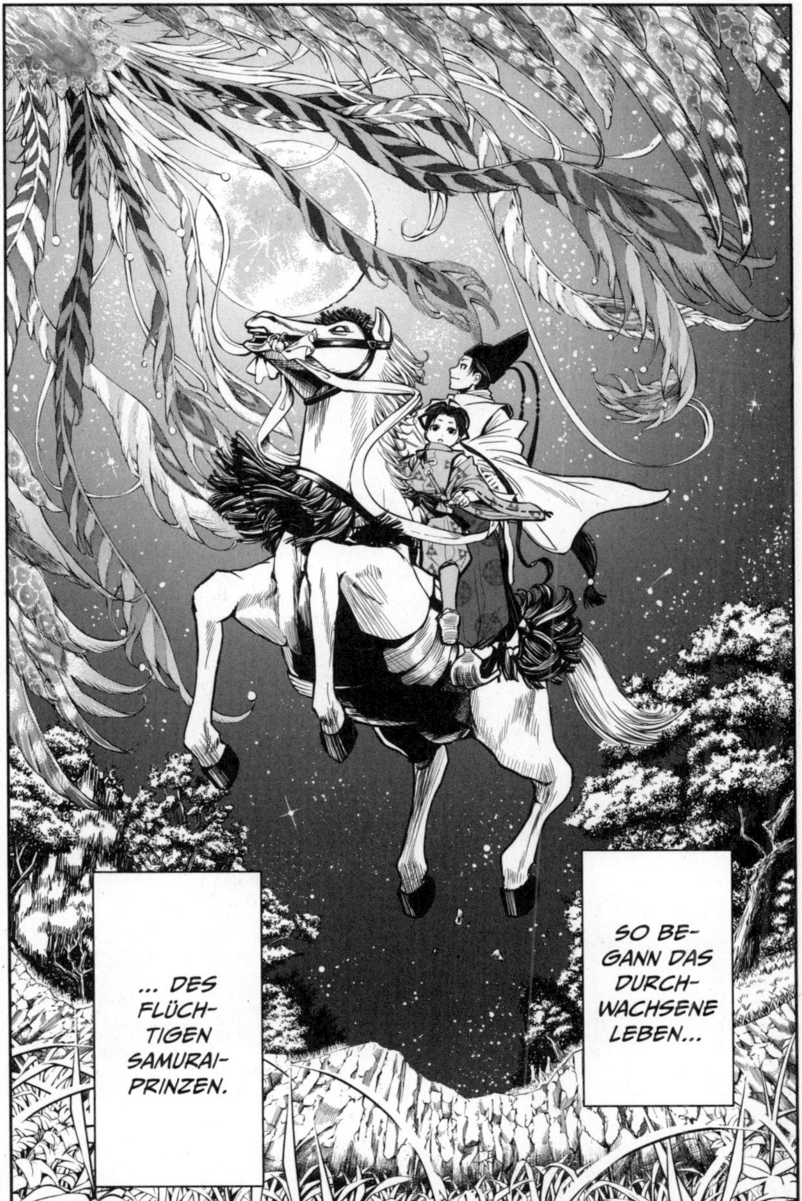
SO BEGANN DAS DURCHWACHSENE LEBEN...
... DES FLÜCHTIGEN SAMURAI-PRINZEN.

1333

Hojo Tokiyuki

★★★★ SSR

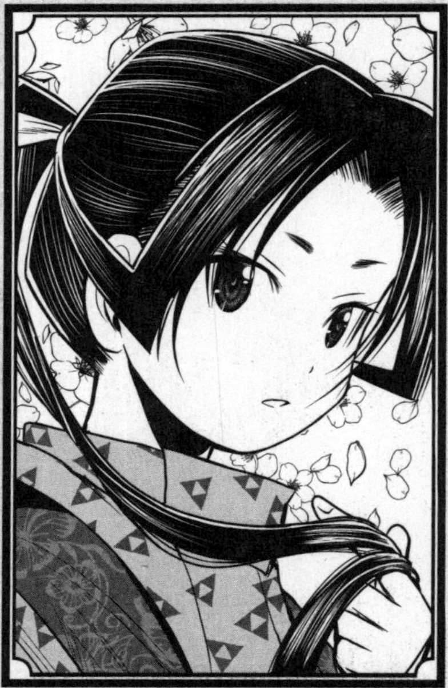

Kompetenzen		Eignung für die Namboku-cho-Zeit	
Waffen	6	Grausamkeit	11
Wissen	27	Loyalität	80
Politik	4	Chaos	48
Kommando	12	Reform	22
Charme	41	Fliehen & Verstecken	89

Wappen

Mitsu-uroko
(»Drei Schuppen«)

Fähigkeit: Gekonnt Verschwinden (eine Kombination aus Flucht, Ausweichen und Verstecken)

Notiz: Leibspeise: Meerbrassen-Sashimi (Erhöht Glück um 30 %)

Anmerkung

Besitzt ab heute keine Münze mehr.
Kümmert euch bitte um ihn.

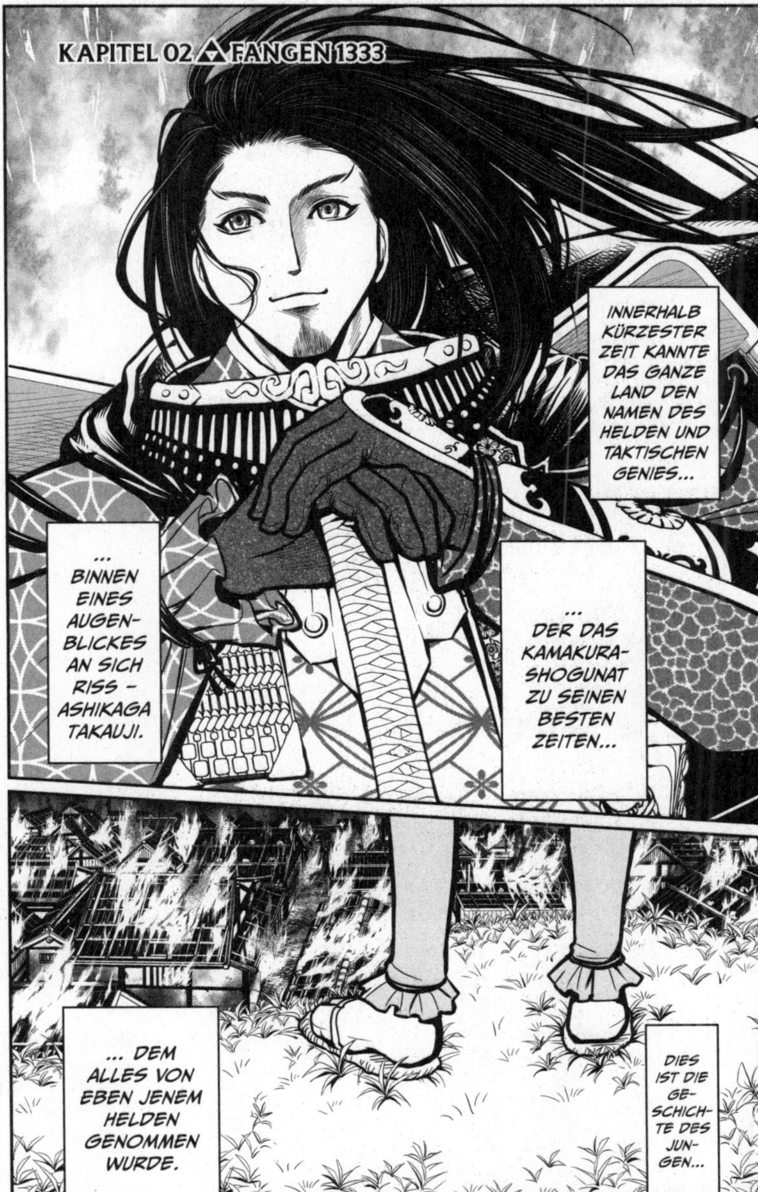
KAPITEL 02 FANGEN 1333
INNERHALB KÜRZESTER ZEIT KANNTE DAS GANZE LAND DEN NAMEN DES HELDEN UND TAKTISCHEN GENIES...
... DER DAS KAMAKURA-SHOGUNAT ZU SEINEN BESTEN ZEITEN...
... BINNEN EINES AUGEN-BLICKES AN SICH RISS – ASHIKAGA TAKAUJI.
DIES IST DIE GE-SCHICH-TE DES JUN-GEN...
... DEM ALLES VON EBEN JENEM HELDEN GENOMMEN WURDE.

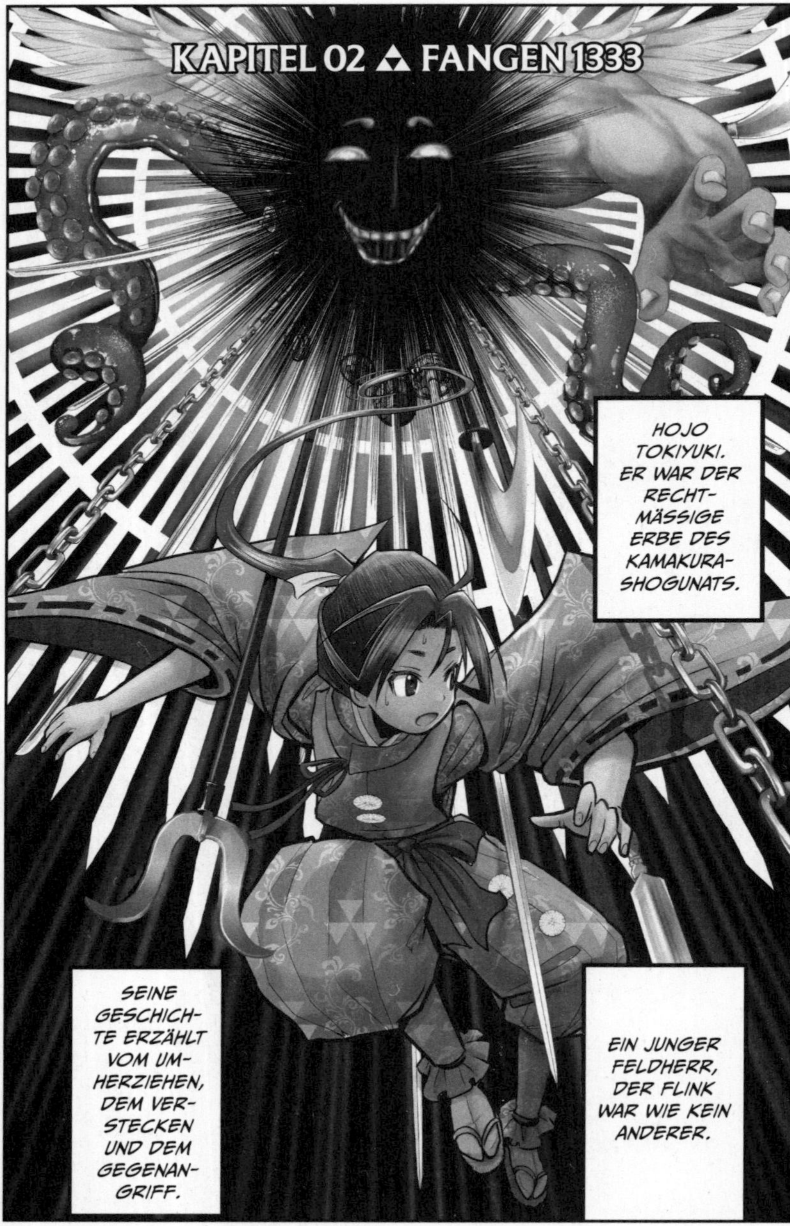
KAPITEL 02 ▲ FANGEN 1333
HOJO TOKIYUKI. ER WAR DER RECHTMÄSSIGE ERBE DES KAMAKURA-SHOGUNATS.
EIN JUNGER FELDHERR, DER FLINK WAR WIE KEIN ANDERER.
SEINE GESCHICHTE ERZÄHLT VOM UMHERZIEHEN, DEM VERSTECKEN UND DEM GEGENANGRIFF.

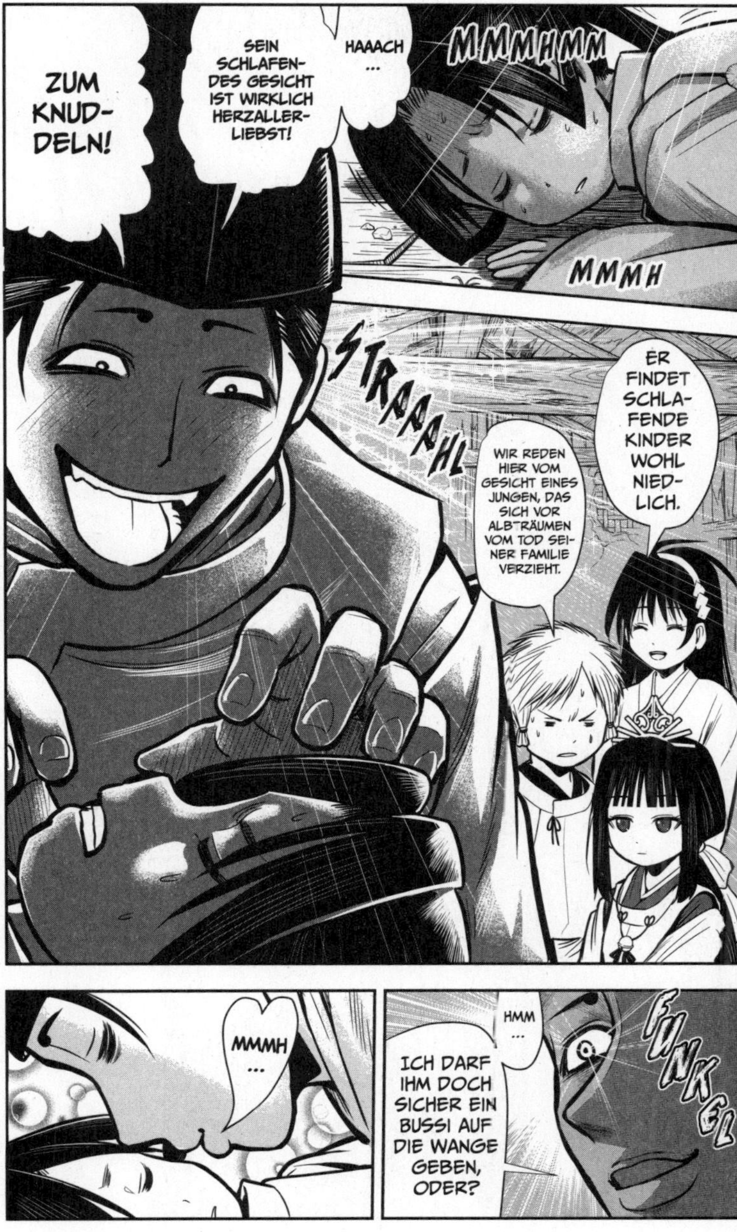
MMMHMM
HAAACH ...
SEIN SCHLAFEN-DES GESICHT IST WIRKLICH HERZALLER-LIEBST!
ZUM KNUD-DELN!
MMMH
STRAPPHL
ER FINDET SCHLA-FENDE KINDER WOHL NIED-LICH.
WIR REDEN HIER VOM GESICHT EINES JUNGEN, DAS SICH VOR ALBTRÄUMEN VOM TOD SEI-NER FAMILIE VERZIEHT.
HMM ...
ICH DARF IHM DOCH SICHER EIN BUSSI AUF DIE WANGE GEBEN, ODER?
FUNKEL
MMMH ...

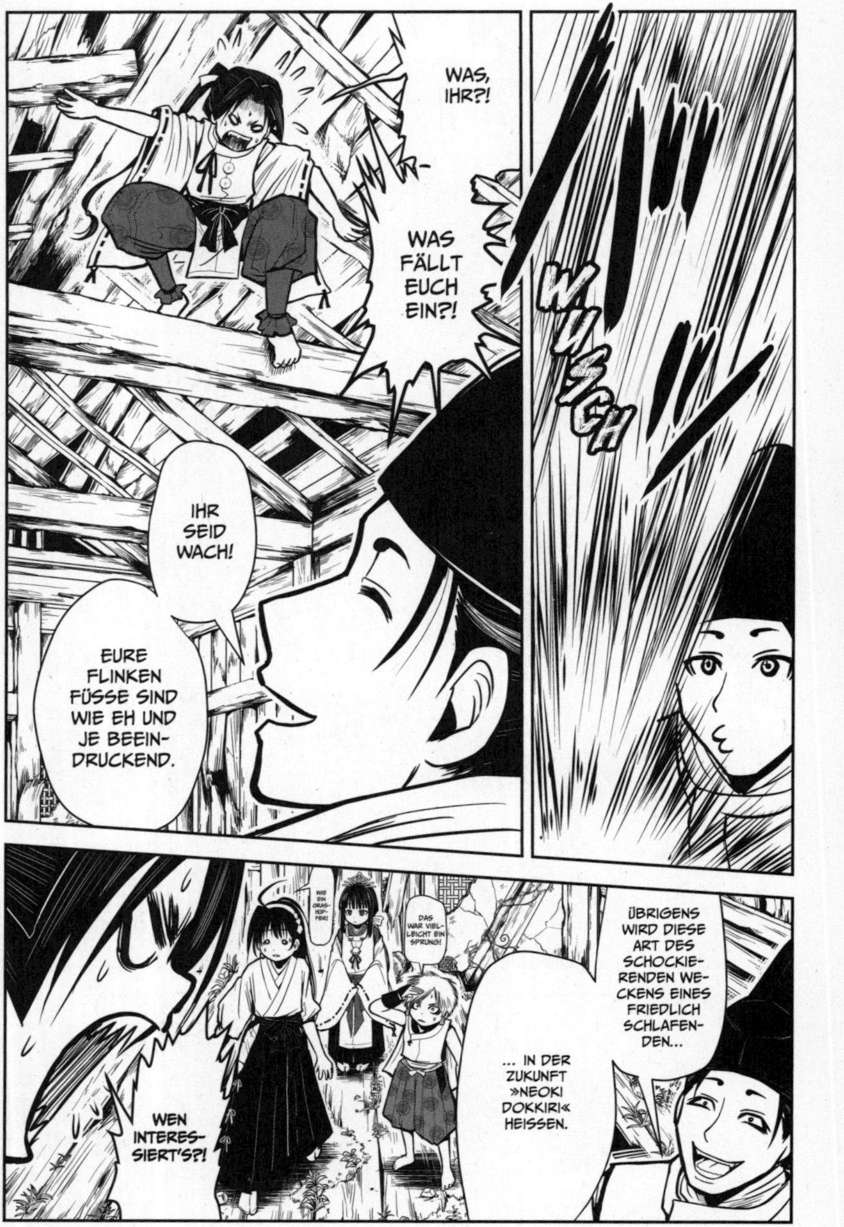
WUSCH
WAS, IHR?!
WAS FÄLLT EUCH EIN?!
IHR SEID WACH!
EURE FLINKEN FÜSSE SIND WIE EH UND JE BEEIN-DRUCKEND.
ÜBRIGENS WIRD DIESE ART DES SCHOCKIE-RENDEN WE-CKENS EINES FRIEDLICH SCHLAFEN-DEN...
... IN DER ZUKUNFT »NEOKI DOKKIRI« HEISSEN.
DAS WAR VIEL-LEICHT EIN SPRUNG!
WIE EIN GRAS-HÜP-FER!
WEN INTERES-SIERT'S?!

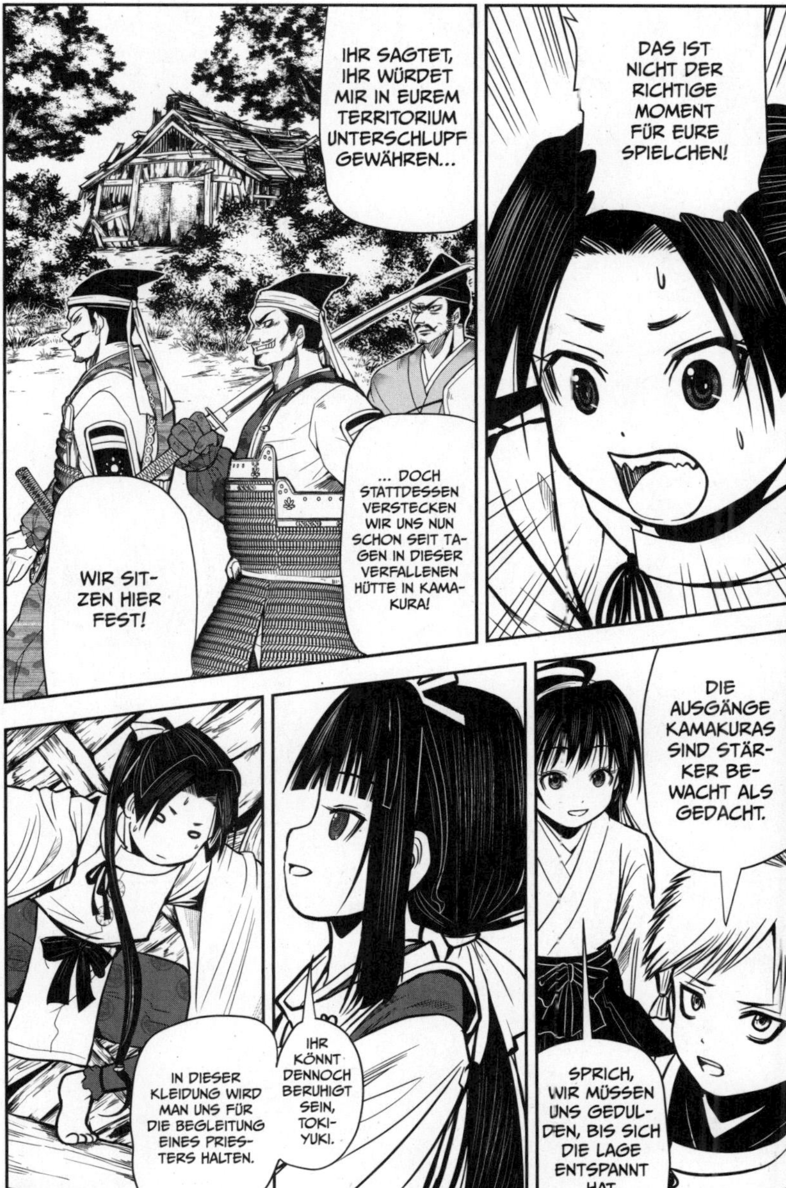
DAS IST NICHT DER RICHTIGE MOMENT FÜR EURE SPIELCHEN!
IHR SAGTET, IHR WÜRDET MIR IN EUREM TERRITORIUM UNTERSCHLUPF GEWÄHREN...
... DOCH STATTDESSEN VERSTECKEN WIR UNS NUN SCHON SEIT TAGEN IN DIESER VERFALLENEN HÜTTE IN KAMAKURA!
WIR SITZEN HIER FEST!
DIE AUSGÄNGE KAMAKURAS SIND STÄRKER BEWACHT ALS GEDACHT.
SPRICH, WIR MÜSSEN UNS GEDULDEN, BIS SICH DIE LAGE ENTSPANNT HAT.
IHR KÖNNT DENNOCH BERUHIGT SEIN, TOKIYUKI.
IN DIESER KLEIDUNG WIRD MAN UNS FÜR DIE BEGLEITUNG EINES PRIESTERS HALTEN.

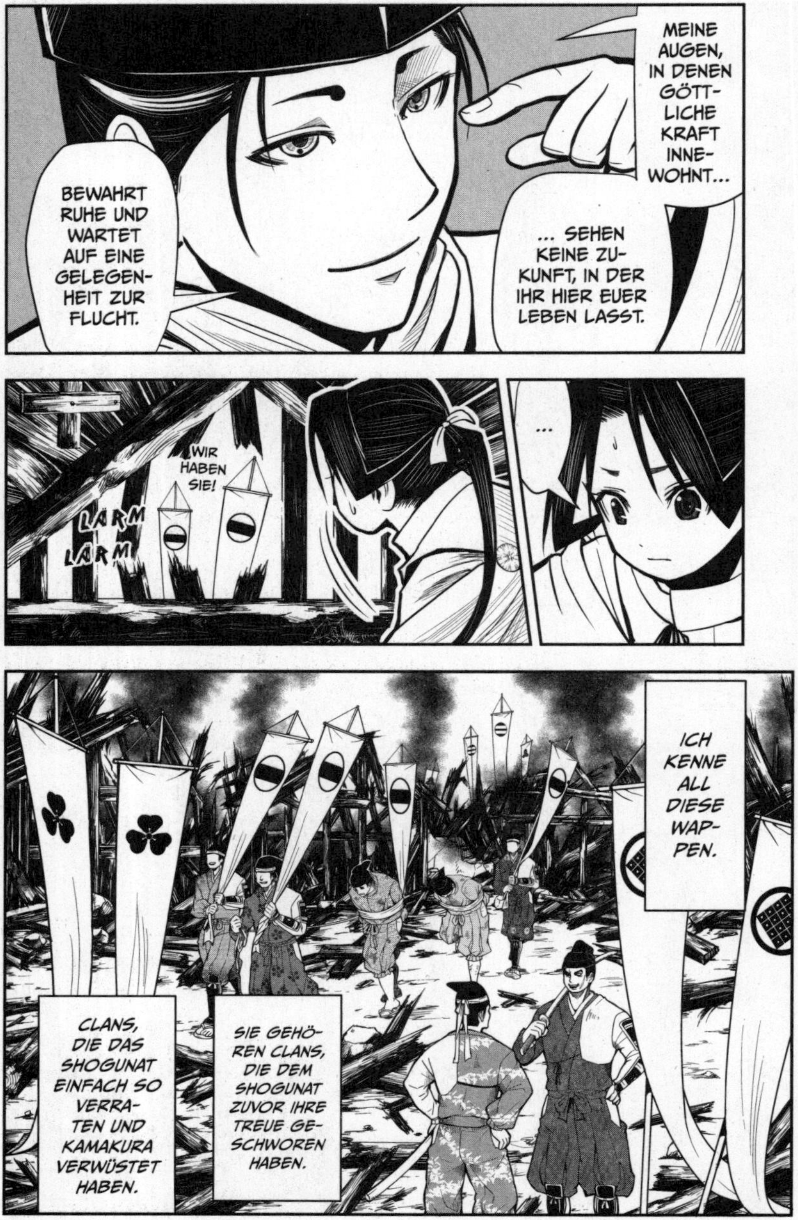
MEINE AUGEN, IN DENEN GÖTTLICHE KRAFT INNEWOHNT...
... SEHEN KEINE ZUKUNFT, IN DER IHR HIER EUER LEBEN LASST.
BEWAHRT RUHE UND WARTET AUF EINE GELEGENHEIT ZUR FLUCHT.
...
WIR HABEN SIE!
LÄRM
LÄRM
ICH KENNE ALL DIESE WAPPEN.
SIE GEHÖREN CLANS, DIE DEM SHOGUNAT ZUVOR IHRE TREUE GESCHWOREN HABEN.
CLANS, DIE DAS SHOGUNAT EINFACH SO VERRATEN UND KAMAKURA VERWÜSTET HABEN.

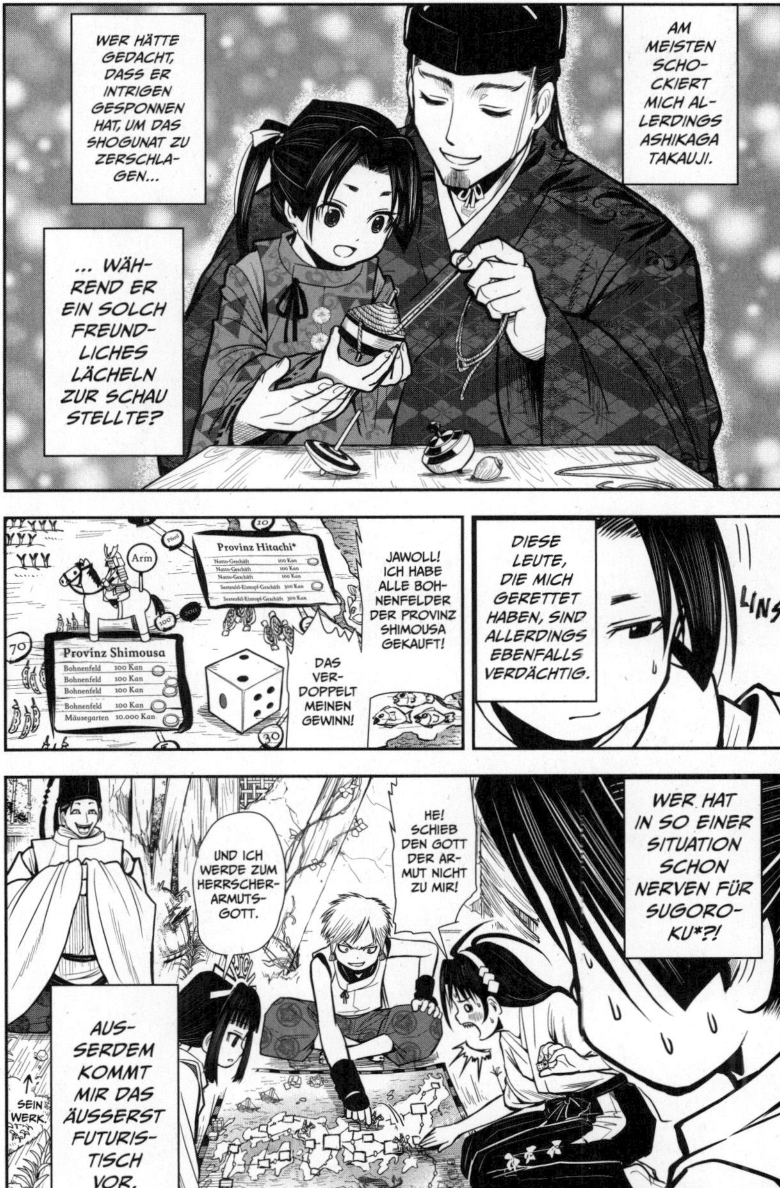

* JAPANISCHES BRETTSPIEL

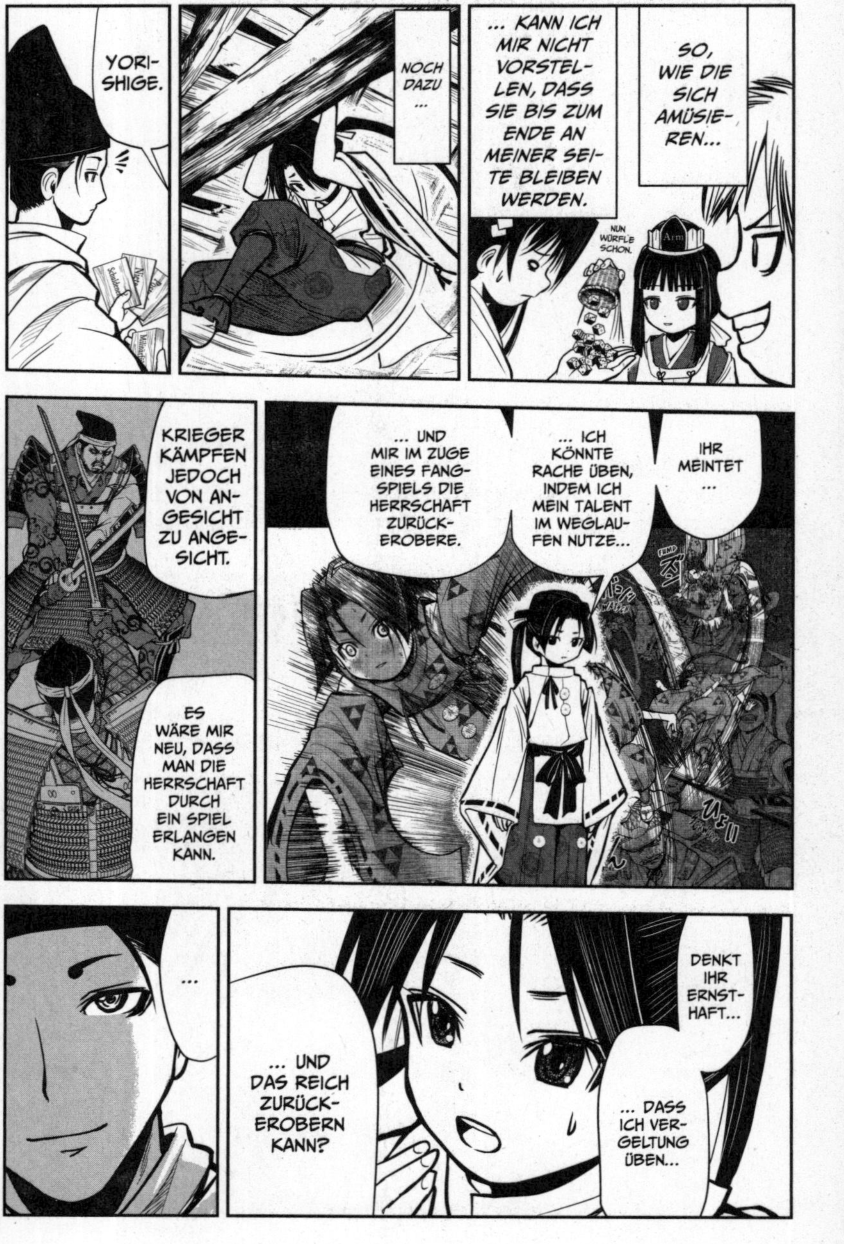
SO, WIE DIE SICH AMÜSIEREN...
... KANN ICH MIR NICHT VORSTELLEN, DASS SIE BIS ZUM ENDE AN MEINER SEITE BLEIBEN WERDEN.
NUN WÜRFLE SCHON.
NOCH DAZU ...
YORISHIGE.
IHR MEINTET ...
... ICH KÖNNTE RACHE ÜBEN, INDEM ICH MEIN TALENT IM WEGLAUFEN NUTZE...
... UND MIR IM ZUGE EINES FANGSPIELS DIE HERRSCHAFT ZURÜCKEROBERE.
KRIEGER KÄMPFEN JEDOCH VON ANGESICHT ZU ANGESICHT.
ES WÄRE MIR NEU, DASS MAN DIE HERRSCHAFT DURCH EIN SPIEL ERLANGEN KANN.
DENKT IHR ERNSTHAFT...
... DASS ICH VERGELTUNG ÜBEN...
... UND DAS REICH ZURÜCKEROBERN KANN?
...

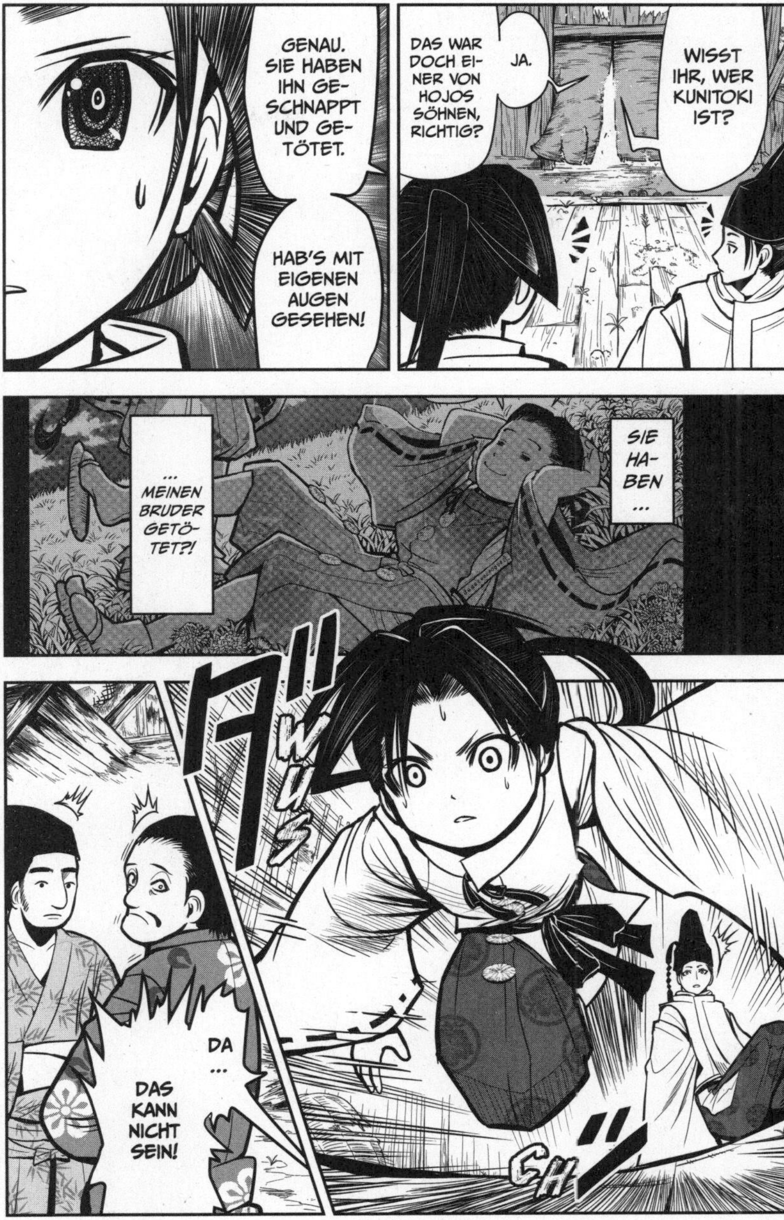
WISST IHR, WER KUNITOKI IST?
JA.
DAS WAR DOCH EINER VON HOJOS SÖHNEN, RICHTIG?
GENAU. SIE HABEN IHN GESCHNAPPT UND GETÖTET.
HAB'S MIT EIGENEN AUGEN GESEHEN!
SIE HABEN ...
... MEINEN BRUDER GETÖTET?!
WUSCH
DA ...
DAS KANN NICHT SEIN!

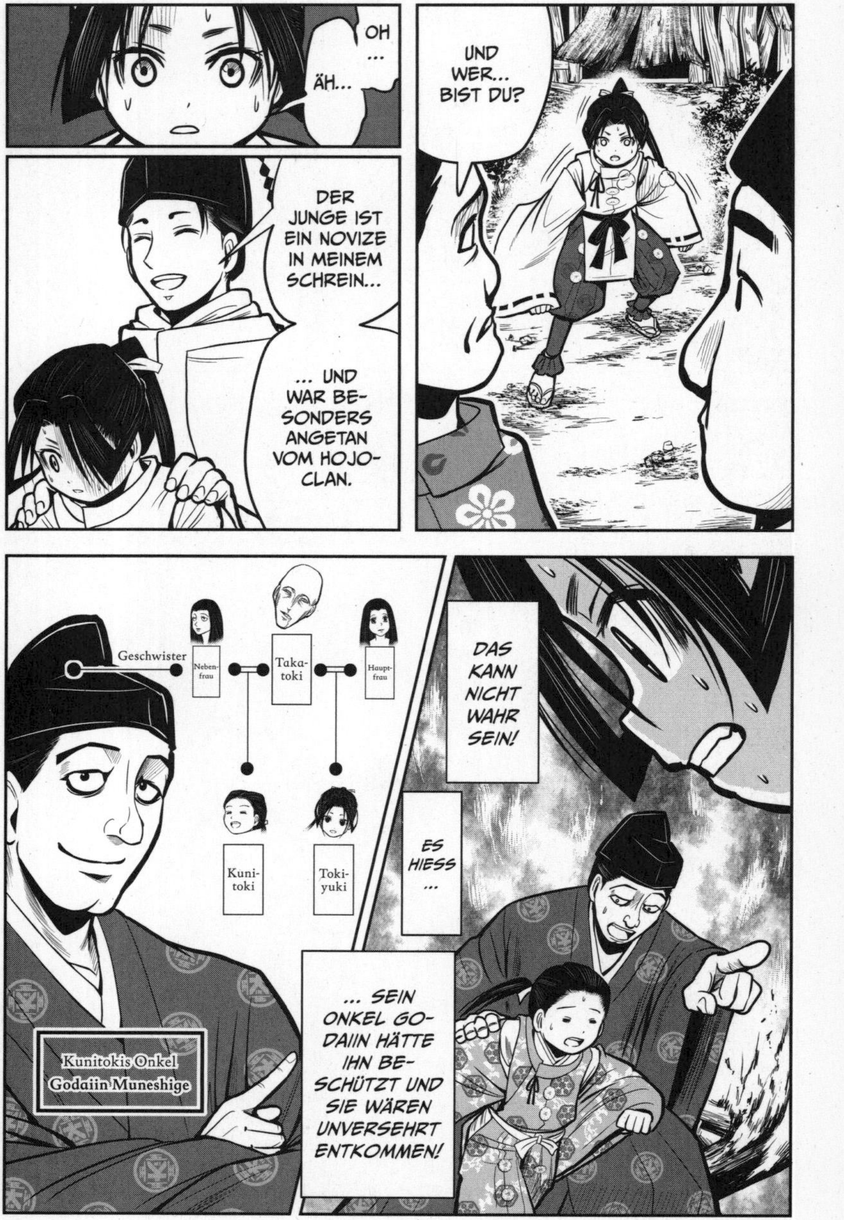
UND WER... BIST DU?
OH ... ÄH...
DER JUNGE IST EIN NOVIZE IN MEINEM SCHREIN...
... UND WAR BE-SONDERS ANGETAN VOM HOJO-CLAN.
DAS KANN NICHT WAHR SEIN!
ES HIESS ...
... SEIN ONKEL GO-DAIIN HÄTTE IHN BE-SCHÜTZT UND SIE WÄREN UNVERSEHRT ENTKOMMEN!
Geschwister
Neben-frau
Taka-toki
Haupt-frau
Kuni-toki
Toki-yuki
Kunitokis Onkel Godaiin Muneshige

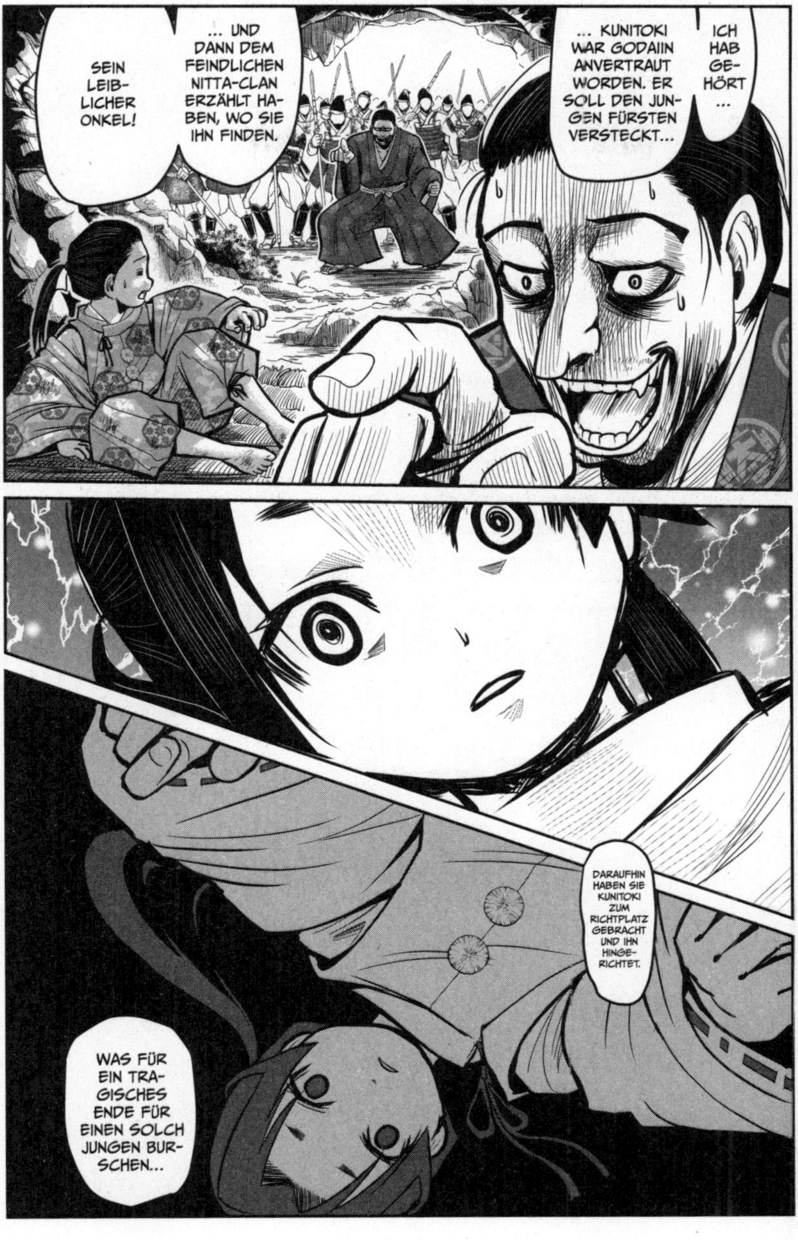

ICH HAB GE-HÖRT ...
... KUNITOKI WAR GODAIIN ANVERTRAUT WORDEN. ER SOLL DEN JUN-GEN FÜRSTEN VERSTECKT...
... UND DANN DEM FEINDLICHEN NITTA-CLAN ERZÄHLT HA-BEN, WO SIE IHN FINDEN.
SEIN LEIB-LICHER ONKEL!
DARAUFHIN HABEN SIE KUNITOKI ZUM RICHTPLATZ GEBRACHT UND IHN HINGE-RICHTET.
WAS FÜR EIN TRA-GISCHES ENDE FÜR EINEN SOLCH JUNGEN BUR-SCHEN...

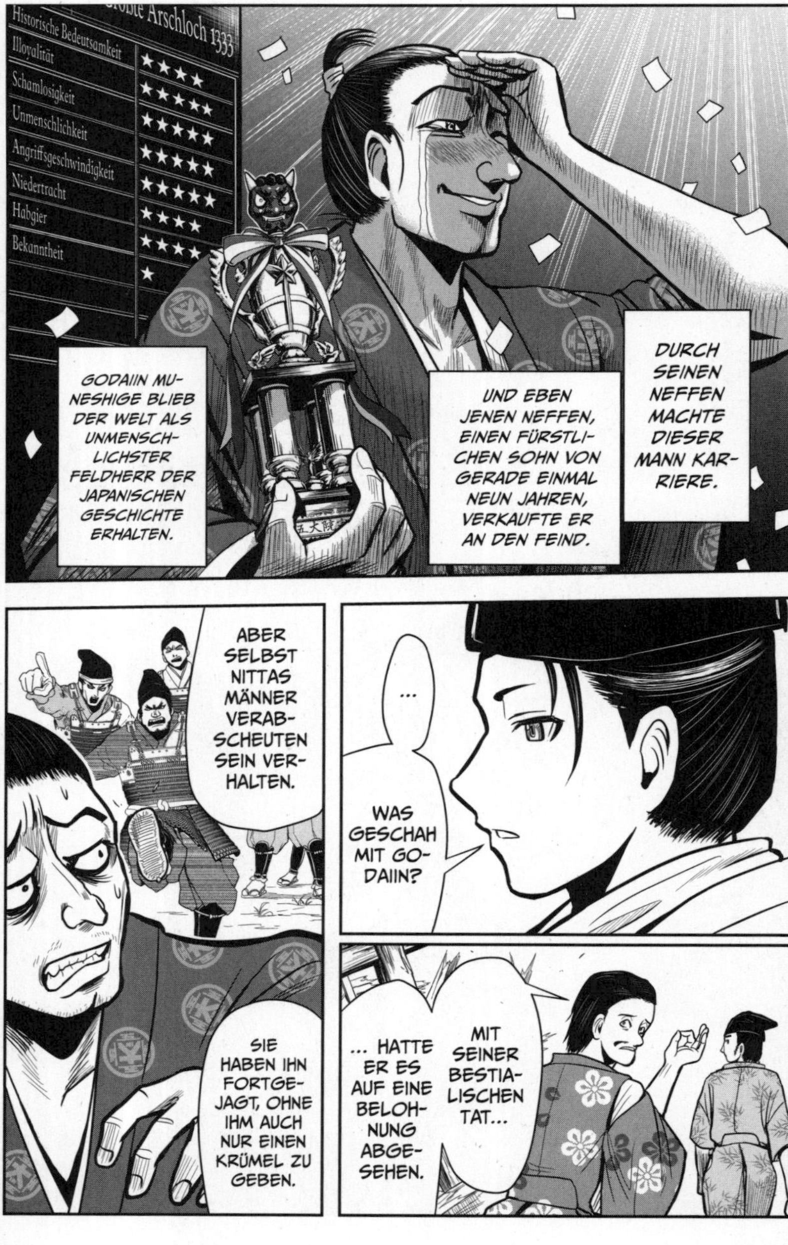
Arschloch 1333
Historische Bedeutsamkeit
Illoyalität
Schamlosigkeit
Unmenschlichkeit
Angriffsgeschwindigkeit
Niedertracht
Habgier
Bekanntheit
DURCH SEINEN NEFFEN MACHTE DIESER MANN KARRIERE.
UND EBEN JENEN NEFFEN, EINEN FÜRSTLICHEN SOHN VON GERADE EINMAL NEUN JAHREN, VERKAUFTE ER AN DEN FEIND.
GODAIIN MUNESHIGE BLIEB DER WELT ALS UNMENSCHLICHSTER FELDHERR DER JAPANISCHEN GESCHICHTE ERHALTEN.
...
WAS GESCHAH MIT GODAIIN?
ABER SELBST NITTAS MÄNNER VERABSCHEUTEN SEIN VERHALTEN.
MIT SEINER BESTIALISCHEN TAT...
... HATTE ER ES AUF EINE BELOHNUNG ABGESEHEN.
SIE HABEN IHN FORTGEJAGT, OHNE IHM AUCH NUR EINEN KRÜMEL ZU GEBEN.

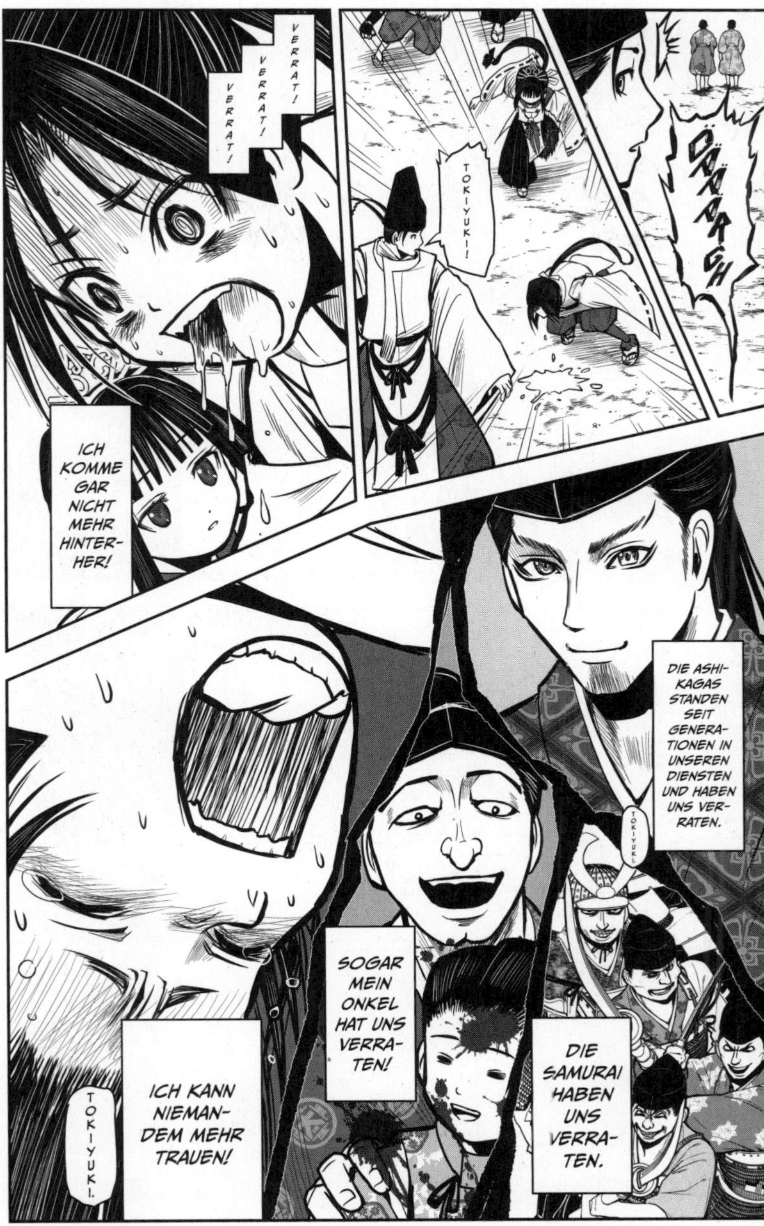
ÖÄÄRGH
TOKIYUKI!
VERRAT!
VERRAT!
VERRAT!
ICH KOMME GAR NICHT MEHR HINTERHER!
DIE ASHIKAGAS STANDEN SEIT GENERATIONEN IN UNSEREN DIENSTEN UND HABEN UNS VERRATEN.
TOKIYUKI.
DIE SAMURAI HABEN UNS VERRATEN.
SOGAR MEIN ONKEL HAT UNS VERRATEN!
ICH KANN NIEMANDEM MEHR TRAUEN!
TOKIYUKI.

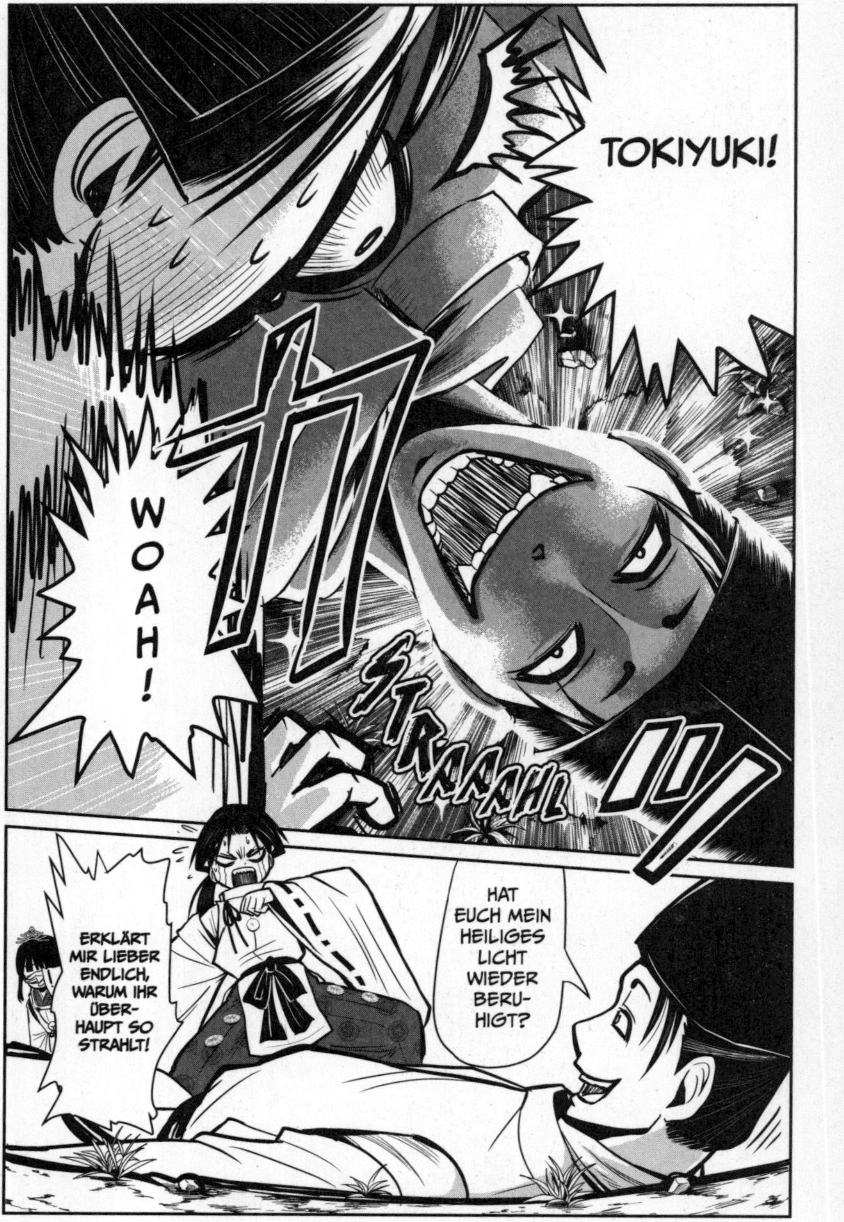

TOKIYUKI!
WOAH!
STRAAAHL
HAT EUCH MEIN HEILIGES LICHT WIEDER BERUHIGT?
ERKLÄRT MIR LIEBER ENDLICH, WARUM IHR ÜBERHAUPT SO STRAHLT!

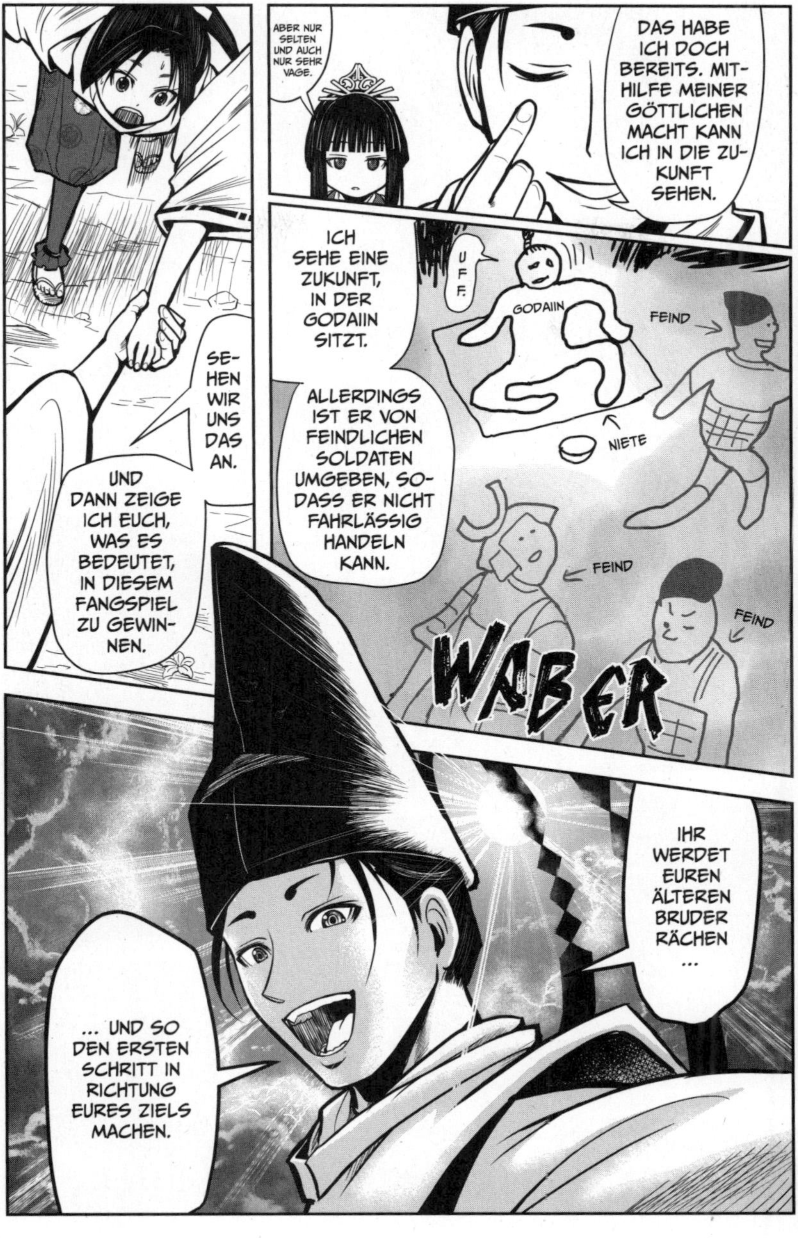
DAS HABE ICH DOCH BEREITS. MIT-HILFE MEINER GÖTTLICHEN MACHT KANN ICH IN DIE ZU-KUNFT SEHEN.
ABER NUR SELTEN UND AUCH NUR SEHR VAGE.
ICH SEHE EINE ZUKUNFT, IN DER GODAIIN SITZT.
UFF.
GODAIIN
FEIND
NIETE
ALLERDINGS IST ER VON FEINDLICHEN SOLDATEN UMGEBEN, SO-DASS ER NICHT FAHRLÄSSIG HANDELN KANN.
FEIND
FEIND
WABER
SE-HEN WIR UNS DAS AN.
UND DANN ZEIGE ICH EUCH, WAS ES BEDEUTET, IN DIESEM FANGSPIEL ZU GEWIN-NEN.
IHR WERDET EUREN ÄLTEREN BRUDER RÄCHEN ...
... UND SO DEN ERSTEN SCHRITT IN RICHTUNG EURES ZIELS MACHEN.

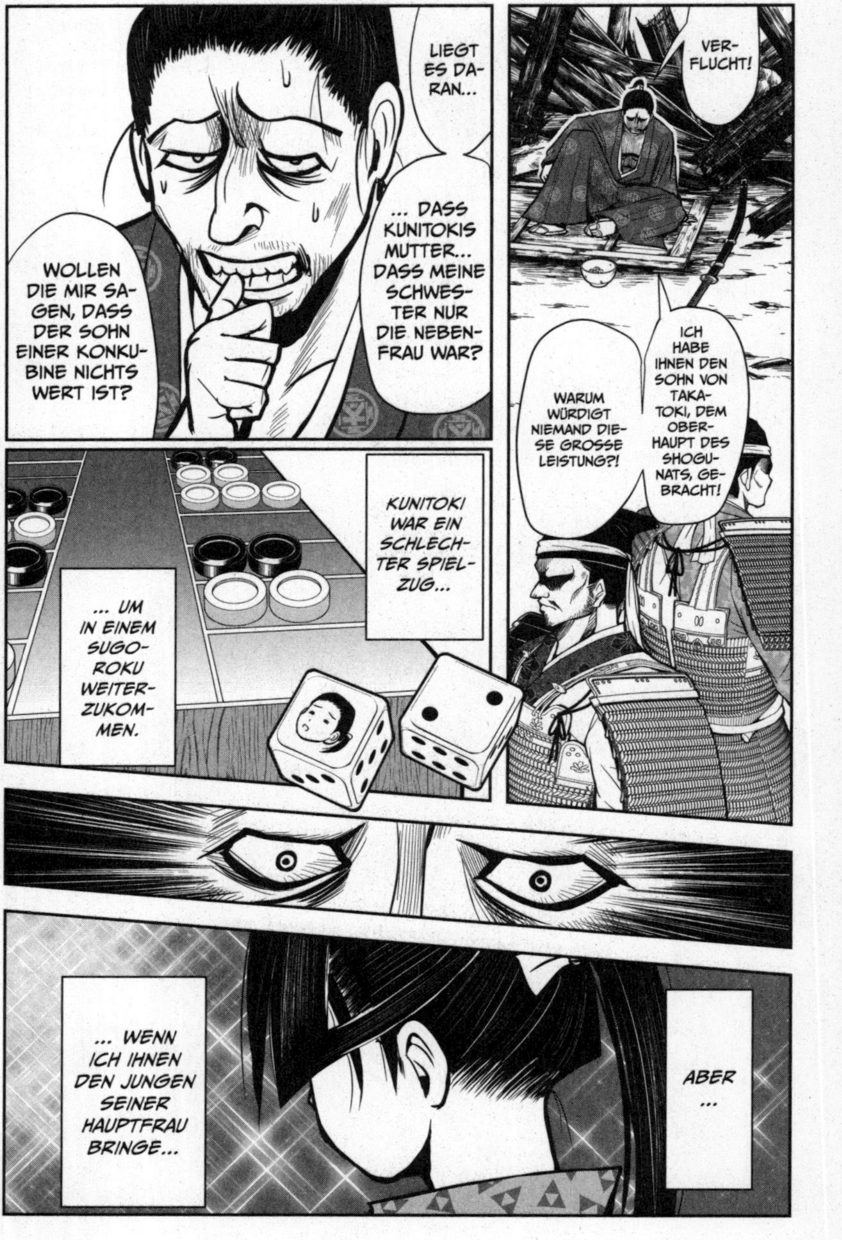
VERFLUCHT!
ICH HABE IHNEN DEN SOHN VON TAKATOKI, DEM OBERHAUPT DES SHOGUNATS, GEBRACHT!
WARUM WÜRDIGT NIEMAND DIESE GROSSE LEISTUNG?!
LIEGT ES DARAN...
... DASS KUNITOKIS MUTTER... DASS MEINE SCHWESTER NUR DIE NEBENFRAU WAR?
WOLLEN DIE MIR SAGEN, DASS DER SOHN EINER KONKUBINE NICHTS WERT IST?
KUNITOKI WAR EIN SCHLECHTER SPIELZUG...
... UM IN EINEM SUGOROKU WEITERZUKOMMEN.
ABER ...
... WENN ICH IHNEN DEN JUNGEN SEINER HAUPTFRAU BRINGE...

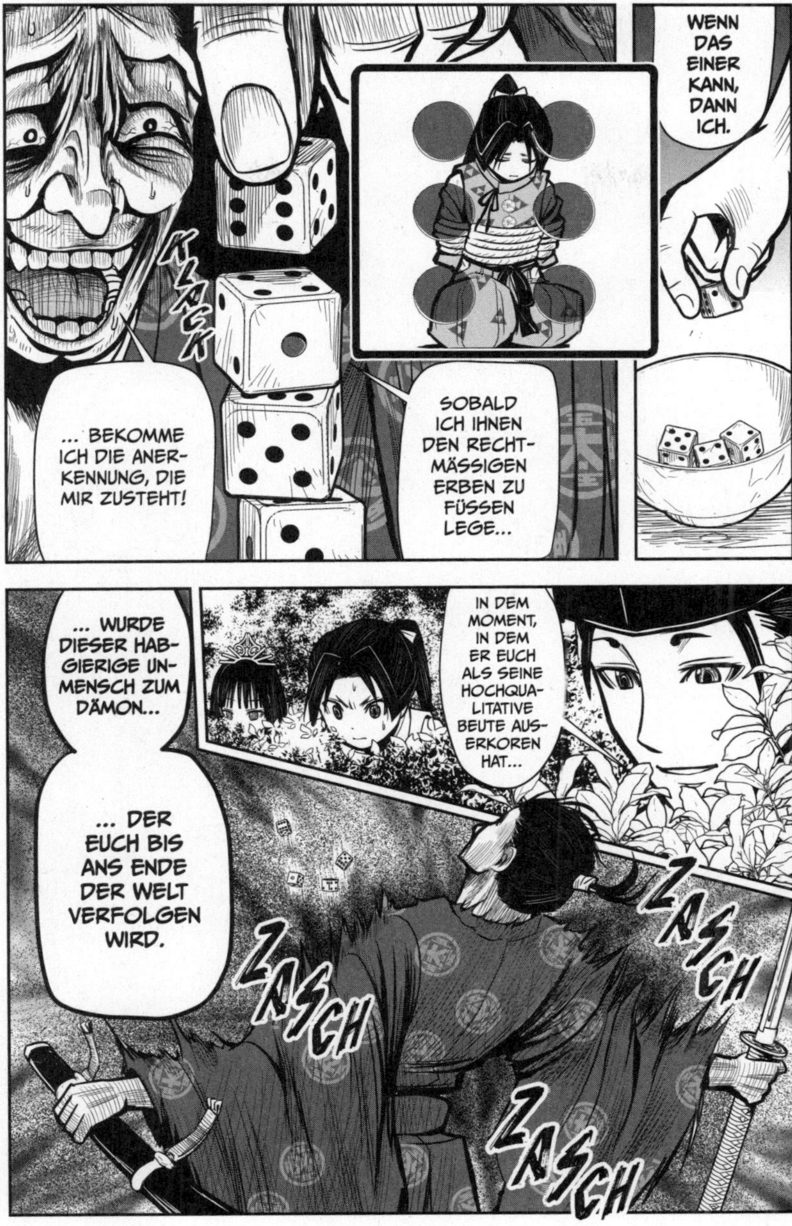
WENN DAS EINER KANN, DANN ICH.
SOBALD ICH IHNEN DEN RECHT-MÄSSIGEN ERBEN ZU FÜSSEN LEGE...
KLACK
... BEKOMME ICH DIE ANER-KENNUNG, DIE MIR ZUSTEHT!
IN DEM MOMENT, IN DEM ER EUCH ALS SEINE HOCHQUA-LITATIVE BEUTE AUS-ERKOREN HAT...
... WURDE DIESER HAB-GIERIGE UN-MENSCH ZUM DÄMON...
... DER EUCH BIS ANS ENDE DER WELT VERFOLGEN WIRD.
ZASCH
ZASCH
ZASCH

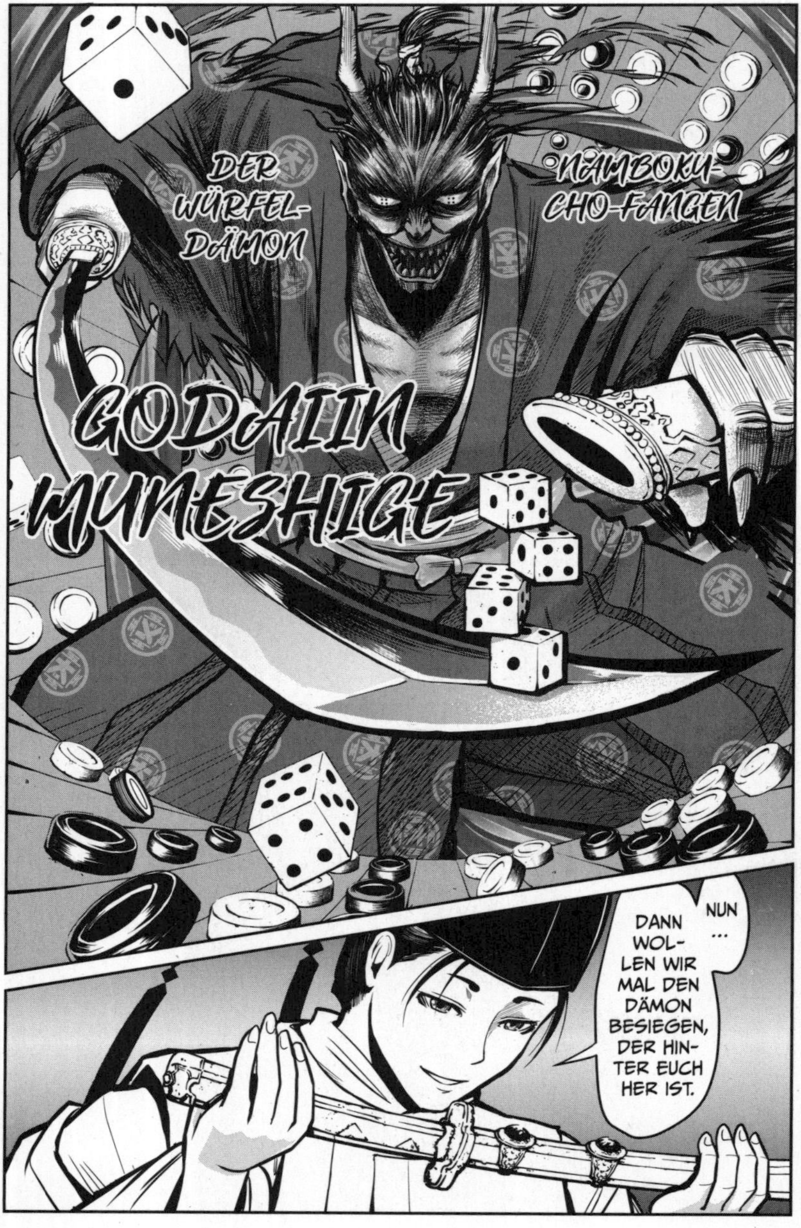
NAMBOKU-CHO-FANGEN
DER WÜRFEL-DÄMON
GODAIIN MUNESHIGE
NUN ...
DANN WOL-LEN WIR MAL DEN DÄMON BESIEGEN, DER HIN-TER EUCH HER IST.

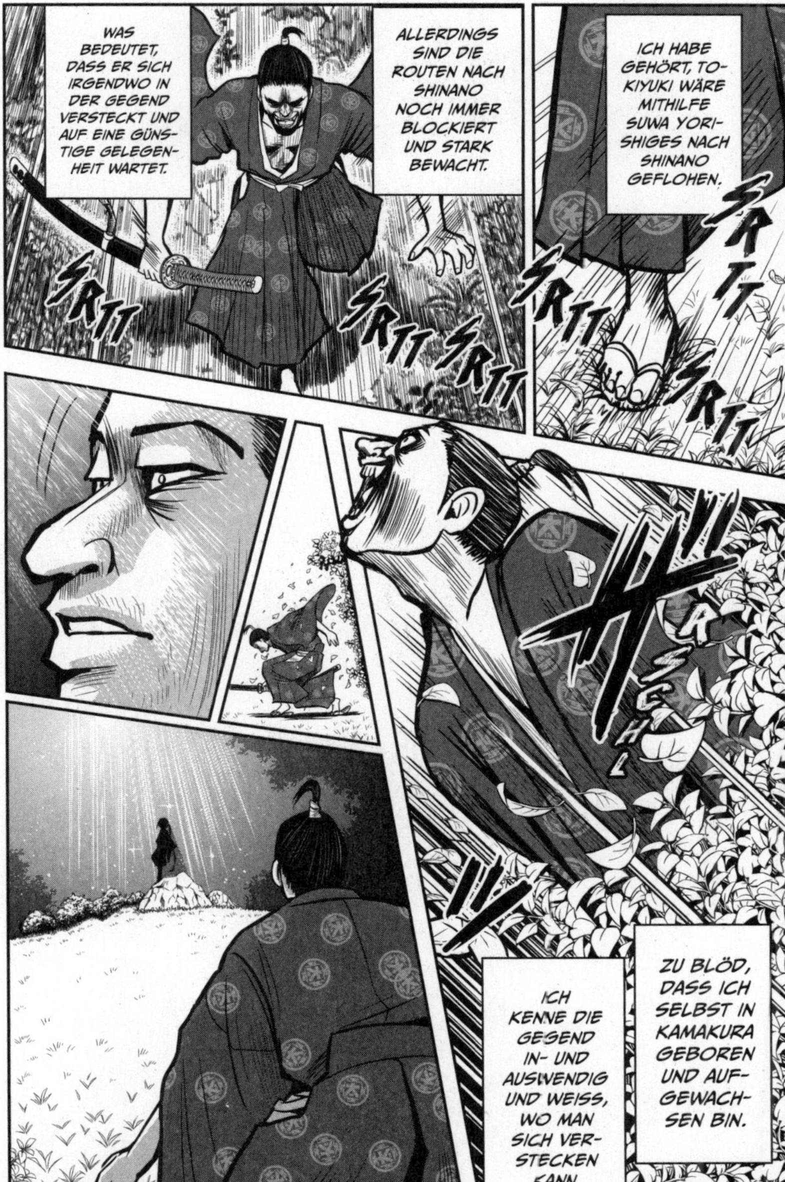
WAS BEDEUTET, DASS ER SICH IRGENDWO IN DER GEGEND VERSTECKT UND AUF EINE GÜNSTIGE GELEGENHEIT WARTET.
SRTT
ALLERDINGS SIND DIE ROUTEN NACH SHINANO NOCH IMMER BLOCKIERT UND STARK BEWACHT.
SRTT SRTT
ICH HABE GEHÖRT, TOKIYUKI WÄRE MITHILFE SUWA YORISHIGES NACH SHINANO GEFLOHEN.
SRTT SRTT SRTT
RASCHL
ZU BLÖD, DASS ICH SELBST IN KAMAKURA GEBOREN UND AUFGEWACHSEN BIN.
ICH KENNE DIE GEGEND IN- UND AUSWENDIG UND WEISS, WO MAN SICH VERSTECKEN KANN.

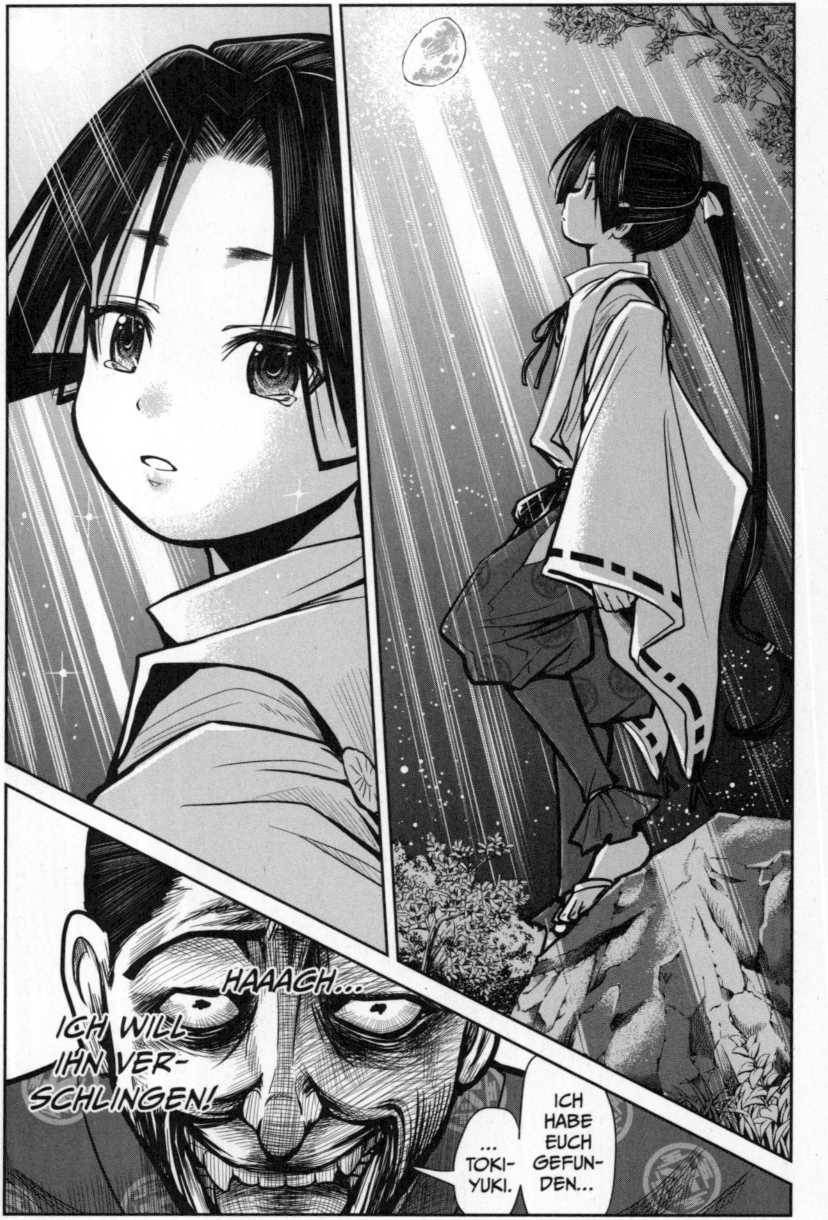

ICH HABE EUCH GEFUN-DEN...
... TOKI-YUKI.
HAAACH...
ICH WILL IHN VER-SCHLINGEN!

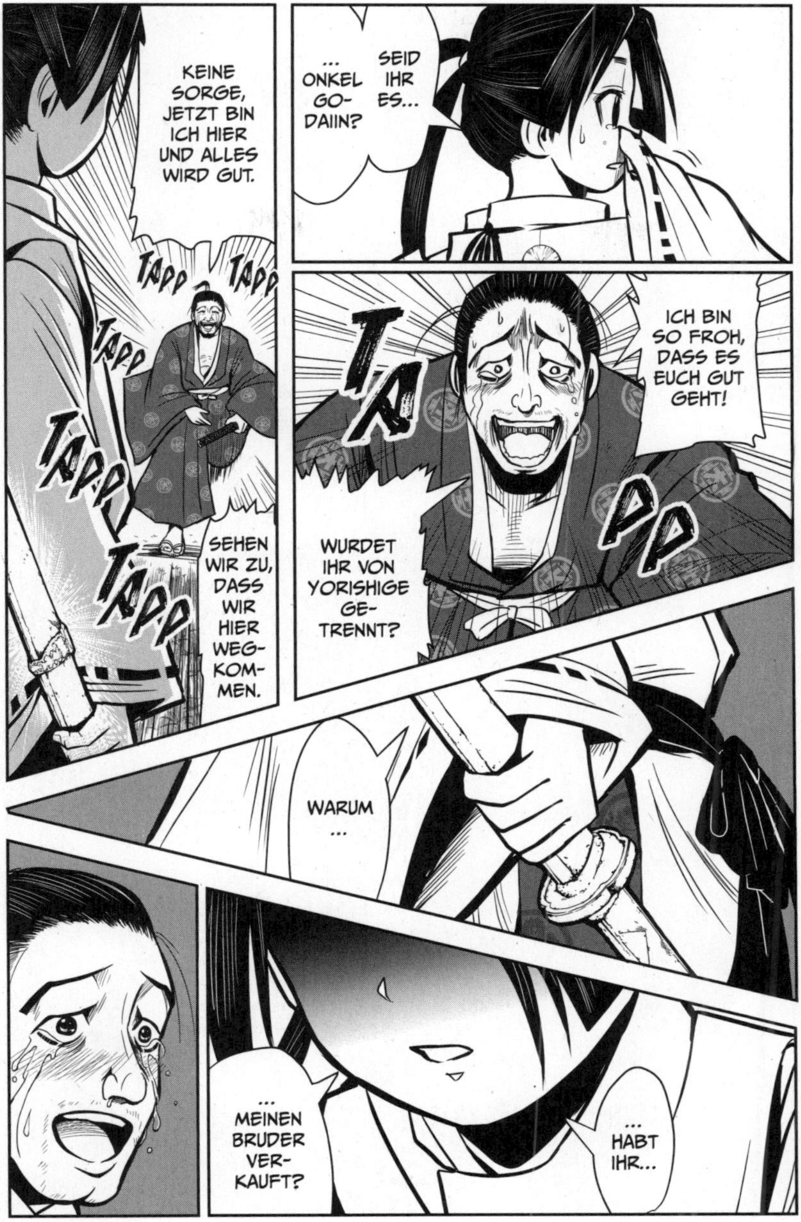
SEID IHR ES...
... ONKEL GO-DAIIN?
KEINE SORGE, JETZT BIN ICH HIER UND ALLES WIRD GUT.
TAPP TAPP
TAPP
TAPP
TAPP
ICH BIN SO FROH, DASS ES EUCH GUT GEHT!
TAPP
WURDET IHR VON YORISHIGE GE-TRENNT?
SEHEN WIR ZU, DASS WIR HIER WEG-KOM-MEN.
WARUM ...
... HABT IHR...
... MEINEN BRUDER VER-KAUFT?

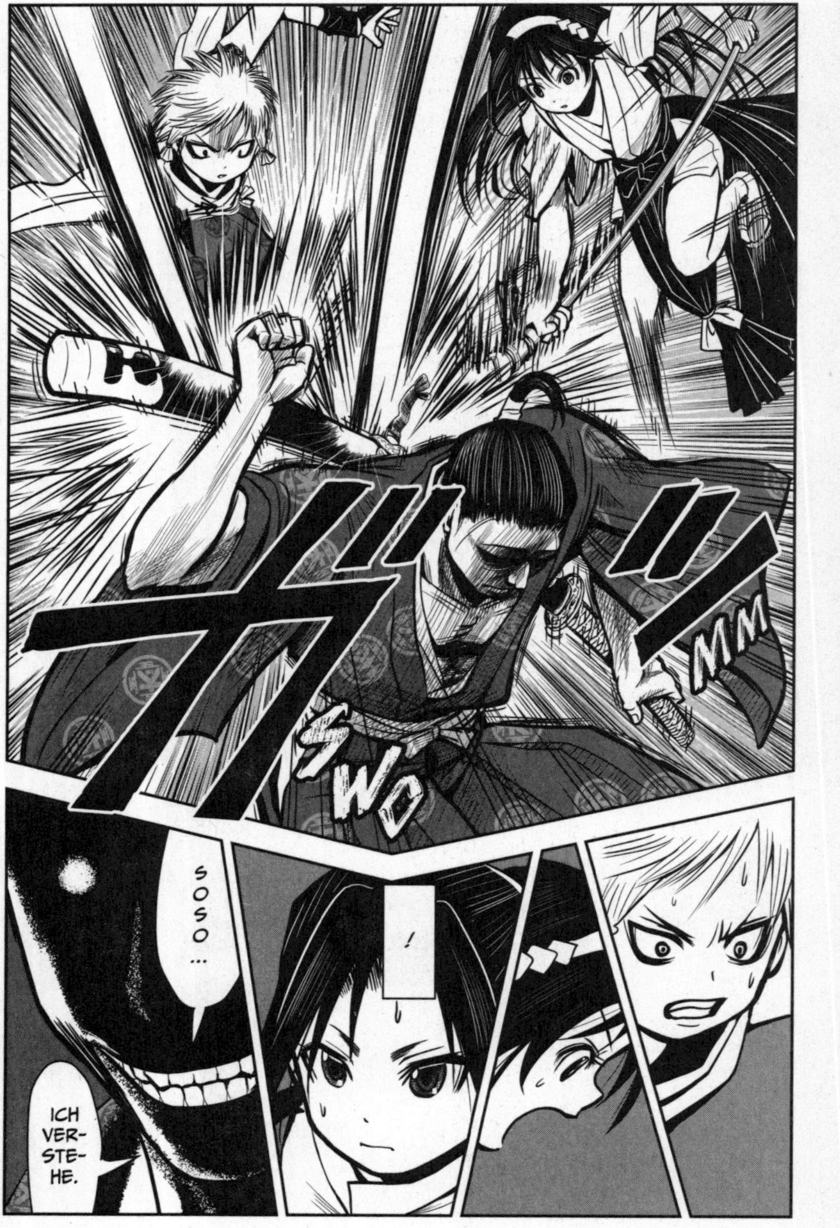
SWO
MM
!
SOSO ...
ICH VERSTEHE.

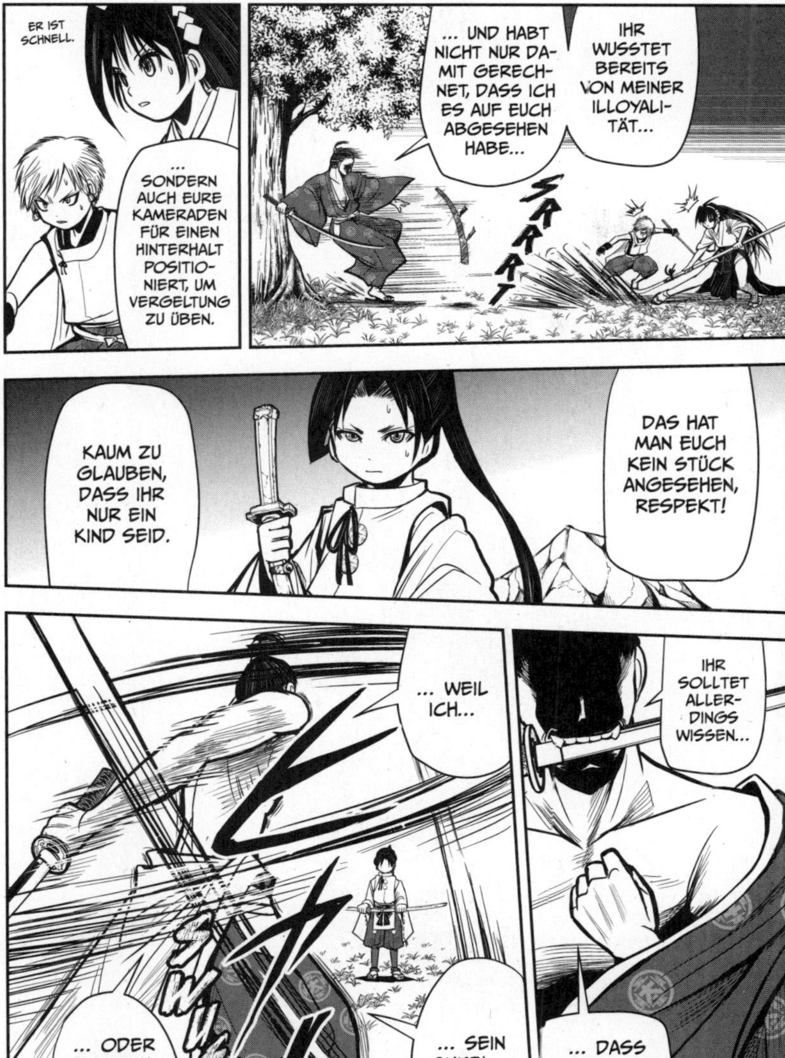
IHR WUSSTET BEREITS VON MEINER ILLOYALITÄT...
... UND HABT NICHT NUR DAMIT GERECHNET, DASS ICH ES AUF EUCH ABGESEHEN HABE...
SRRRT
ER IST SCHNELL.
... SONDERN AUCH EURE KAMERADEN FÜR EINEN HINTERHALT POSITIONIERT, UM VERGELTUNG ZU ÜBEN.
DAS HAT MAN EUCH KEIN STÜCK ANGESEHEN, RESPEKT!
KAUM ZU GLAUBEN, DASS IHR NUR EIN KIND SEID.
IHR SOLLTET ALLERDINGS WISSEN...
... DASS MIR KUNITOKI NICHT ALLEIN DESHALB ANVERTRAUT WURDE...
... WEIL ICH...
... SEIN ONKEL...
... ODER EIN WICHTIGER VASALL DES SHOGUN WAR.

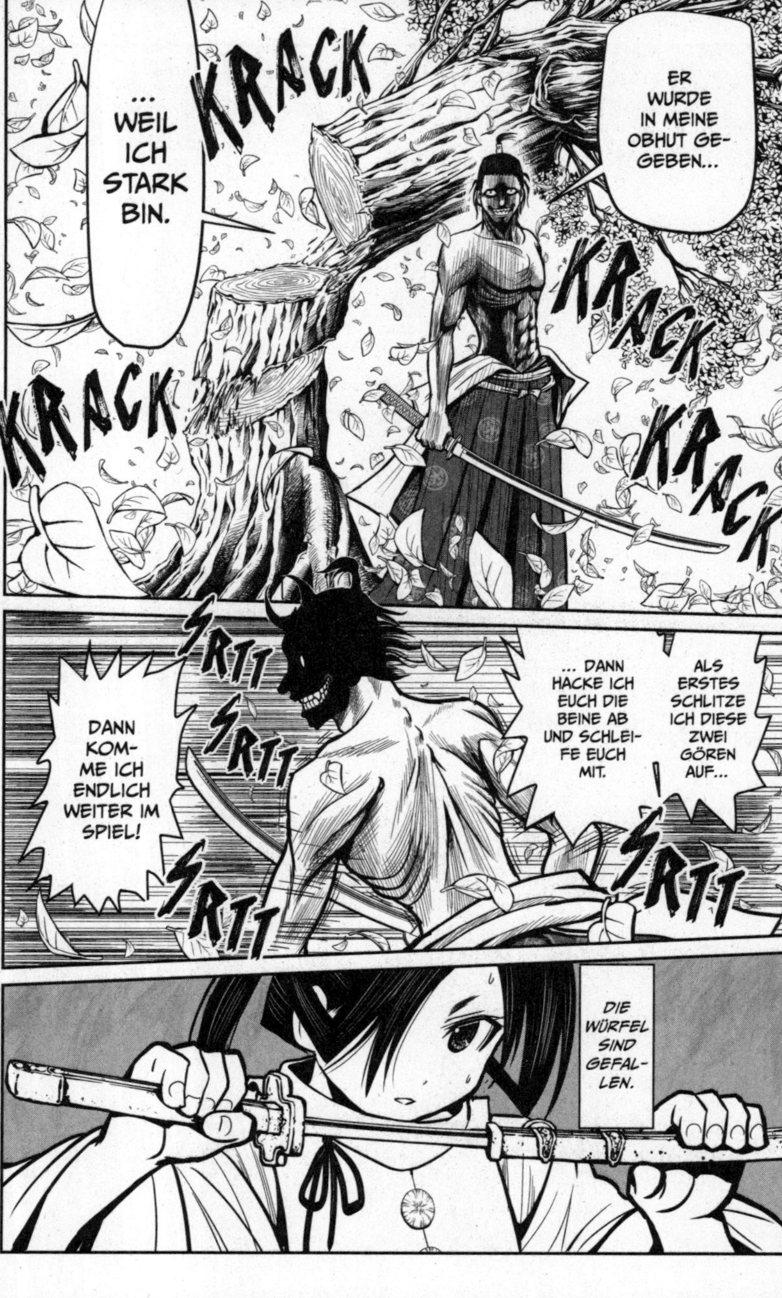
ER WURDE IN MEINE OBHUT GEGEBEN...
... WEIL ICH STARK BIN.
KRACK KRACK KRACK KRACK KRACK
ALS ERSTES SCHLITZE ICH DIESE ZWEI GÖREN AUF...
... DANN HACKE ICH EUCH DIE BEINE AB UND SCHLEIFE EUCH MIT.
DANN KOMME ICH ENDLICH WEITER IM SPIEL!
SRTT SRTT SRTT SRTT
DIE WÜRFEL SIND GEFALLEN.

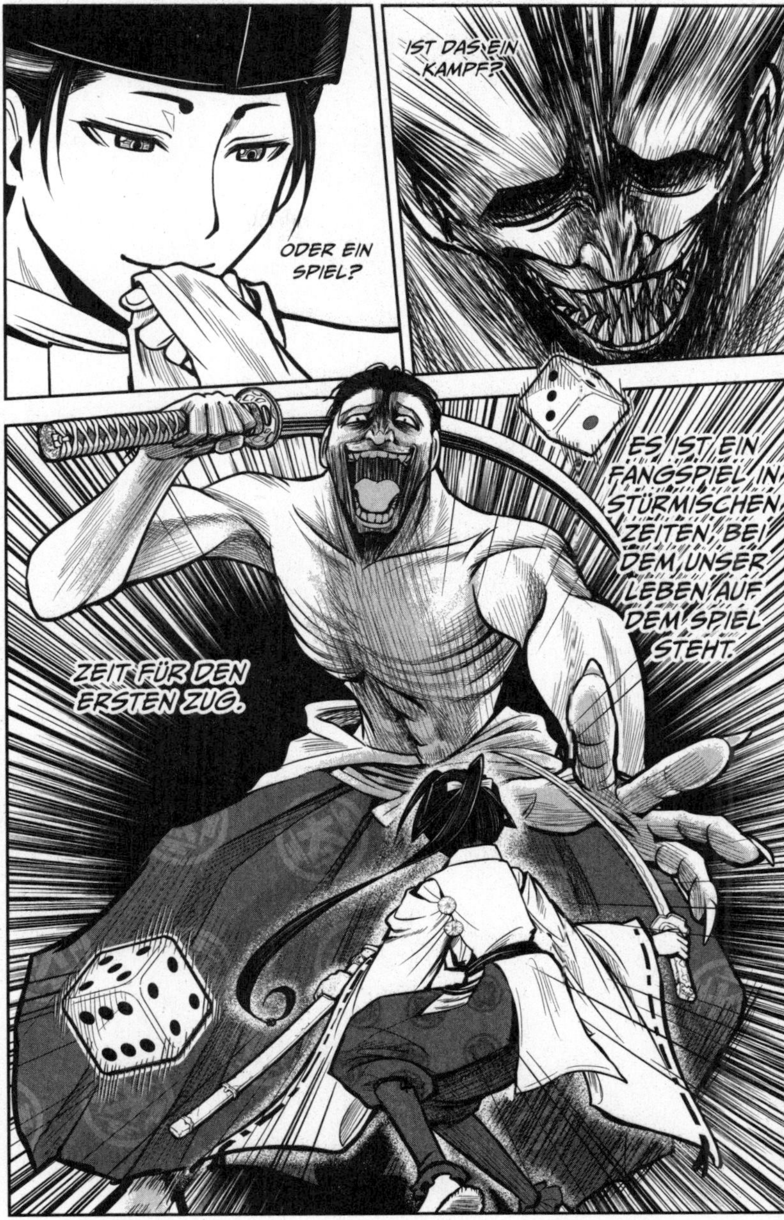
IST DAS EIN KAMPF?
ODER EIN SPIEL?
ES IST EIN FANGSPIEL IN STÜRMISCHEN ZEITEN, BEI DEM UNSER LEBEN AUF DEM SPIEL STEHT.
ZEIT FÜR DEN ERSTEN ZUG.

VERMUTLICH SEIN ALLERERSTER AUFTRITT IN EINEM MANGA.

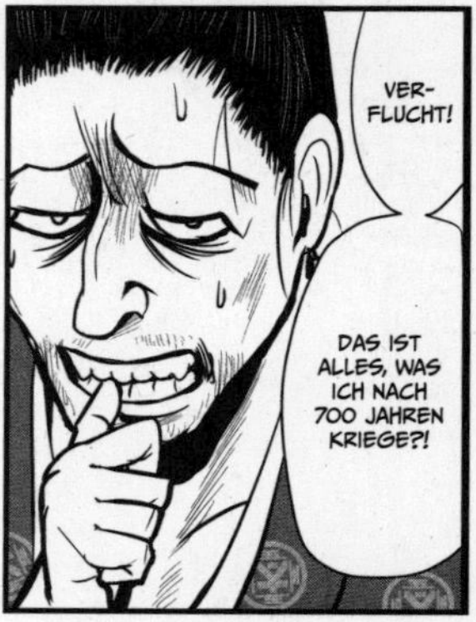

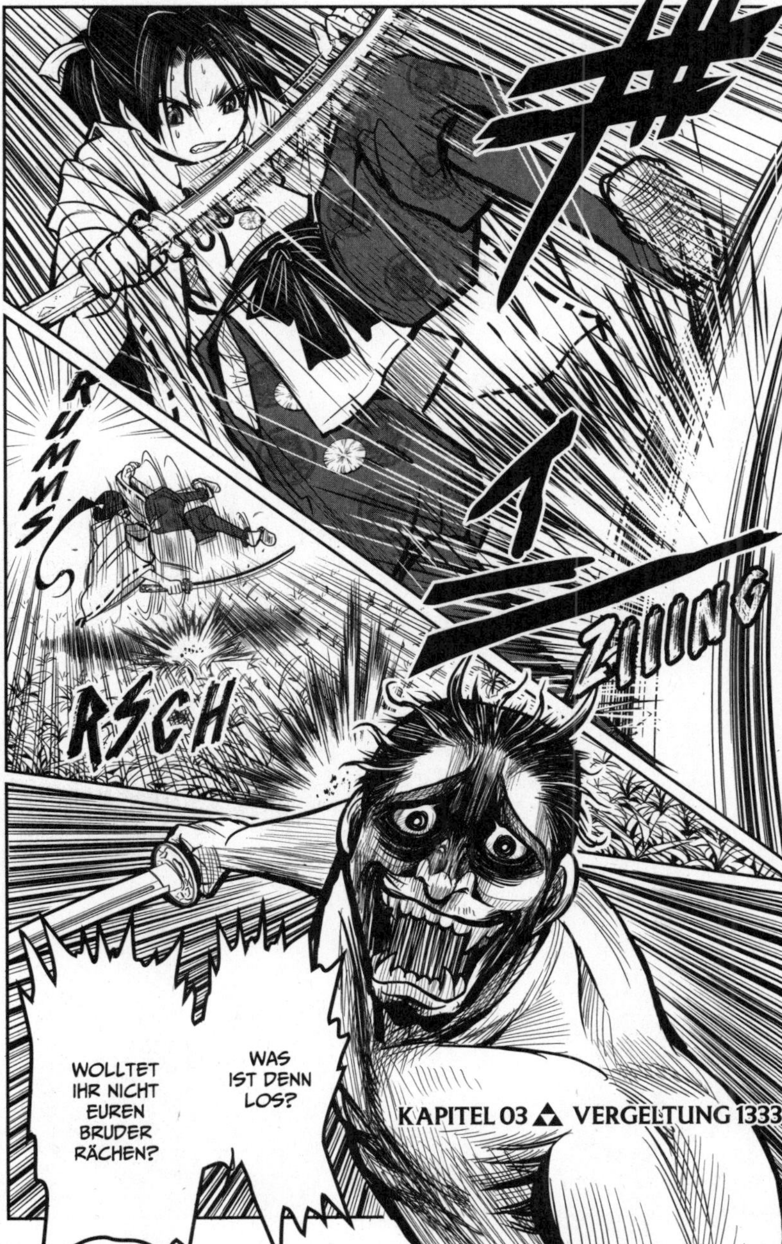
ZIIING
RUMMS
RSCH
WAS IST DENN LOS?
WOLLTET IHR NICHT EUREN BRUDER RÄCHEN?
KAPITEL 03 VERGELTUNG 1333

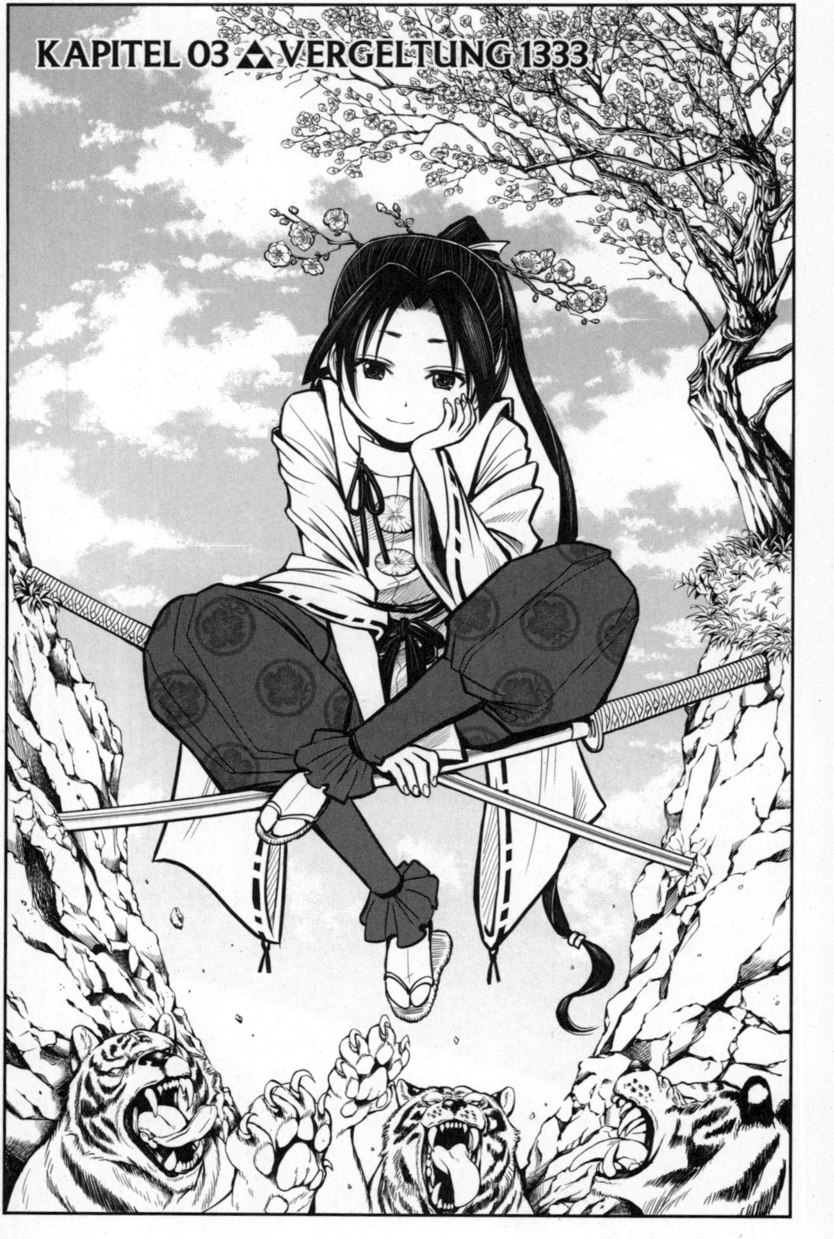
KAPITEL 03 VERGELTUNG 1333

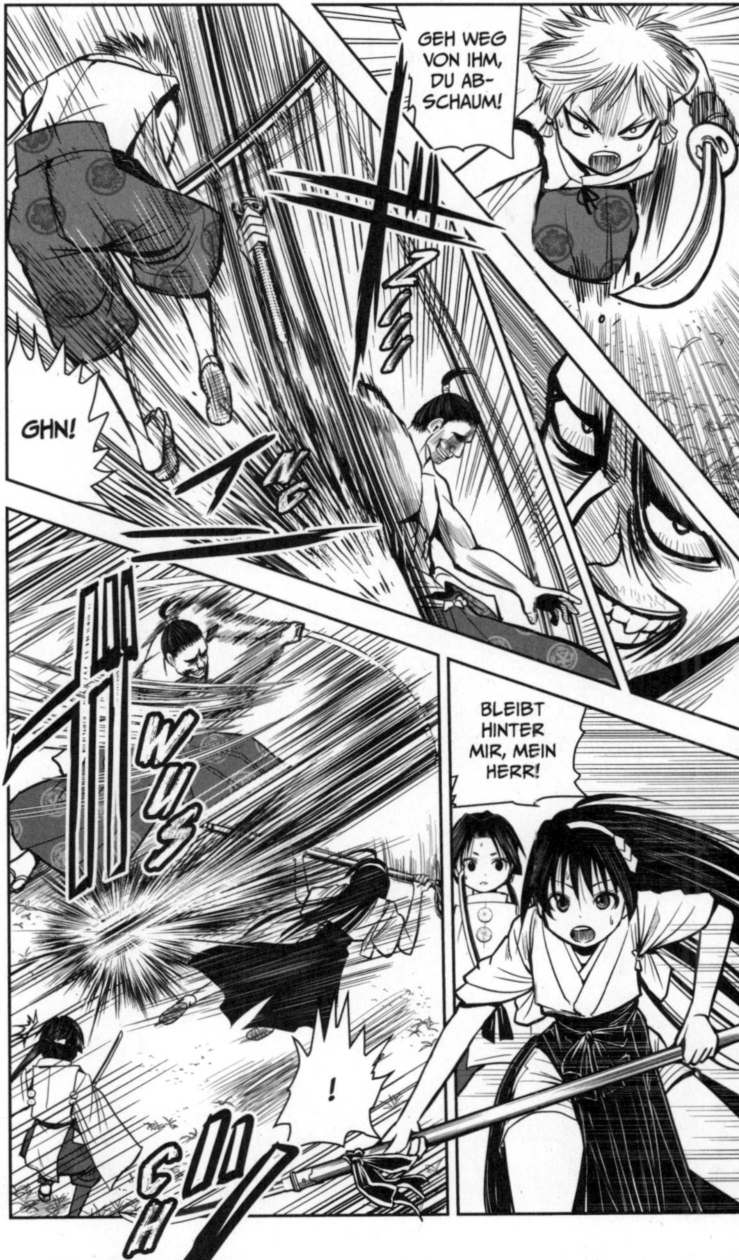
GEH WEG VON IHM, DU AB-SCHAUM!
ZIIII
GHN!
NG
WUSCH
BLEIBT HINTER MIR, MEIN HERR!
!
GCHH

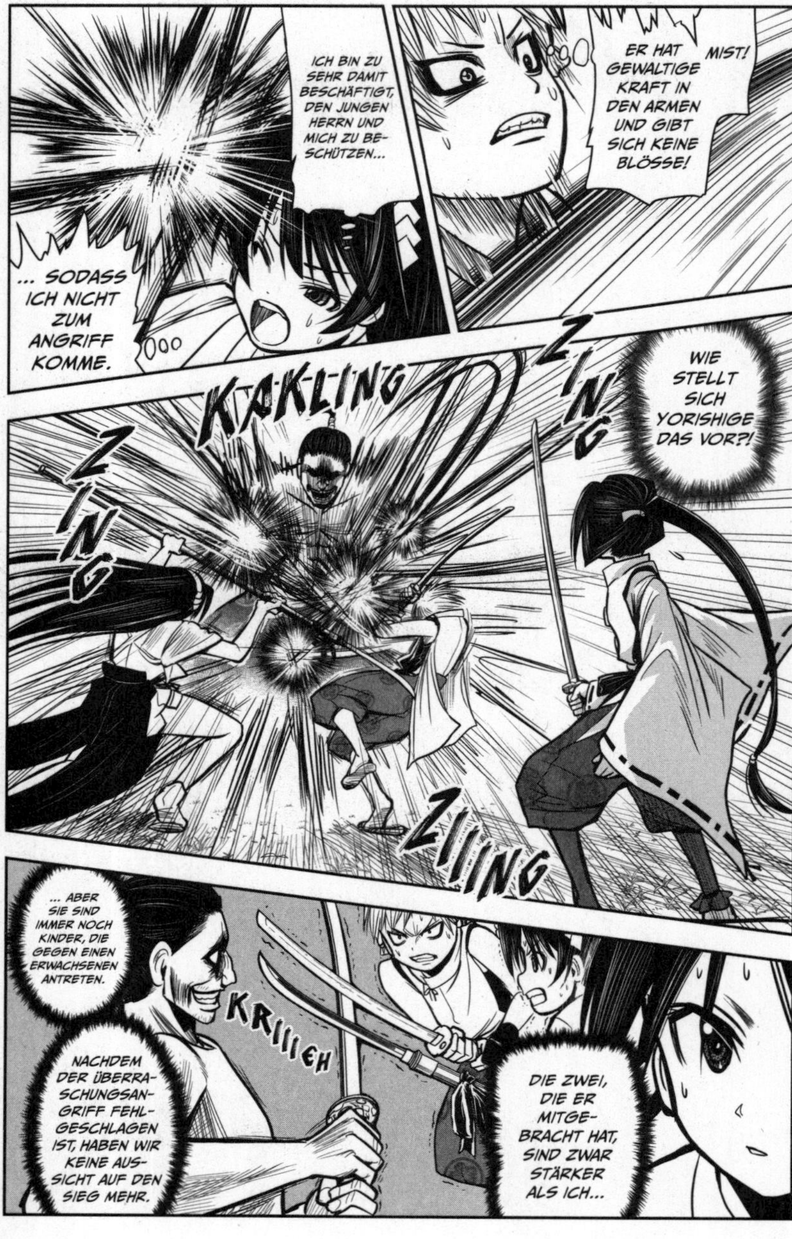
MIST!
ER HAT GEWALTIGE KRAFT IN DEN ARMEN UND GIBT SICH KEINE BLÖSSE!
ICH BIN ZU SEHR DAMIT BESCHÄFTIGT, DEN JUNGEN HERRN UND MICH ZU BESCHÜTZEN...
... SODASS ICH NICHT ZUM ANGRIFF KOMME.
WIE STELLT SICH YORISHIGE DAS VOR?!
ZING
KAKLING
ZING
ZIIING
DIE ZWEI, DIE ER MITGEBRACHT HAT, SIND ZWAR STÄRKER ALS ICH...
... ABER SIE SIND IMMER NOCH KINDER, DIE GEGEN EINEN ERWACHSENEN ANTRETEN.
KRIIIEH
NACHDEM DER ÜBERRASCHUNGSANGRIFF FEHLGESCHLAGEN IST, HABEN WIR KEINE AUSSICHT AUF DEN SIEG MEHR.

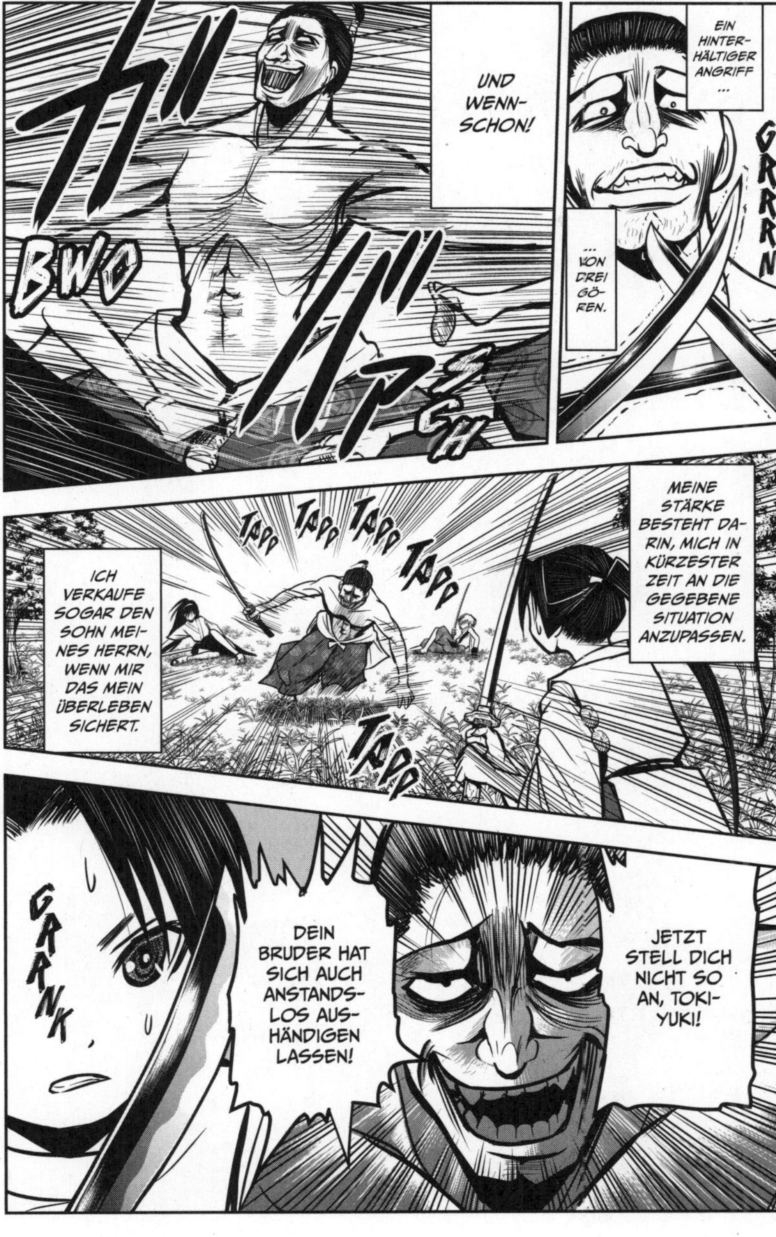

EIN HINTERHÄLTIGER ANGRIFF ...
... VON DREI GÖREN.
GRRRN
UND WENNSCHON!
BWO
SCH
MEINE STÄRKE BESTEHT DARIN, MICH IN KÜRZESTER ZEIT AN DIE GEGEBENE SITUATION ANZUPASSEN.
TAPP TAPP TAPP TAPP TAPP
ICH VERKAUFE SOGAR DEN SOHN MEINES HERRN, WENN MIR DAS MEIN ÜBERLEBEN SICHERT.
TAPP
JETZT STELL DICH NICHT SO AN, TOKIYUKI!
DEIN BRUDER HAT SICH AUCH ANSTANDSLOS AUSHÄNDIGEN LASSEN!
GRRNK

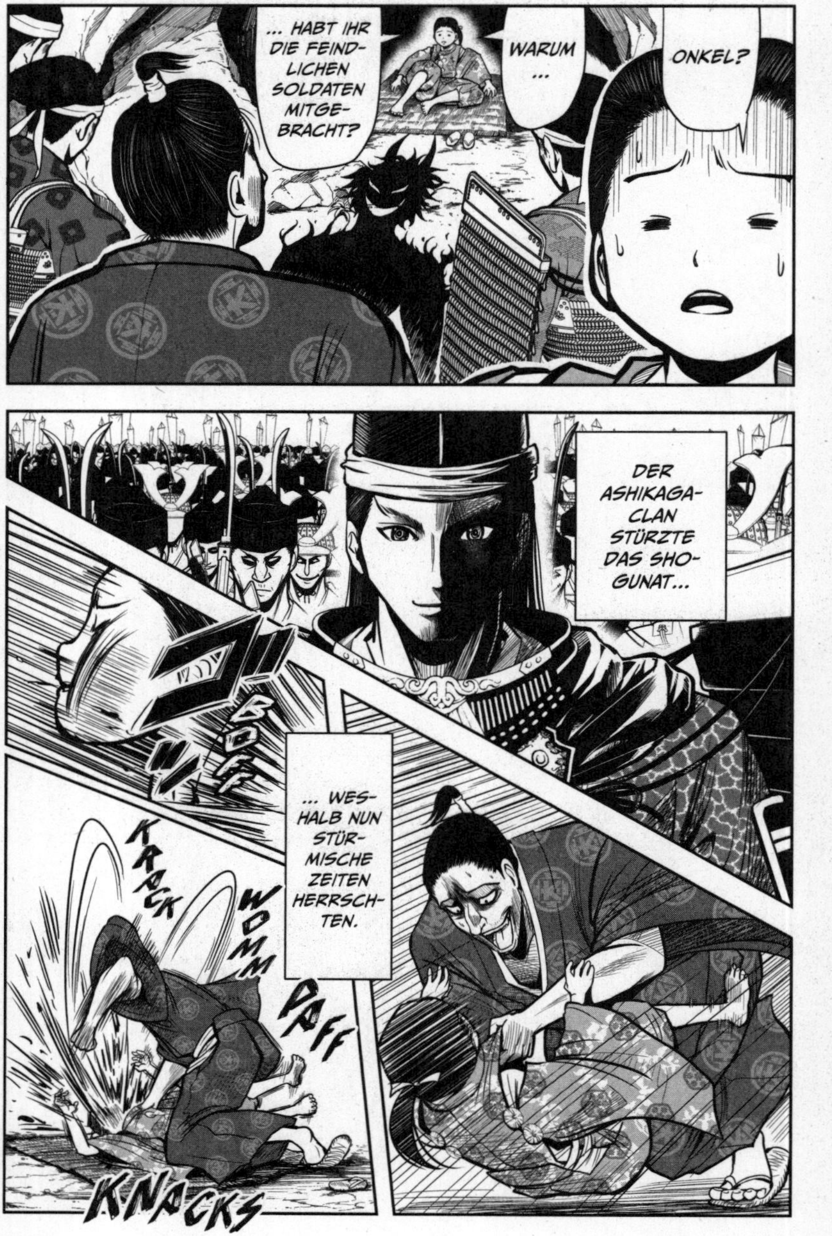
ONKEL?
WARUM ...
... HABT IHR DIE FEINDLICHEN SOLDATEN MITGEBRACHT?
DER ASHIKAGA-CLAN STÜRZTE DAS SHOGUNAT...
BOFF
... WESHALB NUN STÜRMISCHE ZEITEN HERRSCHTEN.
KRACK
WOMM
PAFF
KNACKS

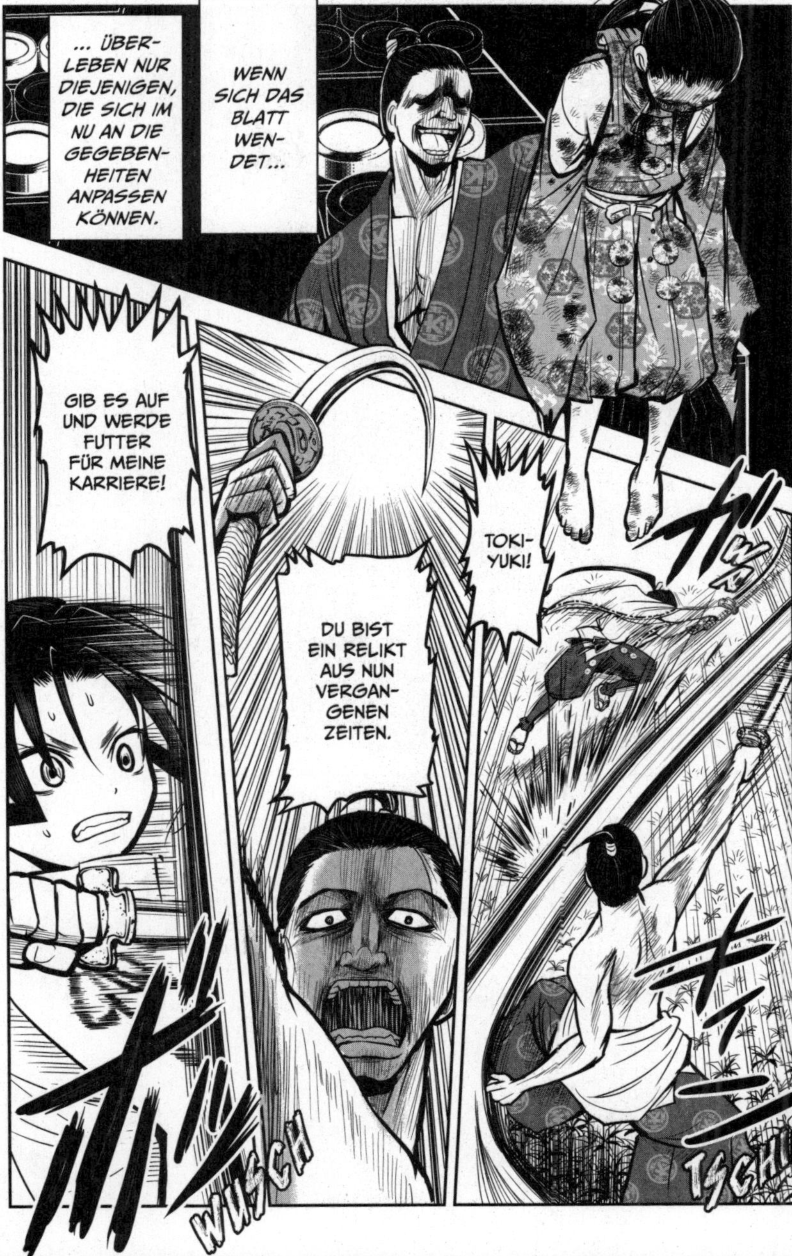
WENN SICH DAS BLATT WENDET...
... ÜBERLEBEN NUR DIEJENIGEN, DIE SICH IM NU AN DIE GEGEBENHEITEN ANPASSEN KÖNNEN.
TOKI-YUKI!
DU BIST EIN RELIKT AUS NUN VERGANGENEN ZEITEN.
GIB ES AUF UND WERDE FUTTER FÜR MEINE KARRIERE!
TSCHIN
WUSCH

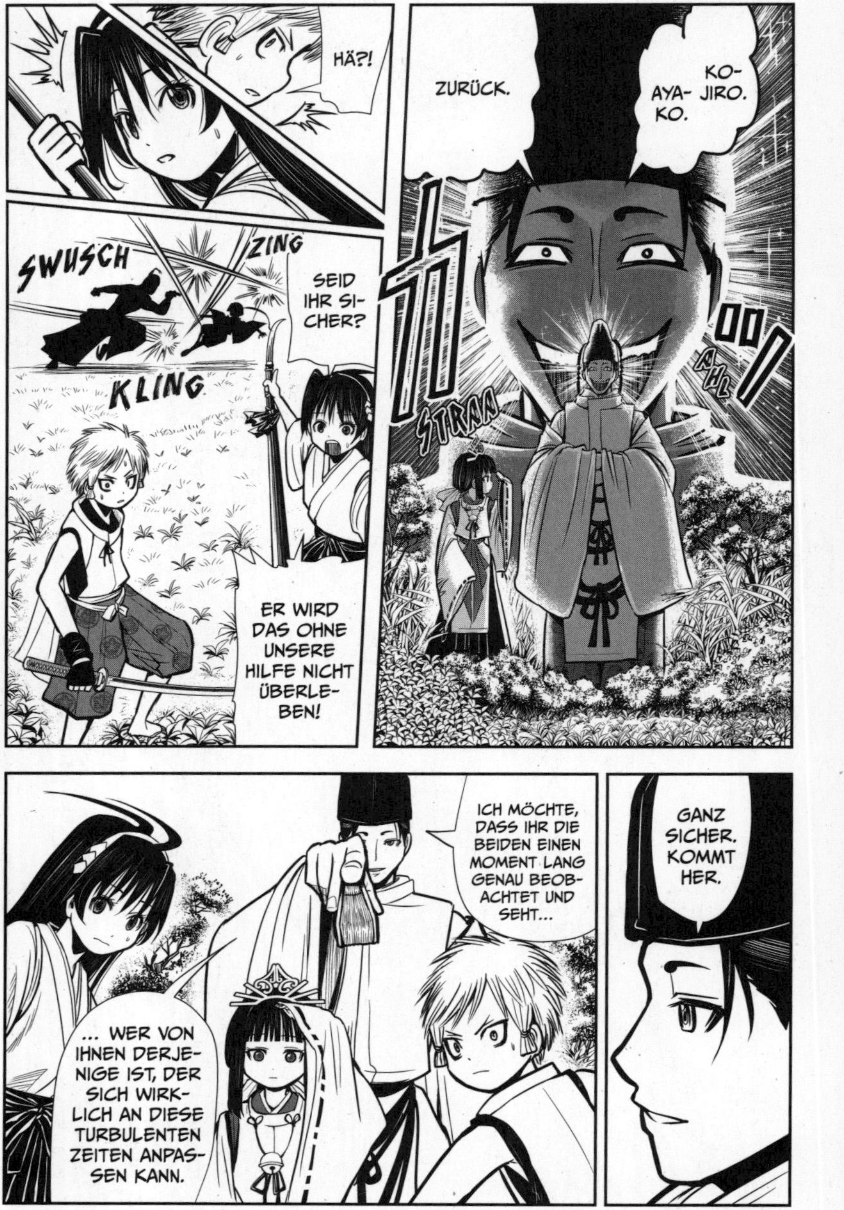

KO-JIRO. AYA-KO.
ZURÜCK.
STRAA
HÄ?!
SWUSCH
ZING
KLING
SEID IHR SI-CHER?
ER WIRD DAS OHNE UNSERE HILFE NICHT ÜBERLE-BEN!
GANZ SICHER. KOMMT HER.
ICH MÖCHTE, DASS IHR DIE BEIDEN EINEN MOMENT LANG GENAU BEOB-ACHTET UND SEHT...
... WER VON IHNEN DERJE-NIGE IST, DER SICH WIRK-LICH AN DIESE TURBULENTEN ZEITEN ANPAS-SEN KANN.

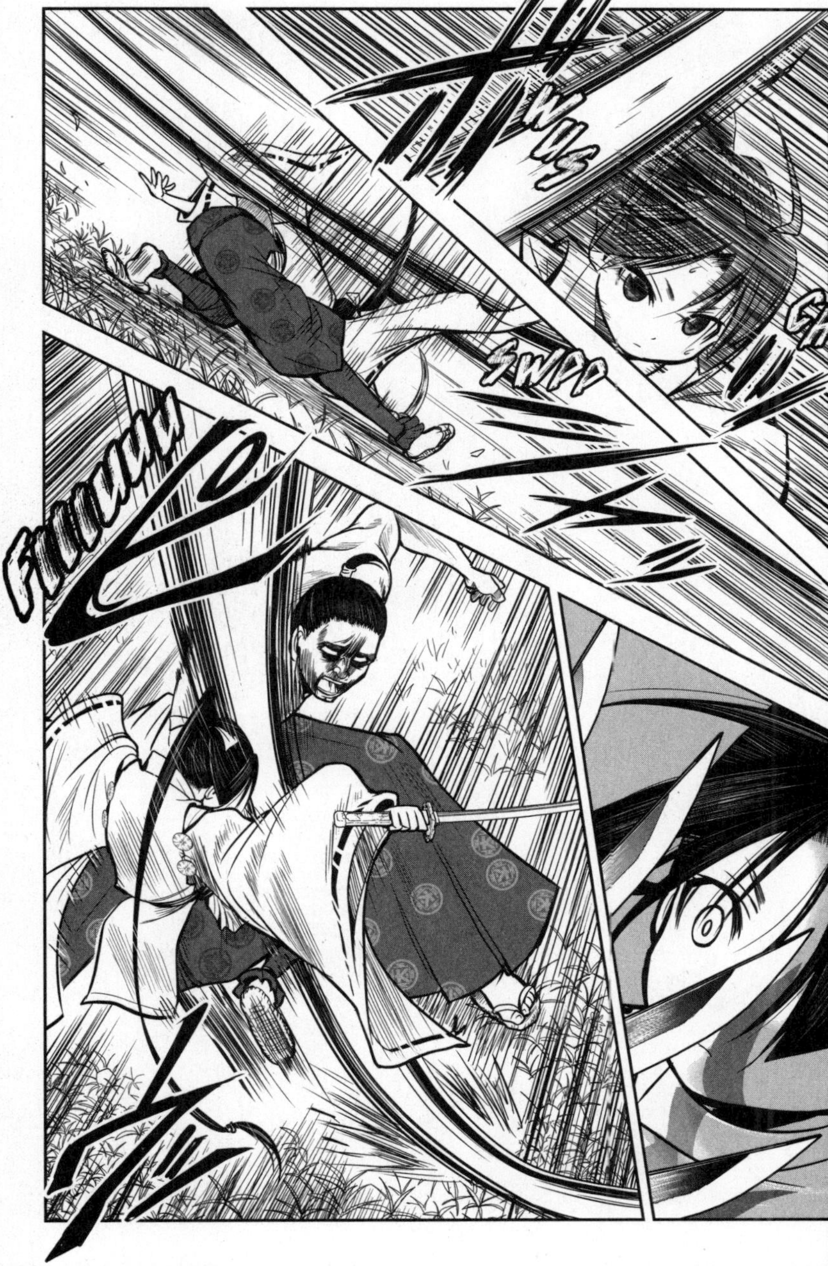
WUS
GH
SWPP

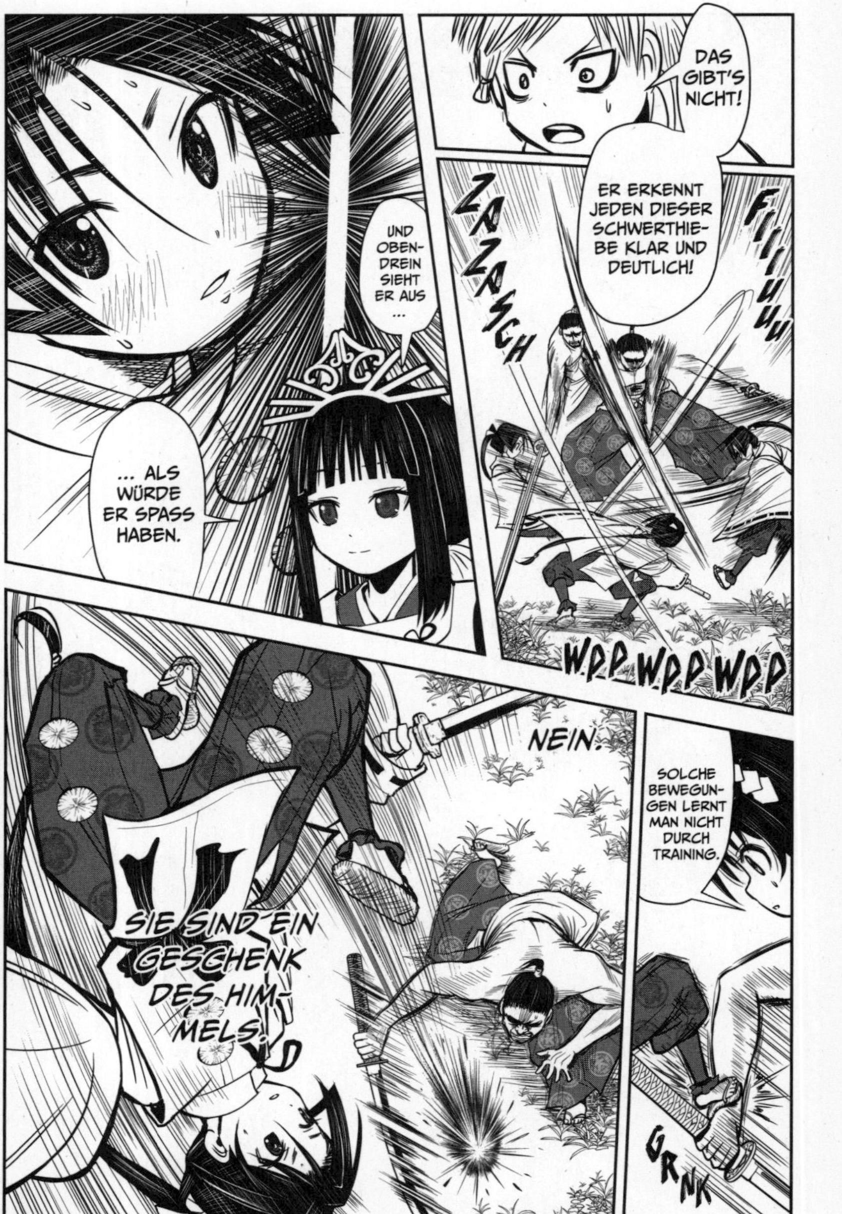
DAS GIBT'S NICHT!
ER ERKENNT JEDEN DIESER SCHWERTHIE-BE KLAR UND DEUTLICH!
FIIIUUUU
ZAZAPSCH
WPP WPP WPP
UND OBEN-DREIN SIEHT ER AUS ...
... ALS WÜRDE ER SPASS HABEN.
SOLCHE BEWEGUN-GEN LERNT MAN NICHT DURCH TRAINING.
NEIN.
SIE SIND EIN GESCHENK DES HIM-MELS!
GRNK

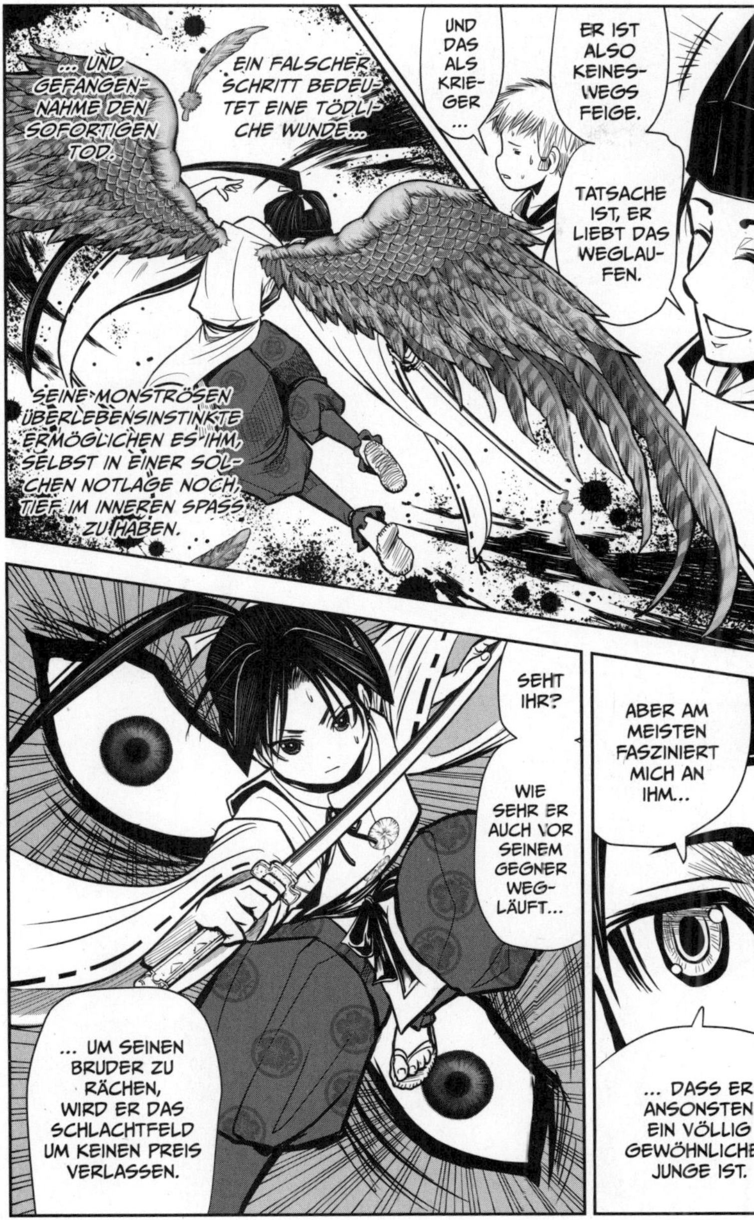
Er ist also keineswegs feige.
Und das als Krieger ...
Tatsache ist, er liebt das Weglaufen.
Ein falscher Schritt bedeutet eine tödliche Wunde...
... und Gefangennahme den sofortigen Tod.
Seine monströsen Überlebensinstinkte ermöglichen es ihm, selbst in einer solchen Notlage noch tief im Inneren Spass zu haben.
Aber am meisten fasziniert mich an ihm...
... dass er ansonsten ein völlig gewöhnlicher Junge ist.
Seht ihr?
Wie sehr er auch vor seinem Gegner wegläuft...
... um seinen Bruder zu rächen, wird er das Schlachtfeld um keinen Preis verlassen.

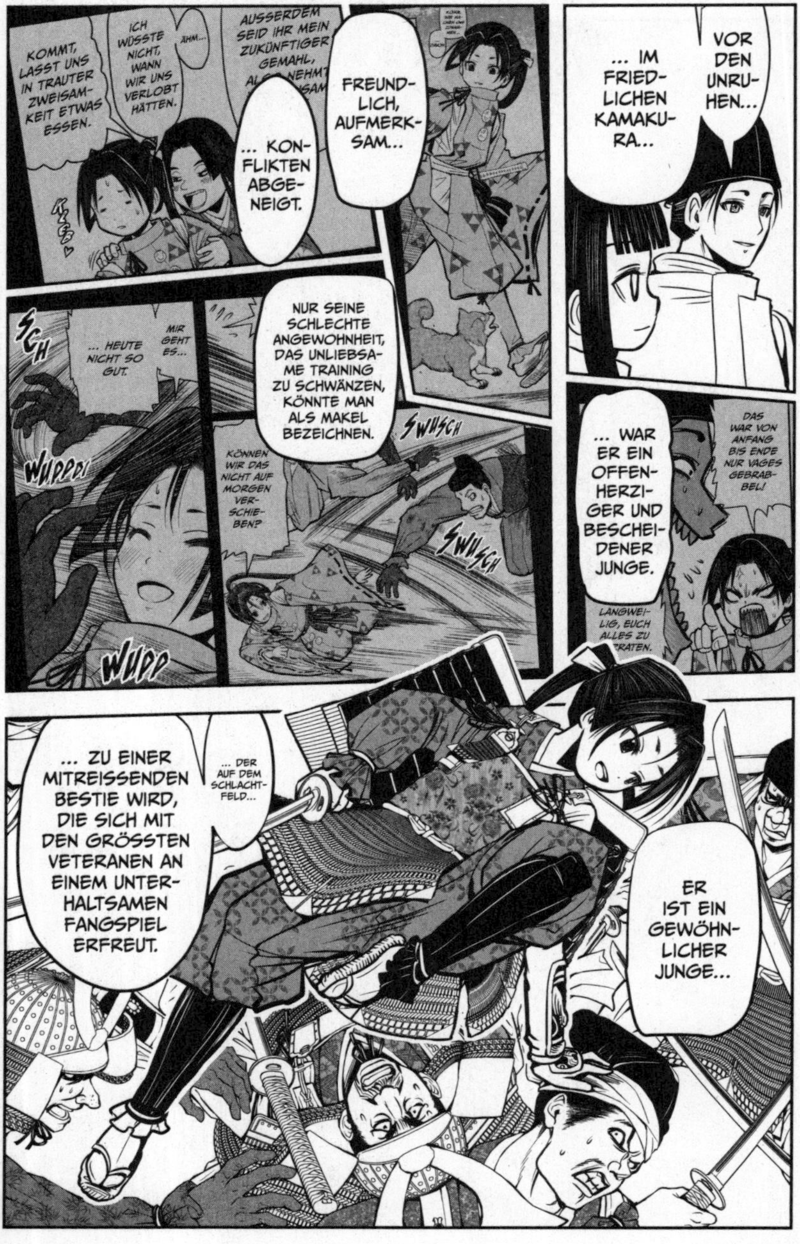
VOR DEN UNRUHEN...
... IM FRIEDLICHEN KAMAKURA...
FREUNDLICH, AUFMERKSAM...
... KONFLIKTEN ABGENEIGT.
AUSSERDEM SEID IHR MEIN ZUKÜNFTIGER GEMAHL,
ÄHM...
ICH WÜSSTE NICHT, WANN WIR UNS VERLOBT HÄTTEN.
KOMMT, LASST UNS IN TRAUTER ZWEISAMKEIT ETWAS ESSEN.
KLEB♥
... WAR ER EIN OFFENHERZIGER UND BESCHEIDENER JUNGE.
DAS WAR VON ANFANG BIS ENDE NUR VAGES GEBRABBEL!
LANGWEILIG, EUCH ALLES ZU
NUR SEINE SCHLECHTE ANGEWOHNHEIT, DAS UNLIEBSAME TRAINING ZU SCHWÄNZEN, KÖNNTE MAN ALS MAKEL BEZEICHNEN.
SWUSCH
KÖNNEN WIR DAS NICHT AUF MORGEN VERSCHIEBEN?
SWUSCH
SCH
MIR GEHT ES...
... HEUTE NICHT SO GUT.
WUPPDI
WUPP
ER IST EIN GEWÖHNLICHER JUNGE...
... DER AUF DEM SCHLACHTFELD...
... ZU EINER MITREISSENDEN BESTIE WIRD, DIE SICH MIT DEN GRÖSSTEN VETERANEN AN EINEM UNTERHALTSAMEN FANGSPIEL ERFREUT.

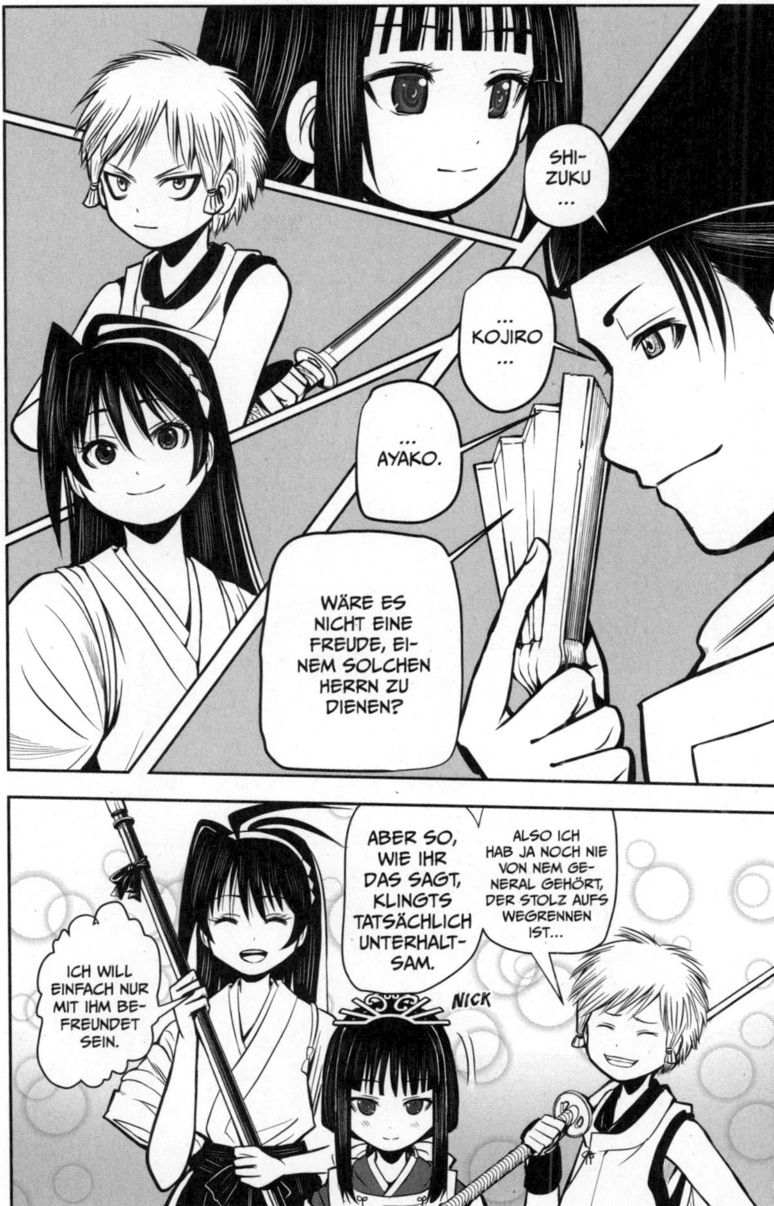
SHI-ZUKU ...
... KOJIRO ...
... AYAKO.
WÄRE ES NICHT EINE FREUDE, EINEM SOLCHEN HERRN ZU DIENEN?
ALSO ICH HAB JA NOCH NIE VON NEM GENERAL GEHÖRT, DER STOLZ AUFS WEGRENNEN IST...
ABER SO, WIE IHR DAS SAGT, KLINGTS TATSÄCHLICH UNTERHALTSAM.
NICK
ICH WILL EINFACH NUR MIT IHM BEFREUNDET SEIN.

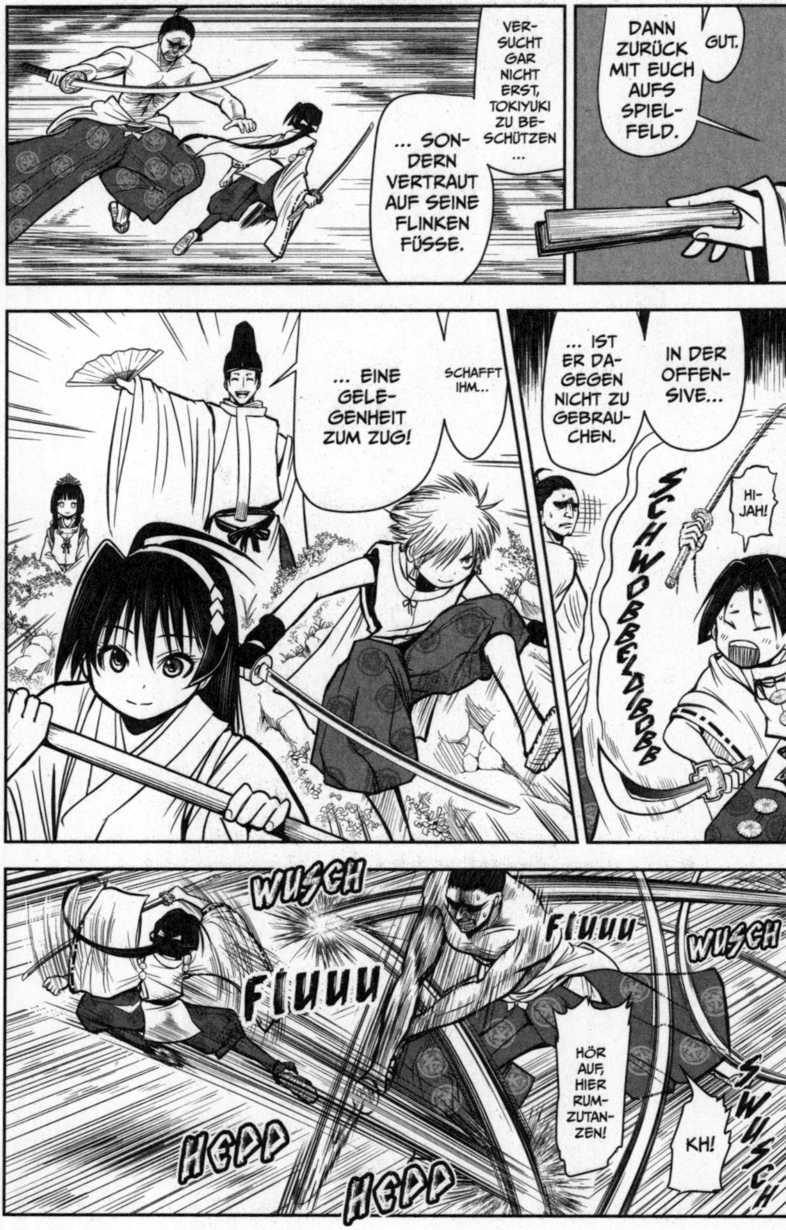

GUT.
DANN ZURÜCK MIT EUCH AUFS SPIELFELD.
VERSUCHT GAR NICHT ERST, TOKIYUKI ZU BESCHÜTZEN ...
... SONDERN VERTRAUT AUF SEINE FLINKEN FÜSSE.
IN DER OFFENSIVE...
... IST ER DAGEGEN NICHT ZU GEBRAUCHEN.
SCHAFFT IHM...
... EINE GELEGENHEIT ZUM ZUG!
HI-JAH!
SCHWOBBELDIBOBB
WUSCH
FIUUU
WUSCH
FIUUU
HÖR AUF, HIER RUMZUTANZEN!
KH!
SWUSCH
HEPP
HEPP

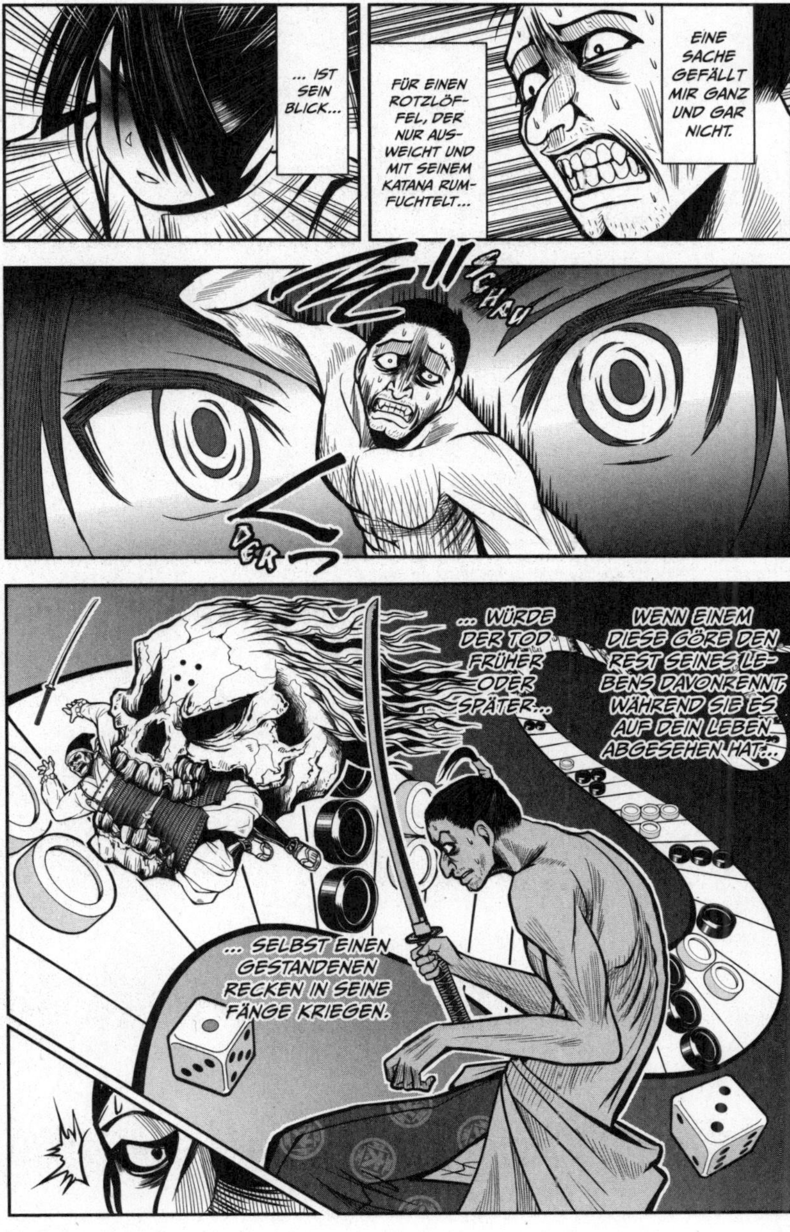
EINE SACHE GEFÄLLT MIR GANZ UND GAR NICHT.
FÜR EINEN ROTZLÖFFEL, DER NUR AUSWEICHT UND MIT SEINEM KATANA RUMFUCHTELT...
... IST SEIN BLICK...
WENN EINEM DIESE GÖRE DEN REST SEINES LEBENS DAVONRENNT, WÄHREND SIE ES AUF DEIN LEBEN ABGESEHEN HAT...
... WÜRDE DER TOD FRÜHER ODER SPÄTER...
... SELBST EINEN GESTANDENEN RECKEN IN SEINE FÄNGE KRIEGEN.

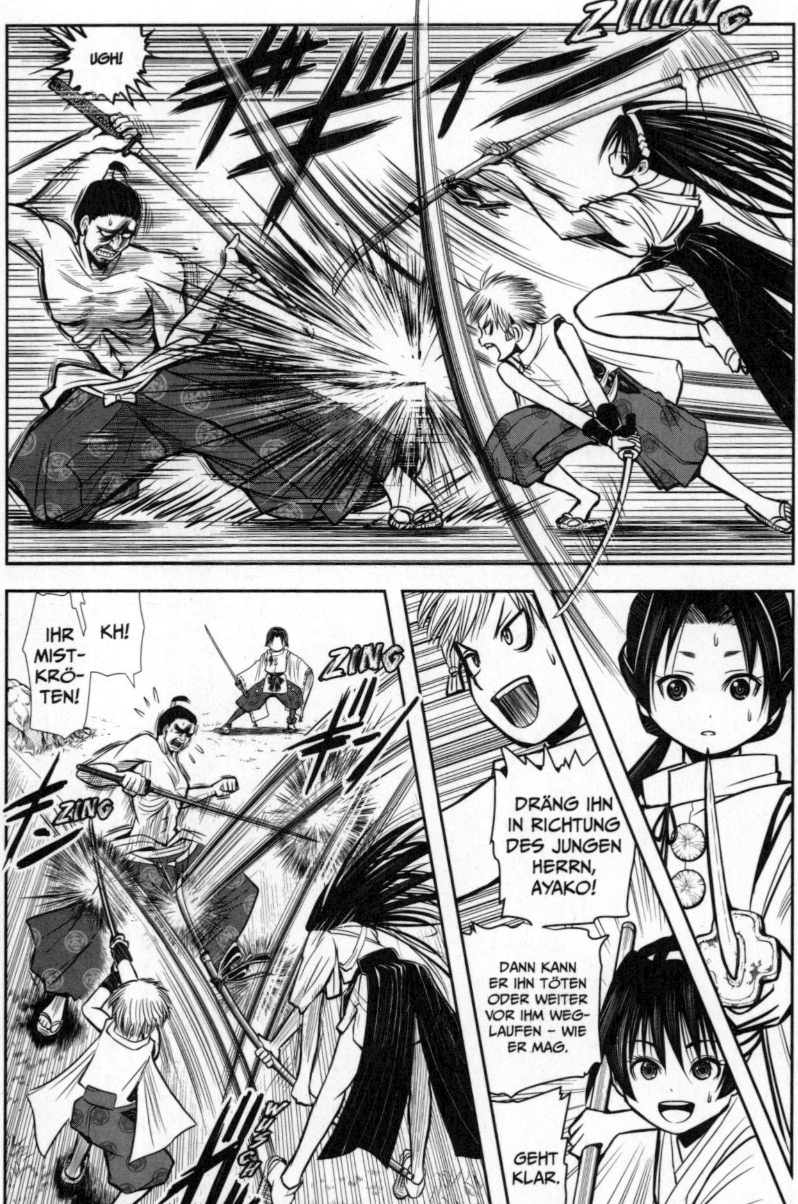
ZIIING
UGH!
ZING
KH!
IHR MIST-KRÖTEN!
ZING
DRÄNG IHN IN RICHTUNG DES JUNGEN HERRN, AYAKO!
DANN KANN ER IHN TÖTEN ODER WEITER VOR IHM WEG-LAUFEN – WIE ER MAG.
GEHT KLAR.

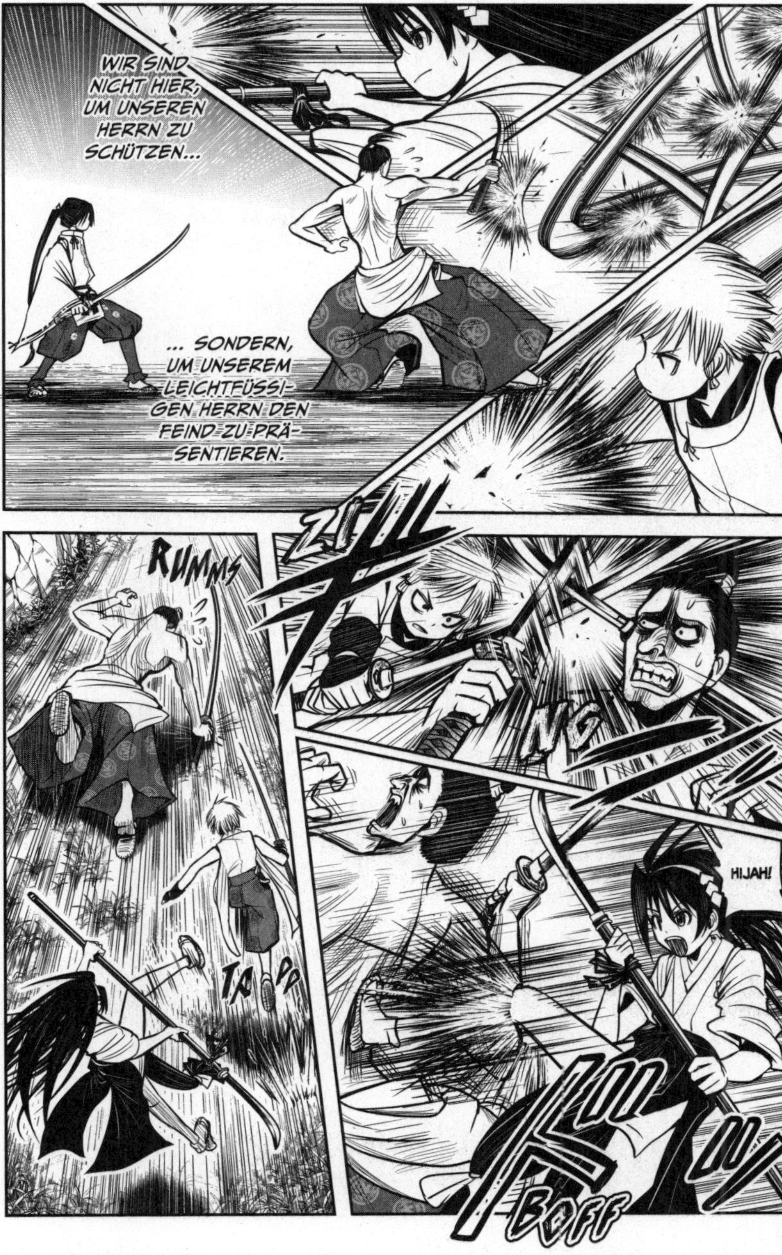
WIR SIND NICHT HIER, UM UNSEREN HERRN ZU SCHÜTZEN...
... SONDERN, UM UNSEREM LEICHTFÜSSI-GEN HERRN DEN FEIND ZU PRÄ-SENTIEREN.
RUMMS
HIJAH!
BOFF

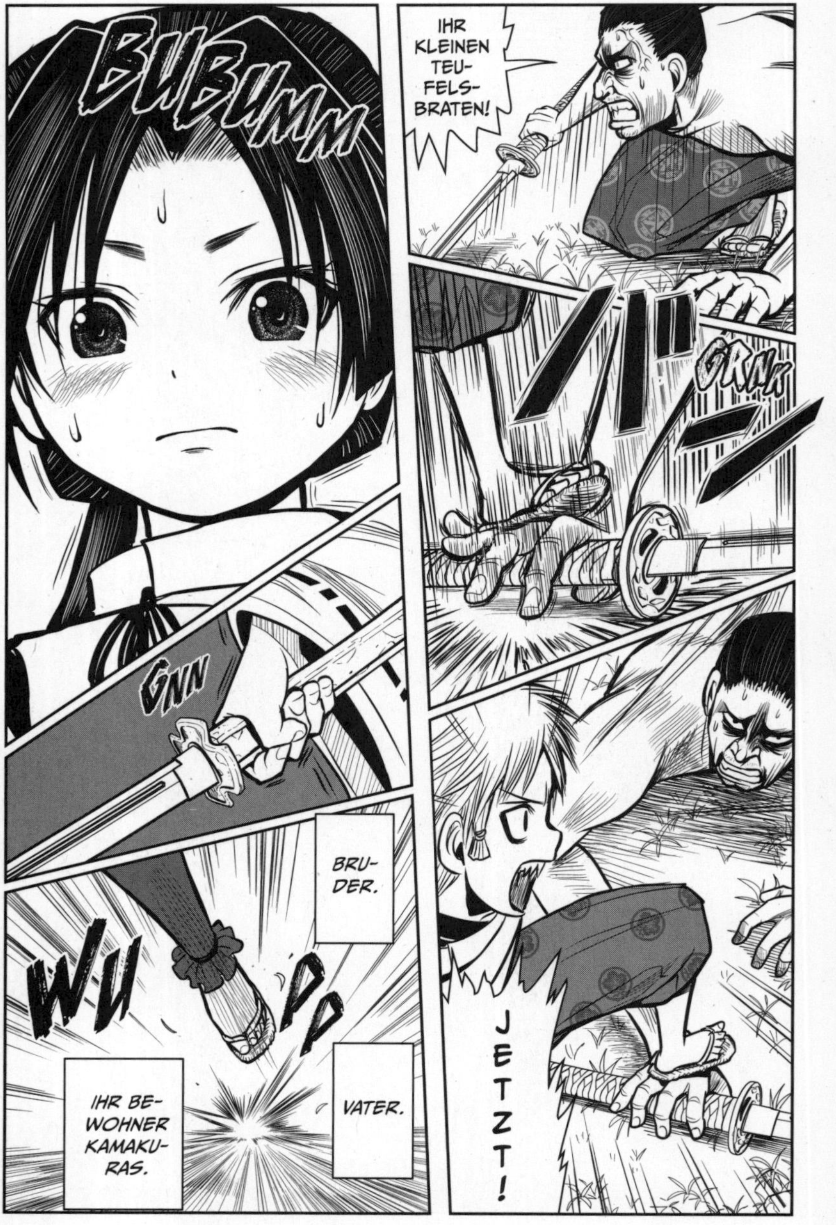
IHR KLEINEN TEU-FELS-BRATEN!
BUBUMM
GRNK
GNN
JETZT!
BRU-DER.
VATER.
IHR BE-WOHNER KAMAKU-RAS.
WUPP

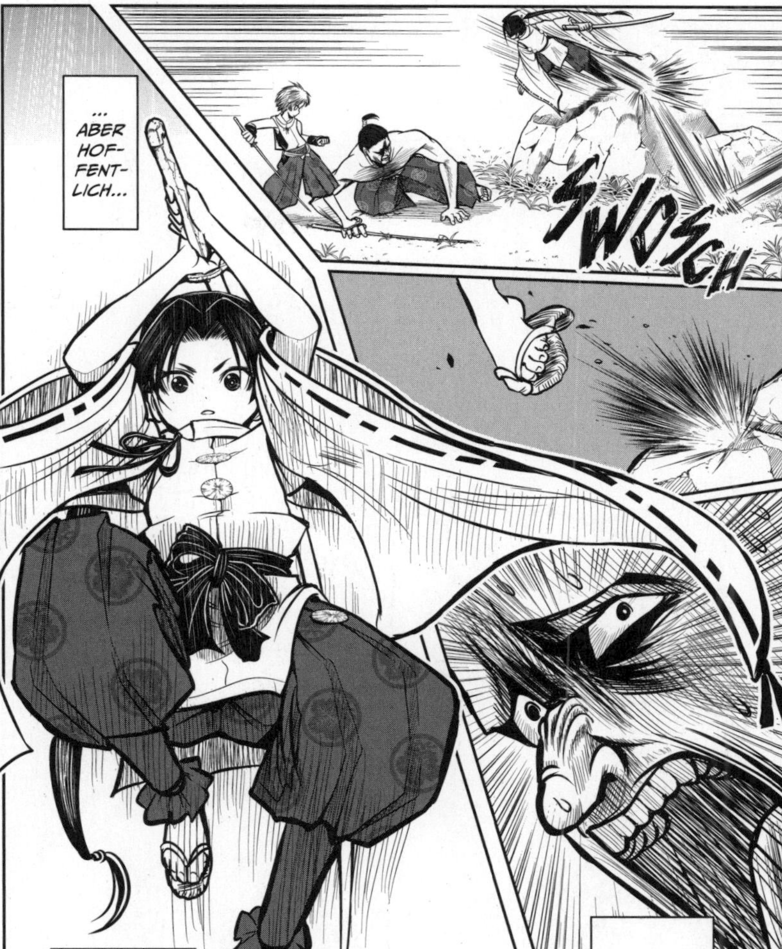
SWOSCH
ICH WEISS, SEIN KOPF IST KEINESWEGS GENUG...
... ABER HOFFENTLICH...
... IST ER ZUMINDEST EIN NETTES GESCHENK FÜR DIE REISE IN DEN TOD.

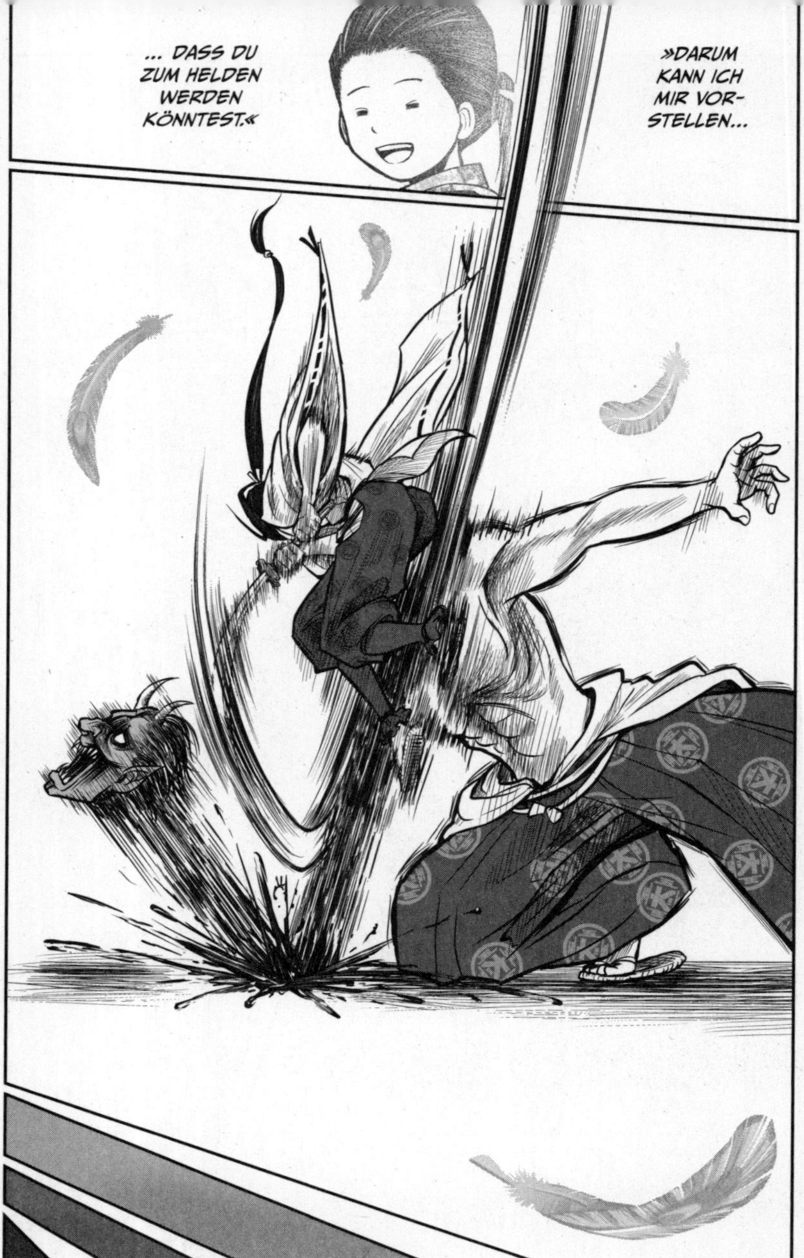
»DARUM KANN ICH MIR VOR-STELLEN...
... DASS DU ZUM HELDEN WERDEN KÖNNTEST.«

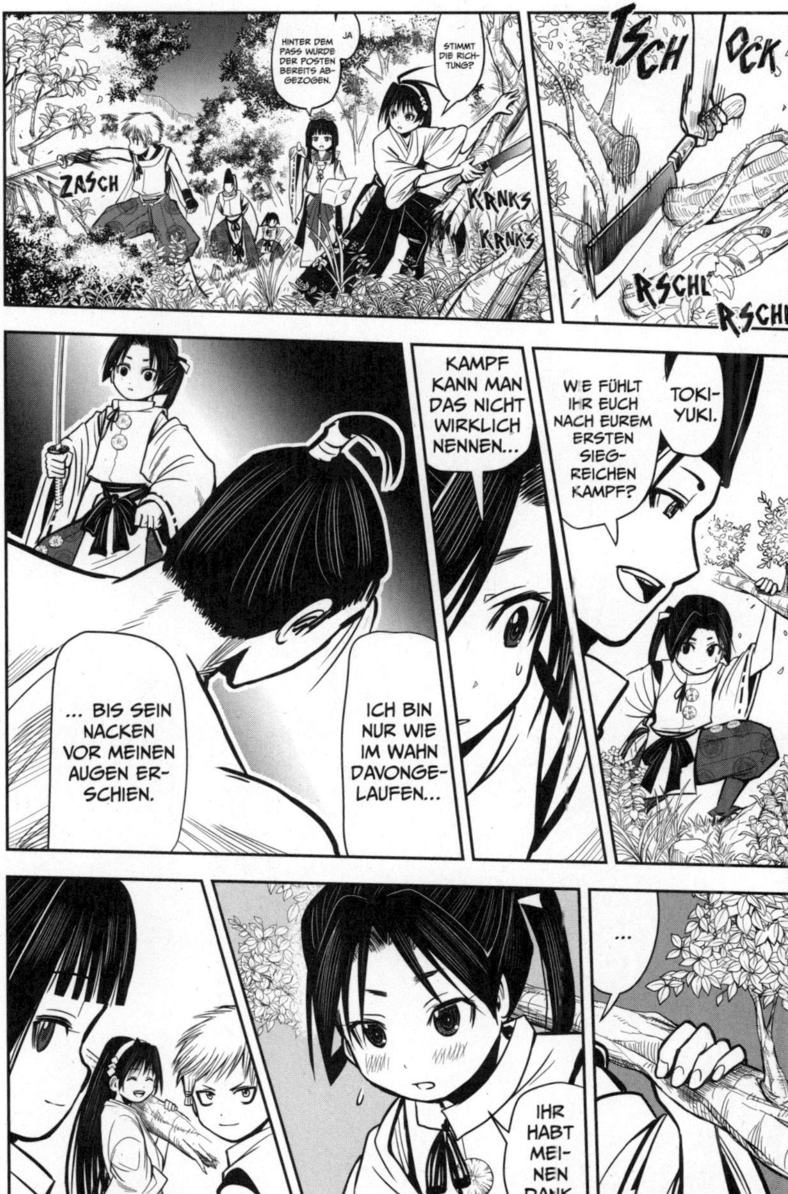
TSCH OCK
RSCHL
RSCHL
STIMMT DIE RICH-TUNG?
JA
HINTER DEM PASS WURDE DER POSTEN BEREITS ABGEZOGEN.
ZASCH
KRNKS
KRNKS
TOKI-YUKI.
WIE FÜHLT IHR EUCH NACH EUREM ERSTEN SIEG-REICHEN KAMPF?
KAMPF KANN MAN DAS NICHT WIRKLICH NENNEN...
ICH BIN NUR WIE IM WAHN DAVONGE-LAUFEN...
... BIS SEIN NACKEN VOR MEINEN AUGEN ER-SCHIEN.
...
IHR HABT MEI-NEN DANK.

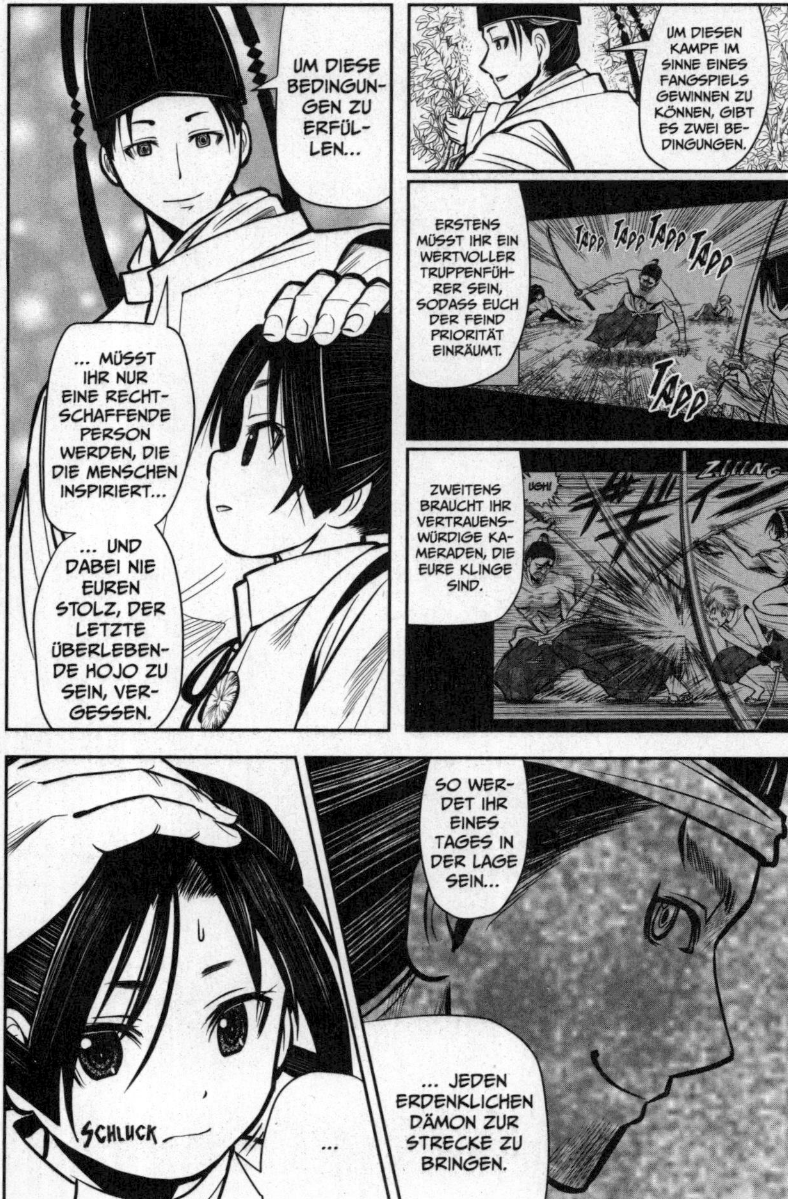
UM DIESEN KAMPF IM SINNE EINES FANGSPIELS GEWINNEN ZU KÖNNEN, GIBT ES ZWEI BEDINGUNGEN.
UM DIESE BEDINGUNGEN ZU ERFÜLLEN...
ERSTENS MÜSST IHR EIN WERTVOLLER TRUPPENFÜHRER SEIN, SODASS EUCH DER FEIND PRIORITÄT EINRÄUMT.
TAPP TAPP TAPP TAPP
TAPP
ZWEITENS BRAUCHT IHR VERTRAUENSWÜRDIGE KAMERADEN, DIE EURE KLINGE SIND.
UGH!
ZIIING
... MÜSST IHR NUR EINE RECHTSCHAFFENDE PERSON WERDEN, DIE DIE MENSCHEN INSPIRIERT...
... UND DABEI NIE EUREN STOLZ, DER LETZTE ÜBERLEBENDE HOJO ZU SEIN, VERGESSEN.
SO WERDET IHR EINES TAGES IN DER LAGE SEIN...
... JEDEN ERDENKLICHEN DÄMON ZUR STRECKE ZU BRINGEN.
...
SCHLUCK

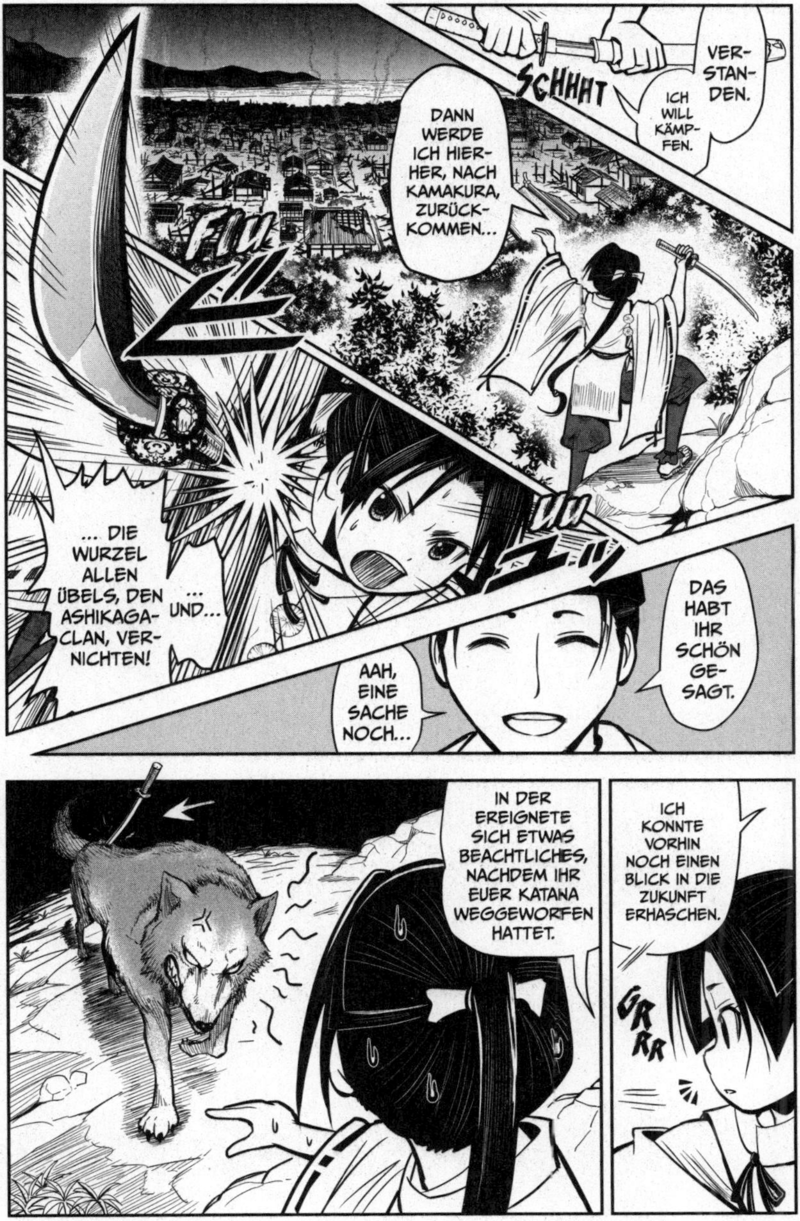

VERSTANDEN.
ICH WILL KÄMPFEN.
SCHHHT
DANN WERDE ICH HIERHER, NACH KAMAKURA, ZURÜCKKOMMEN...
FLU
... UND...
... DIE WURZEL ALLEN ÜBELS, DEN ASHIKAGA-CLAN, VERNICHTEN!
DAS HABT IHR SCHÖN GESAGT.
AAH, EINE SACHE NOCH...
ICH KONNTE VORHIN NOCH EINEN BLICK IN DIE ZUKUNFT ERHASCHEN.
IN DER EREIGNETE SICH ETWAS BEACHTLICHES, NACHDEM IHR EUER KATANA WEGGEWORFEN HATTET.
GRRR

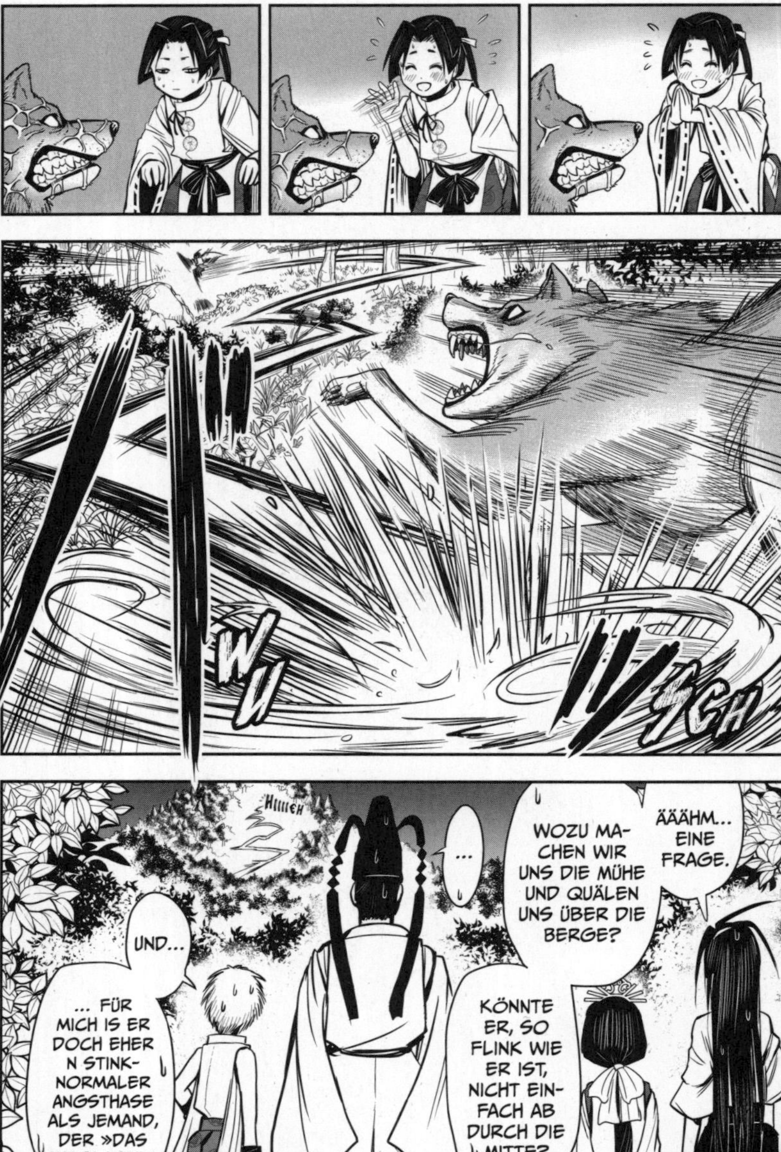
WU
SCH
ÄÄÄHM... EINE FRAGE.
WOZU MACHEN WIR UNS DIE MÜHE UND QUÄLEN UNS ÜBER DIE BERGE?
...
KÖNNTE ER, SO FLINK WIE ER IST, NICHT EINFACH AB DURCH DIE MITTE?
UND...
... FÜR MICH IS ER DOCH EHER N STINKNORMALER ANGSTHASE ALS JEMAND, DER »DAS WEGLAUFEN LIEBT«.

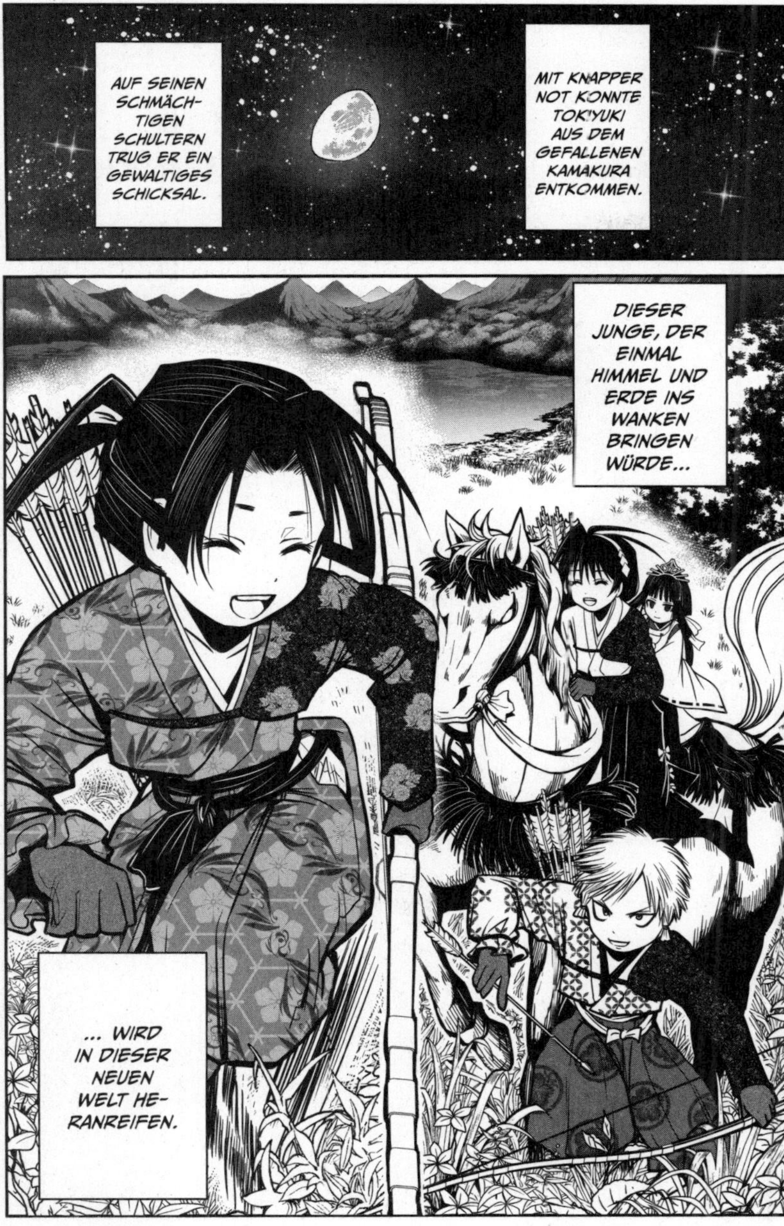
MIT KNAPPER NOT KONNTE TOKIYUKI AUS DEM GEFALLENEN KAMAKURA ENTKOMMEN.
AUF SEINEN SCHMÄCH-TIGEN SCHULTERN TRUG ER EIN GEWALTIGES SCHICKSAL.
DIESER JUNGE, DER EINMAL HIMMEL UND ERDE INS WANKEN BRINGEN WÜRDE ...
... WIRD IN DIESER NEUEN WELT HE-RANREIFEN.

1333

Godaiin Muneshige

★★★ SR

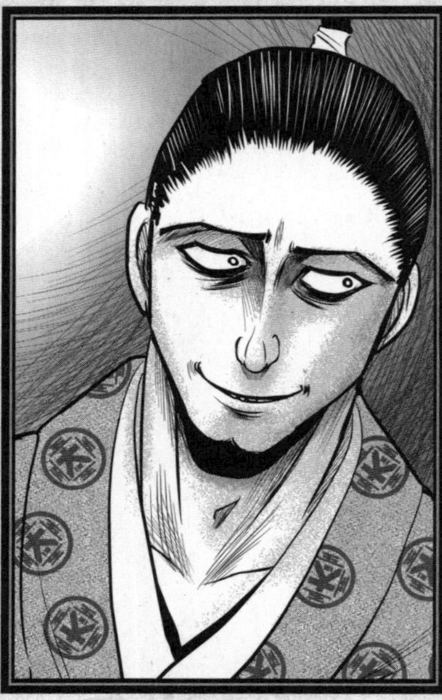

Kompetenzen		Eignung für die Namboku-cho-Zeit	
Waffen	72	Grausamkeit	76
Wissen	37	Loyalität	3
Politik	24	Chaos	75
Kommando	37	Reform	29
Charme	15	Fliehen & Verstecken	66

Wappen

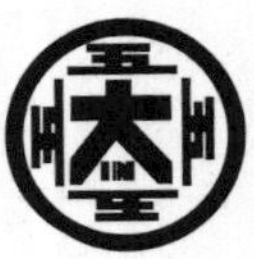

Godaiin-Stempel

Fähigkeit Klingenkreuzen (mangelhaft) (erhöht Eignung für Tachi-Schwert um 10 %)

Fähigkeit Schamlosigkeit (Gewissen nimmt keinen Schaden, auch bei Verrat an seinem Herrn)

Notiz hat keine Freunde

Standardspruch

»Sag den Namen meines Schwagers, wenn du dich traust!«

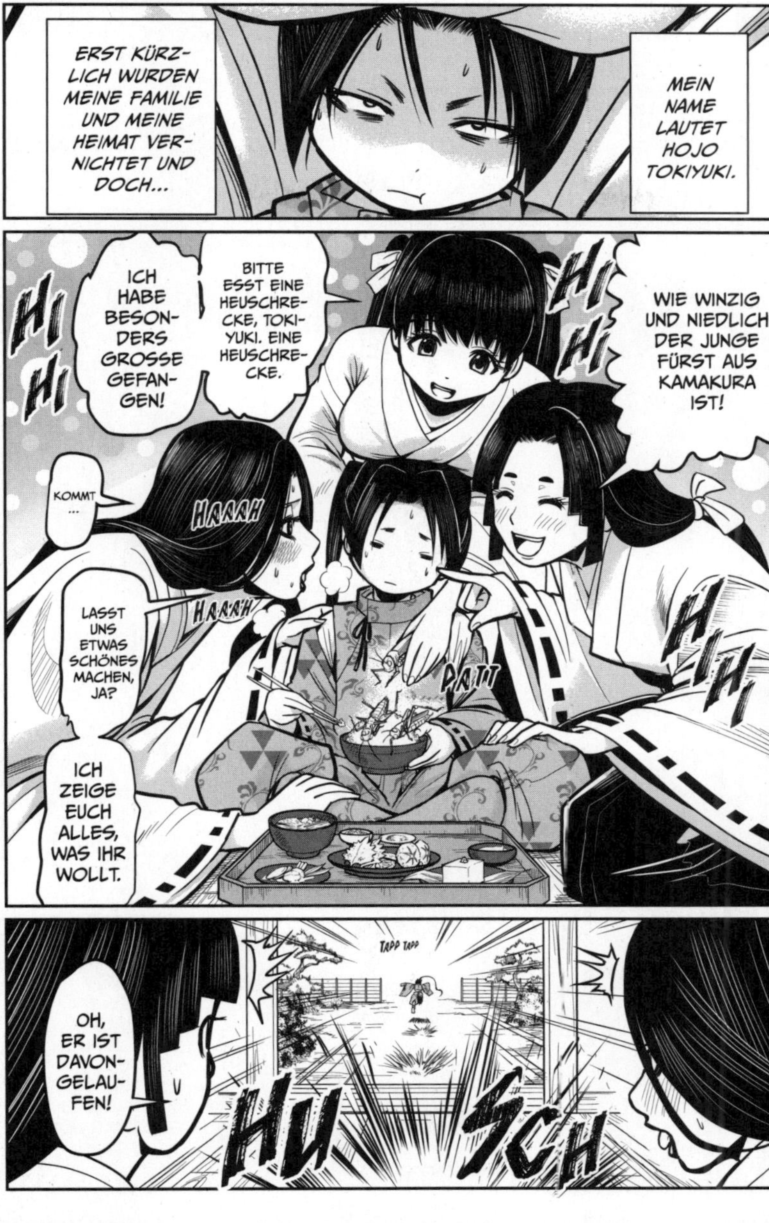
MEIN NAME LAUTET HOJO TOKIYUKI.
ERST KÜRZLICH WURDEN MEINE FAMILIE UND MEINE HEIMAT VERNICHTET UND DOCH…
WIE WINZIG UND NIEDLICH DER JUNGE FÜRST AUS KAMAKURA IST!
HI HI
BITTE ESST EINE HEUSCHRECKE, TOKIYUKI. EINE HEUSCHRECKE.
ICH HABE BESONDERS GROSSE GEFANGEN!
HI HI
KOMMT …
HAAAH
HAAAH
LASST UNS ETWAS SCHÖNES MACHEN, JA?
ICH ZEIGE EUCH ALLES, WAS IHR WOLLT.
PATT
HI HI
TAPP TAPP
OH, ER IST DAVONGELAUFEN!
HUSCH

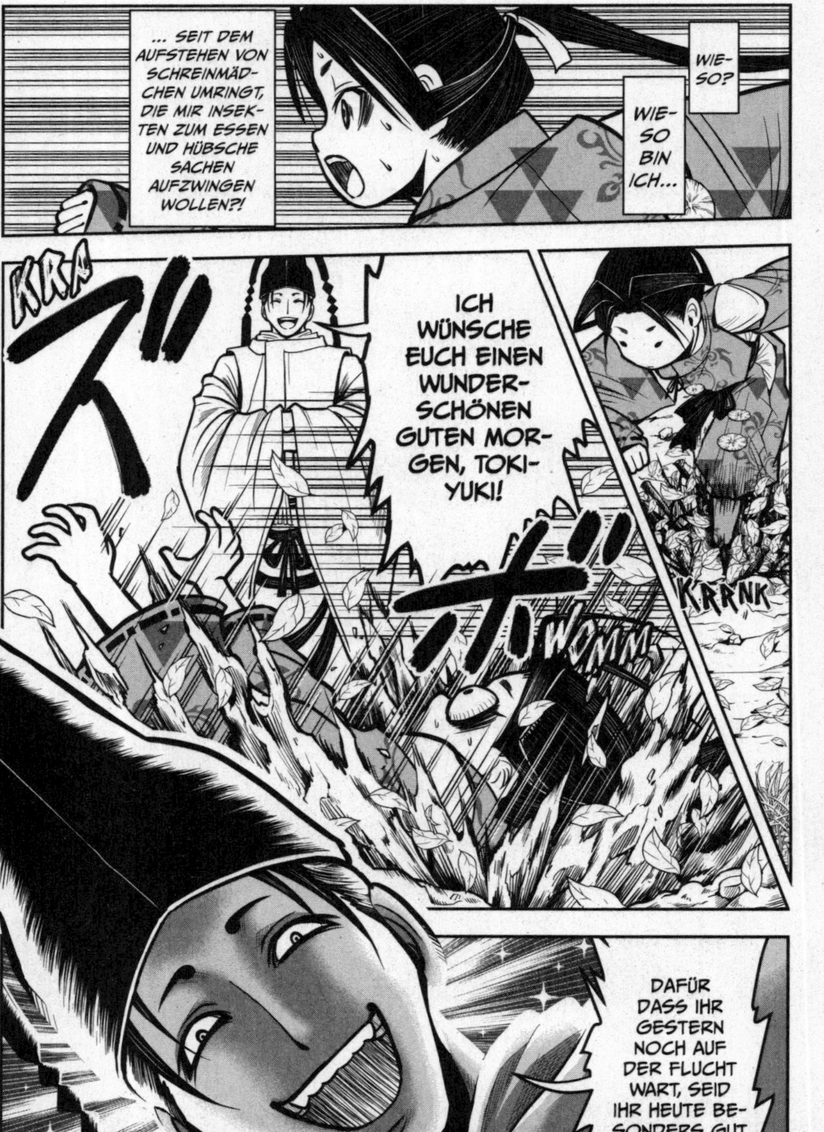
WIE-SO?
WIE-SO BIN ICH...
... SEIT DEM AUFSTEHEN VON SCHREINMÄDCHEN UMRINGT, DIE MIR INSEKTEN ZUM ESSEN UND HÜBSCHE SACHEN AUFZWINGEN WOLLEN?!
KRRNK
KRA
ICH WÜNSCHE EUCH EINEN WUNDERSCHÖNEN GUTEN MORGEN, TOKIYUKI!
WOMM
DAFÜR DASS IHR GESTERN NOCH AUF DER FLUCHT WART, SEID IHR HEUTE BESONDERS GUT DRAUF.

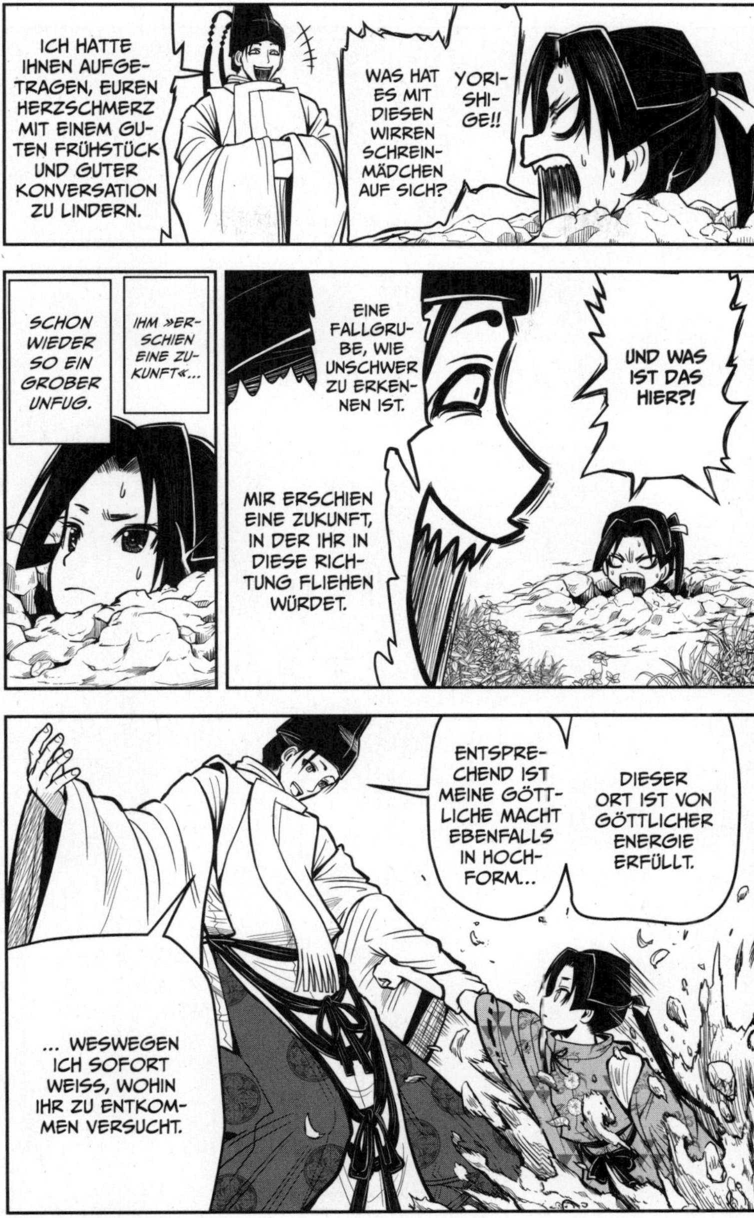
YORISHIGE!!
WAS HAT ES MIT DIESEN WIRREN SCHREINMÄDCHEN AUF SICH?
ICH HATTE IHNEN AUFGETRAGEN, EUREN HERZSCHMERZ MIT EINEM GUTEN FRÜHSTÜCK UND GUTER KONVERSATION ZU LINDERN.
UND WAS IST DAS HIER?!
EINE FALLGRUBE, WIE UNSCHWER ZU ERKENNEN IST.
MIR ERSCHIEN EINE ZUKUNFT, IN DER IHR IN DIESE RICHTUNG FLIEHEN WÜRDET.
IHM »ERSCHIEN EINE ZUKUNFT«...
SCHON WIEDER SO EIN GROBER UNFUG.
DIESER ORT IST VON GÖTTLICHER ENERGIE ERFÜLLT.
ENTSPRECHEND IST MEINE GÖTTLICHE MACHT EBENFALLS IN HOCHFORM...
... WESWEGEN ICH SOFORT WEISS, WOHIN IHR ZU ENTKOMMEN VERSUCHT.

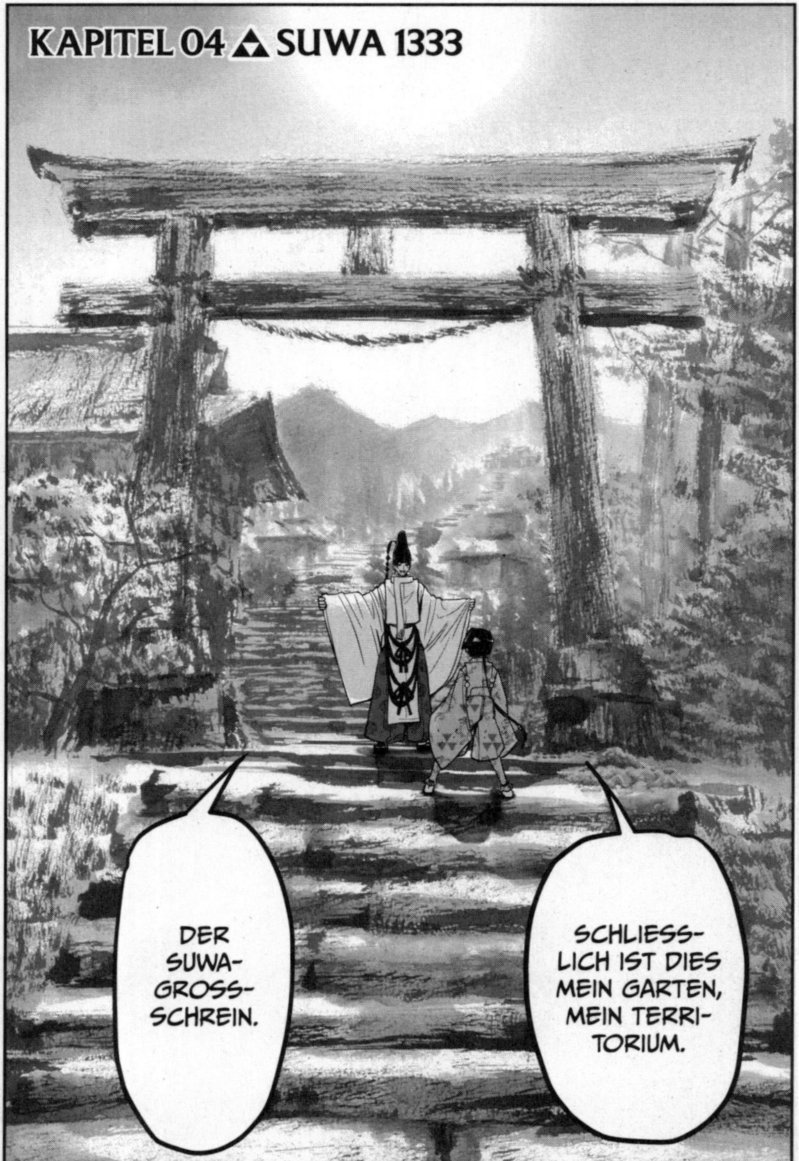
KAPITEL 04 SUWA 1333
SCHLIESSLICH IST DIES MEIN GARTEN, MEIN TERRITORIUM.
DER SUWA-GROSS-SCHREIN.

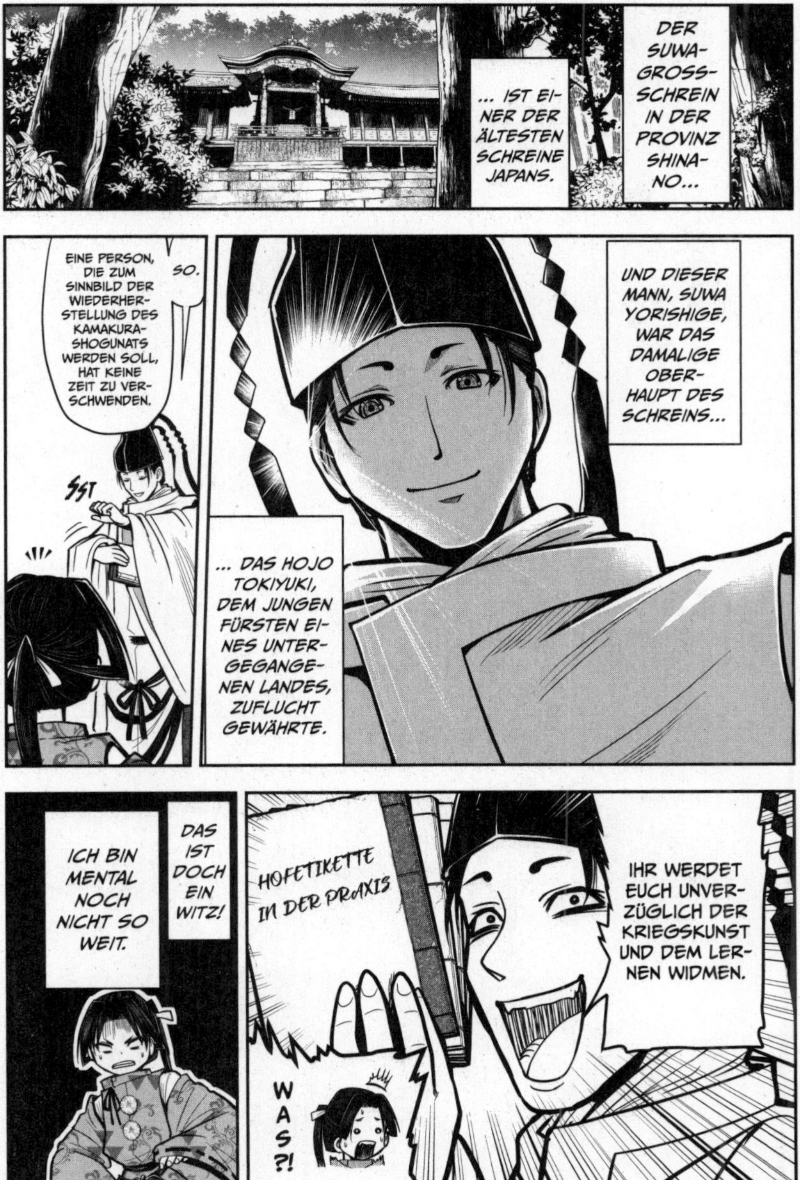
DER SUWA-GROSSSCHREIN IN DER PROVINZ SHINANO...
... IST EINER DER ÄLTESTEN SCHREINE JAPANS.
UND DIESER MANN, SUWA YORISHIGE, WAR DAS DAMALIGE OBERHAUPT DES SCHREINS...
... DAS HOJO TOKIYUKI, DEM JUNGEN FÜRSTEN EINES UNTERGEGANGENEN LANDES, ZUFLUCHT GEWÄHRTE.
SO.
EINE PERSON, DIE ZUM SINNBILD DER WIEDERHERSTELLUNG DES KAMAKURA-SHOGUNATS WERDEN SOLL, HAT KEINE ZEIT ZU VERSCHWENDEN.
SST
IHR WERDET EUCH UNVERZÜGLICH DER KRIEGSKUNST UND DEM LERNEN WIDMEN.
HOFETIKETTE IN DER PRAXIS
WAS?!
DAS IST DOCH EIN WITZ!
ICH BIN MENTAL NOCH NICHT SO WEIT.

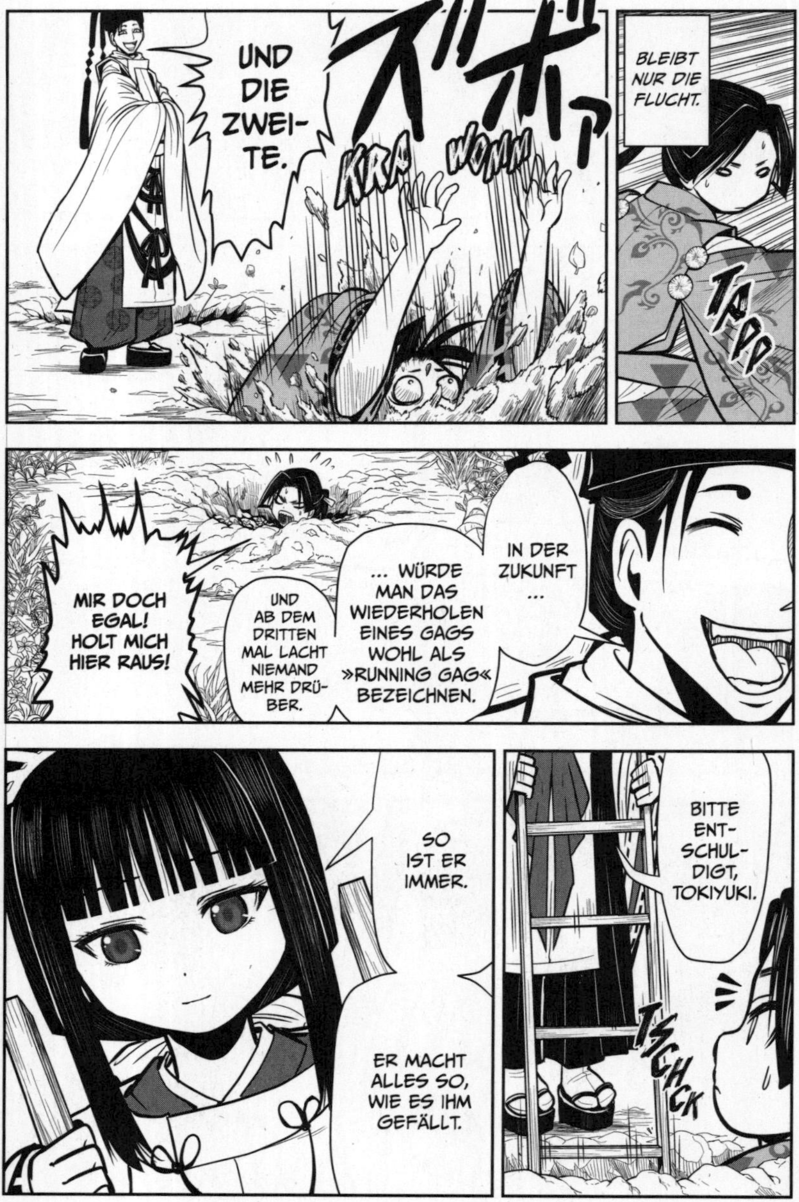
BLEIBT NUR DIE FLUCHT.
TAPP
KRA WOMM
UND DIE ZWEI-TE.
IN DER ZUKUNFT ...
... WÜRDE MAN DAS WIEDERHOLEN EINES GAGS WOHL ALS »RUNNING GAG« BEZEICHNEN.
UND AB DEM DRITTEN MAL LACHT NIEMAND MEHR DRÜ-BER.
MIR DOCH EGAL! HOLT MICH HIER RAUS!
BITTE ENT-SCHUL-DIGT, TOKIYUKI.
TSCHCK
SO IST ER IMMER.
ER MACHT ALLES SO, WIE ES IHM GEFÄLLT.

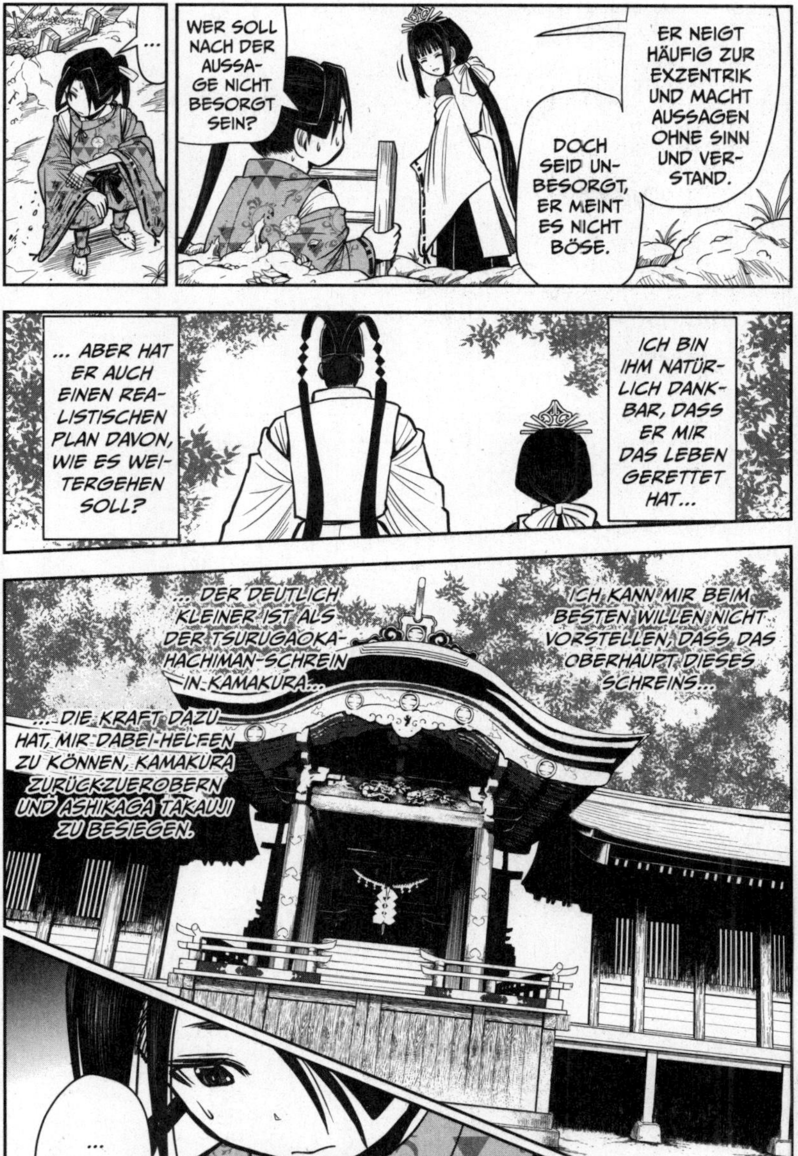
ER NEIGT HÄUFIG ZUR EXZENTRIK UND MACHT AUSSAGEN OHNE SINN UND VERSTAND.
DOCH SEID UNBESORGT, ER MEINT ES NICHT BÖSE.
WER SOLL NACH DER AUSSAGE NICHT BESORGT SEIN?
...
ICH BIN IHM NATÜRLICH DANKBAR, DASS ER MIR DAS LEBEN GERETTET HAT...
... ABER HAT ER AUCH EINEN REALISTISCHEN PLAN DAVON, WIE ES WEITERGEHEN SOLL?
ICH KANN MIR BEIM BESTEN WILLEN NICHT VORSTELLEN, DASS DAS OBERHAUPT DIESES SCHREINS...
... DER DEUTLICH KLEINER IST ALS DER TSURUGAOKA-HACHIMAN-SCHREIN IN KAMAKURA...
... DIE KRAFT DAZU HAT, MIR DABEI HELFEN ZU KÖNNEN, KAMAKURA ZURÜCKZUEROBERN UND ASHIKAGA TAKAUJI ZU BESIEGEN.
...

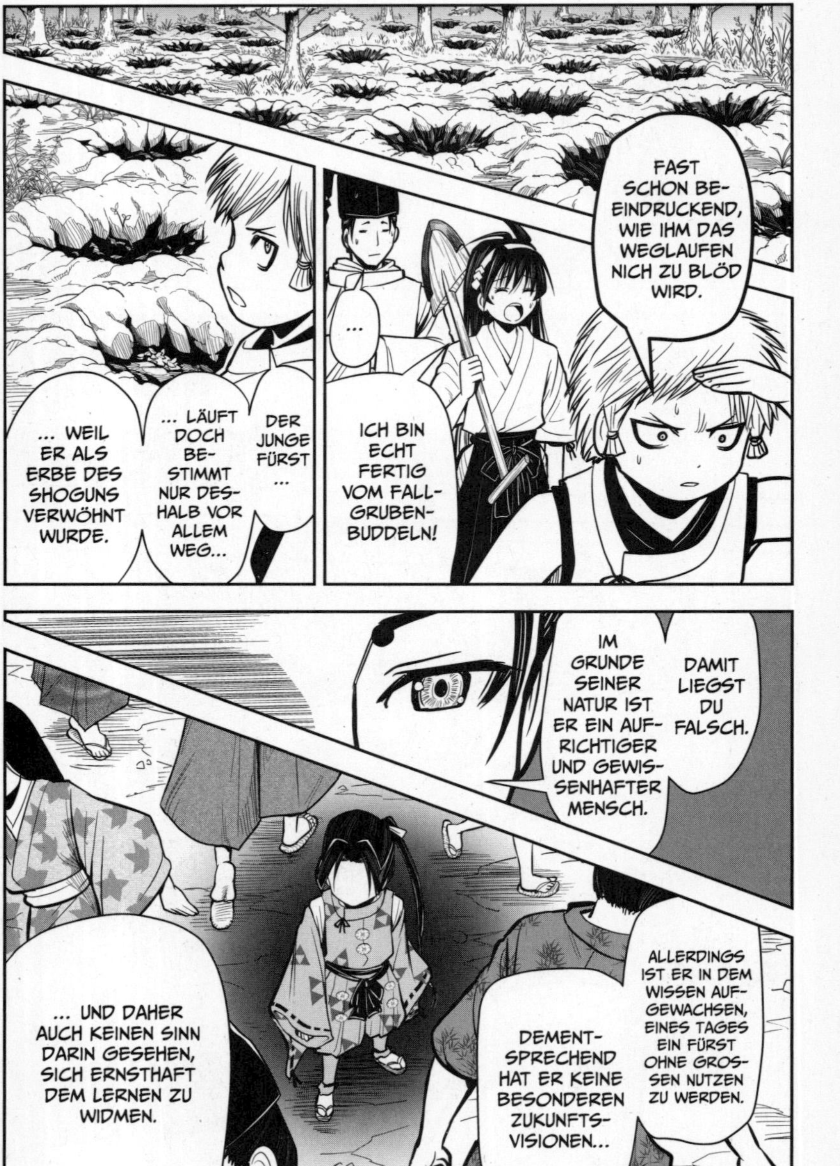
FAST SCHON BE-EINDRUCKEND, WIE IHM DAS WEGLAUFEN NICH ZU BLÖD WIRD.
ICH BIN ECHT FERTIG VOM FALL-GRUBEN-BUDDELN!
...
DER JUNGE FÜRST ...
... LÄUFT DOCH BE-STIMMT NUR DES-HALB VOR ALLEM WEG...
... WEIL ER ALS ERBE DES SHOGUNS VERWÖHNT WURDE.
DAMIT LIEGST DU FALSCH.
IM GRUNDE SEINER NATUR IST ER EIN AUF-RICHTIGER UND GEWIS-SENHAFTER MENSCH.
ALLERDINGS IST ER IN DEM WISSEN AUF-GEWACHSEN, EINES TAGES EIN FÜRST OHNE GROS-SEN NUTZEN ZU WERDEN.
DEMENT-SPRECHEND HAT ER KEINE BESONDEREN ZUKUNFTS-VISIONEN...
... UND DAHER AUCH KEINEN SINN DARIN GESEHEN, SICH ERNSTHAFT DEM LERNEN ZU WIDMEN.

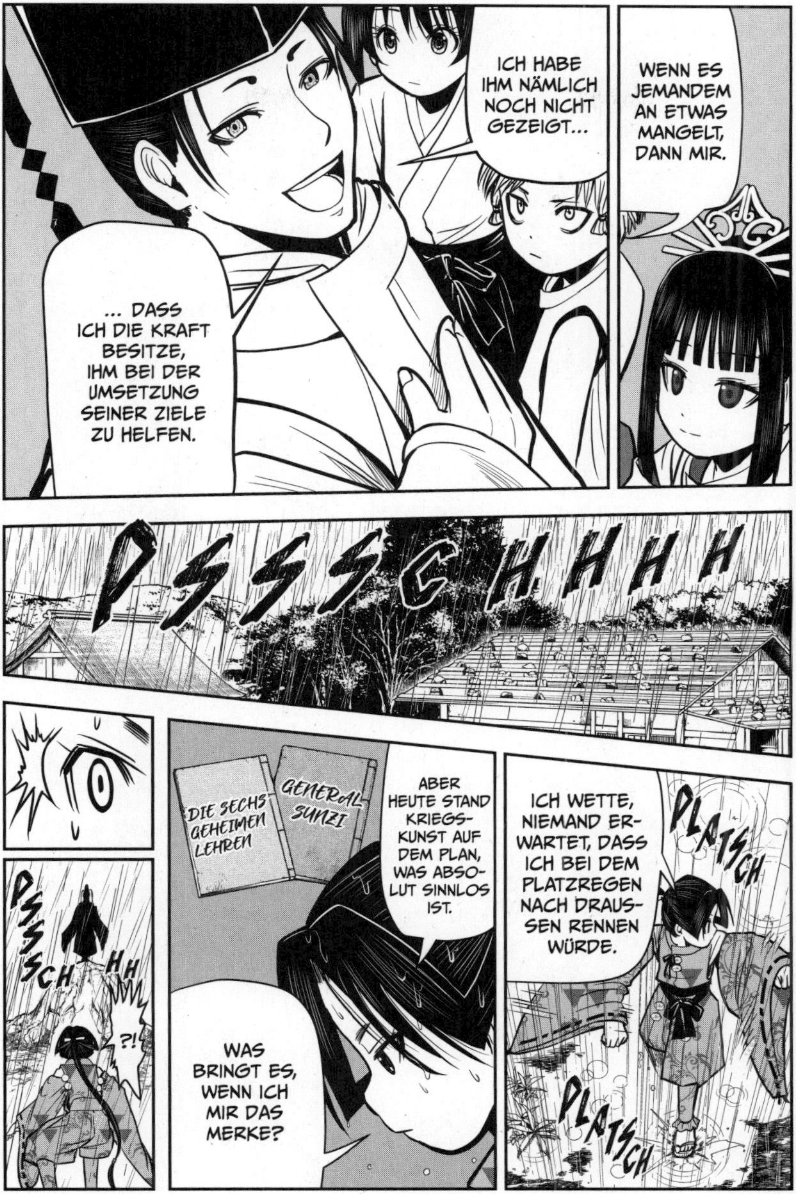
WENN ES JEMANDEM AN ETWAS MANGELT, DANN MIR.
ICH HABE IHM NÄMLICH NOCH NICHT GEZEIGT...
... DASS ICH DIE KRAFT BESITZE, IHM BEI DER UMSETZUNG SEINER ZIELE ZU HELFEN.
PSSSCHHHHH
PLATSCH
ICH WETTE, NIEMAND ERWARTET, DASS ICH BEI DEM PLATZREGEN NACH DRAUSSEN RENNEN WÜRDE.
PLATSCH
GENERAL SUNZI
DIE SECHS GEHEIMEN LEHREN
ABER HEUTE STAND KRIEGSKUNST AUF DEM PLAN, WAS ABSOLUT SINNLOS IST.
WAS BRINGT ES, WENN ICH MIR DAS MERKE?
PSSSCHHH
?!

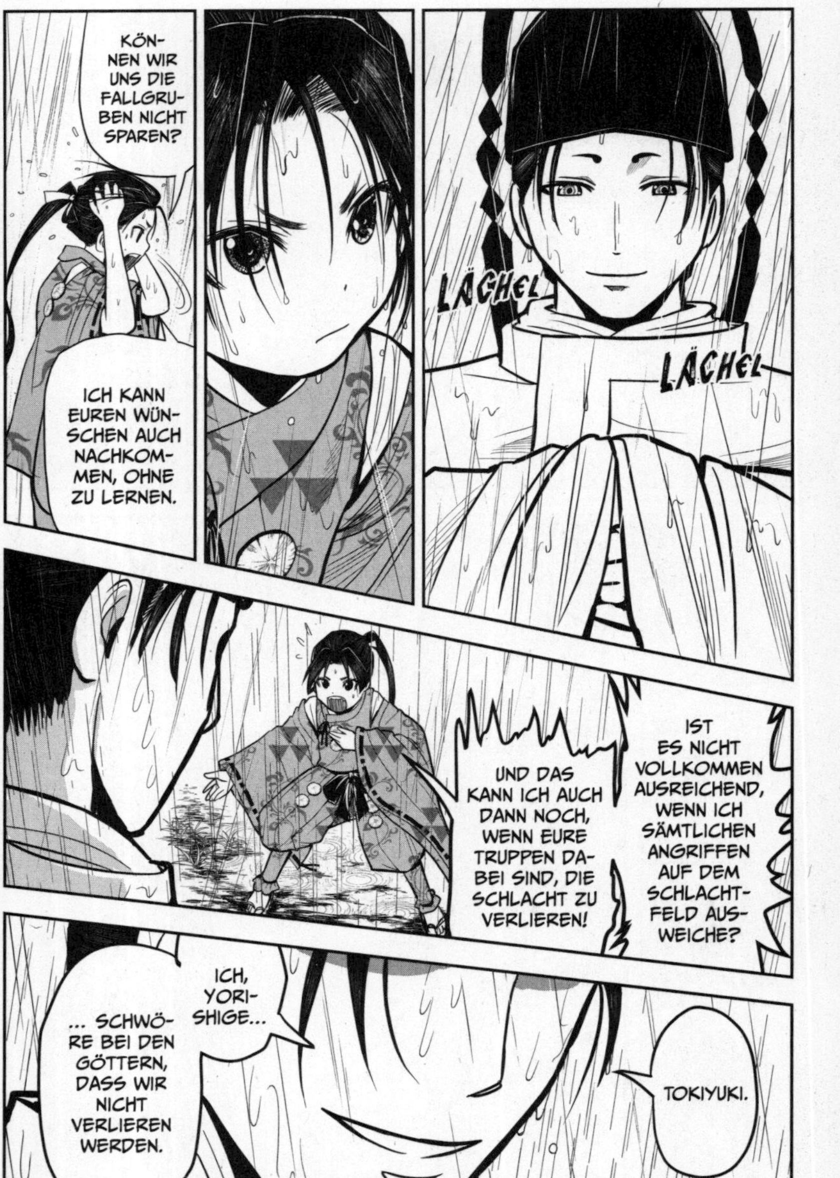
LÄCHEL
LÄCHEL
KÖNNEN WIR UNS DIE FALLGRUBEN NICHT SPAREN?
ICH KANN EUREN WÜNSCHEN AUCH NACHKOMMEN, OHNE ZU LERNEN.
IST ES NICHT VOLLKOMMEN AUSREICHEND, WENN ICH SÄMTLICHEN ANGRIFFEN AUF DEM SCHLACHTFELD AUSWEICHE?
UND DAS KANN ICH AUCH DANN NOCH, WENN EURE TRUPPEN DABEI SIND, DIE SCHLACHT ZU VERLIEREN!
TOKIYUKI.
ICH, YORISHIGE...
... SCHWÖRE BEI DEN GÖTTERN, DASS WIR NICHT VERLIEREN WERDEN.

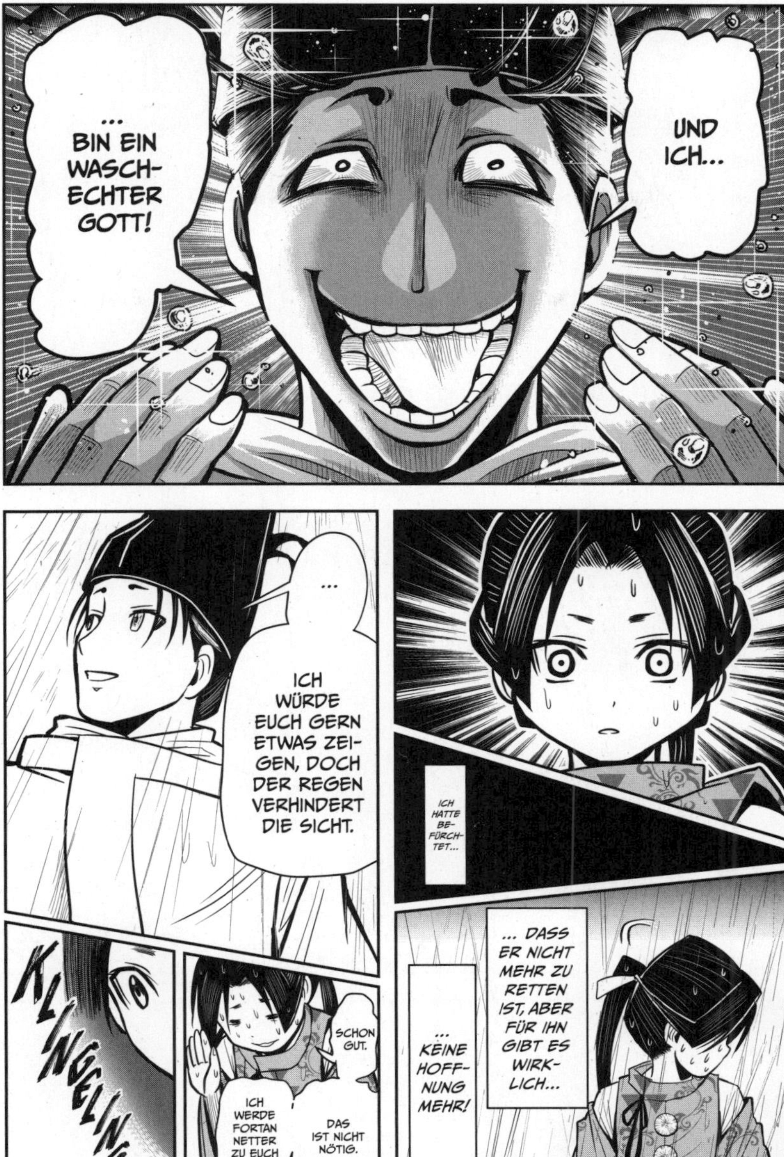
UND ICH...
... BIN EIN WASCHECHTER GOTT!
ICH HATTE BEFÜRCHTET...
...
ICH WÜRDE EUCH GERN ETWAS ZEIGEN, DOCH DER REGEN VERHINDERT DIE SICHT.
... DASS ER NICHT MEHR ZU RETTEN IST, ABER FÜR IHN GIBT ES WIRKLICH...
... KEINE HOFFNUNG MEHR!
SCHON GUT.
ICH WERDE FORTAN NETTER ZU EUCH SEIN.
DAS IST NICHT NÖTIG.
KLINGELING

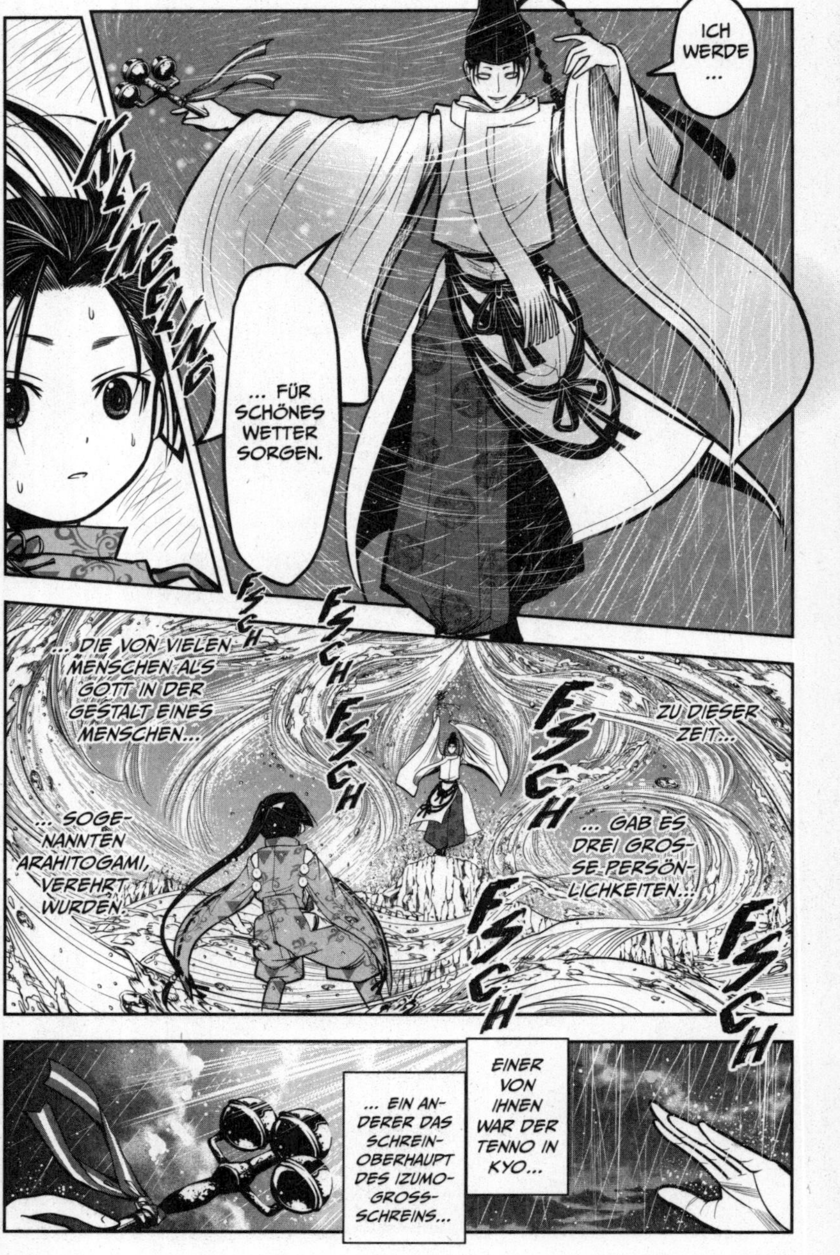
ICH WERDE ...
KLINGELING
... FÜR SCHÖNES WETTER SORGEN.
FSCH
FSCH
ZU DIESER ZEIT...
... GAB ES DREI GROSSE PERSÖNLICHKEITEN...
... DIE VON VIELEN MENSCHEN ALS GOTT IN DER GESTALT EINES MENSCHEN...
... SOGENANNTEN ARAHITOGAMI, VEREHRT WURDEN.
FSCH
FSCH
FSCH
FSCH
EINER VON IHNEN WAR DER TENNO IN KYO...
... EIN ANDERER DAS SCHREINOBERHAUPT DES IZUMO-GROSSSCHREINS...

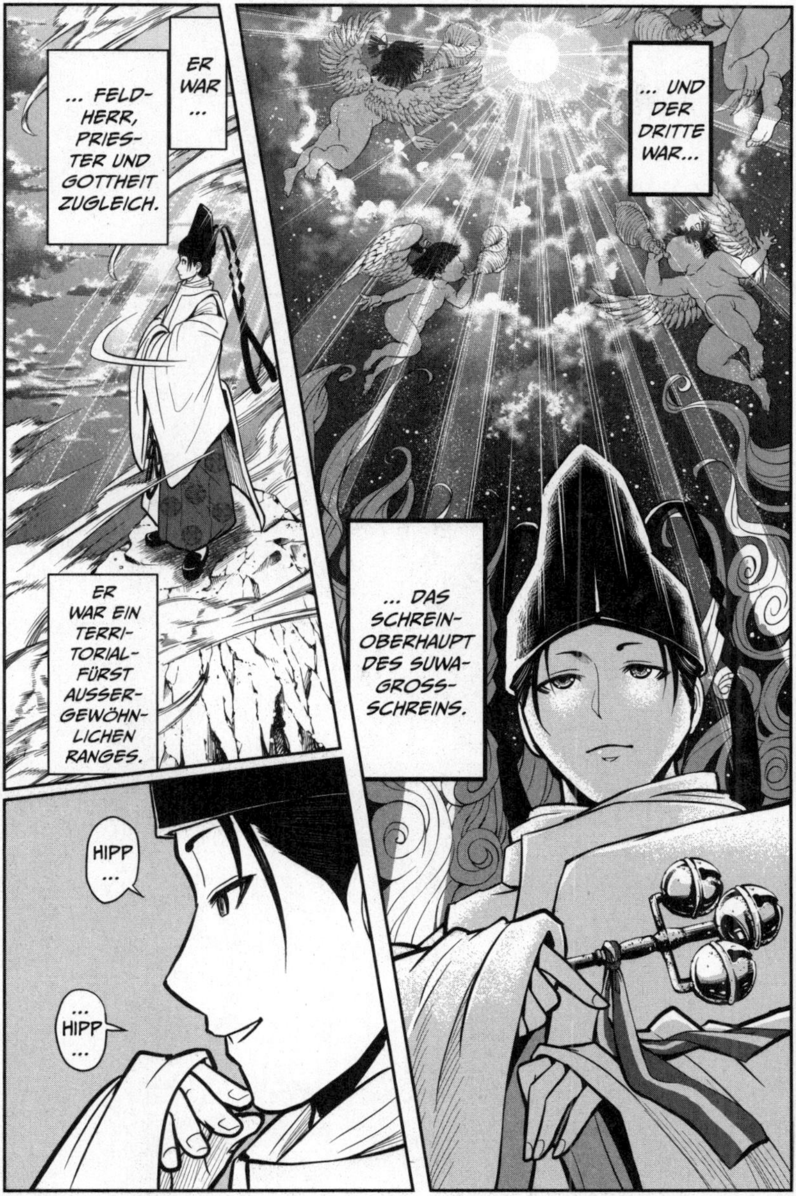
... UND DER DRITTE WAR...
... DAS SCHREIN-OBERHAUPT DES SUWA-GROSS-SCHREINS.
ER WAR ...
... FELD-HERR, PRIES-TER UND GOTTHEIT ZUGLEICH.
ER WAR EIN TERRI-TORIAL-FÜRST AUSSER-GEWÖHN-LICHEN RANGES.
HIPP ...
... HIPP ...

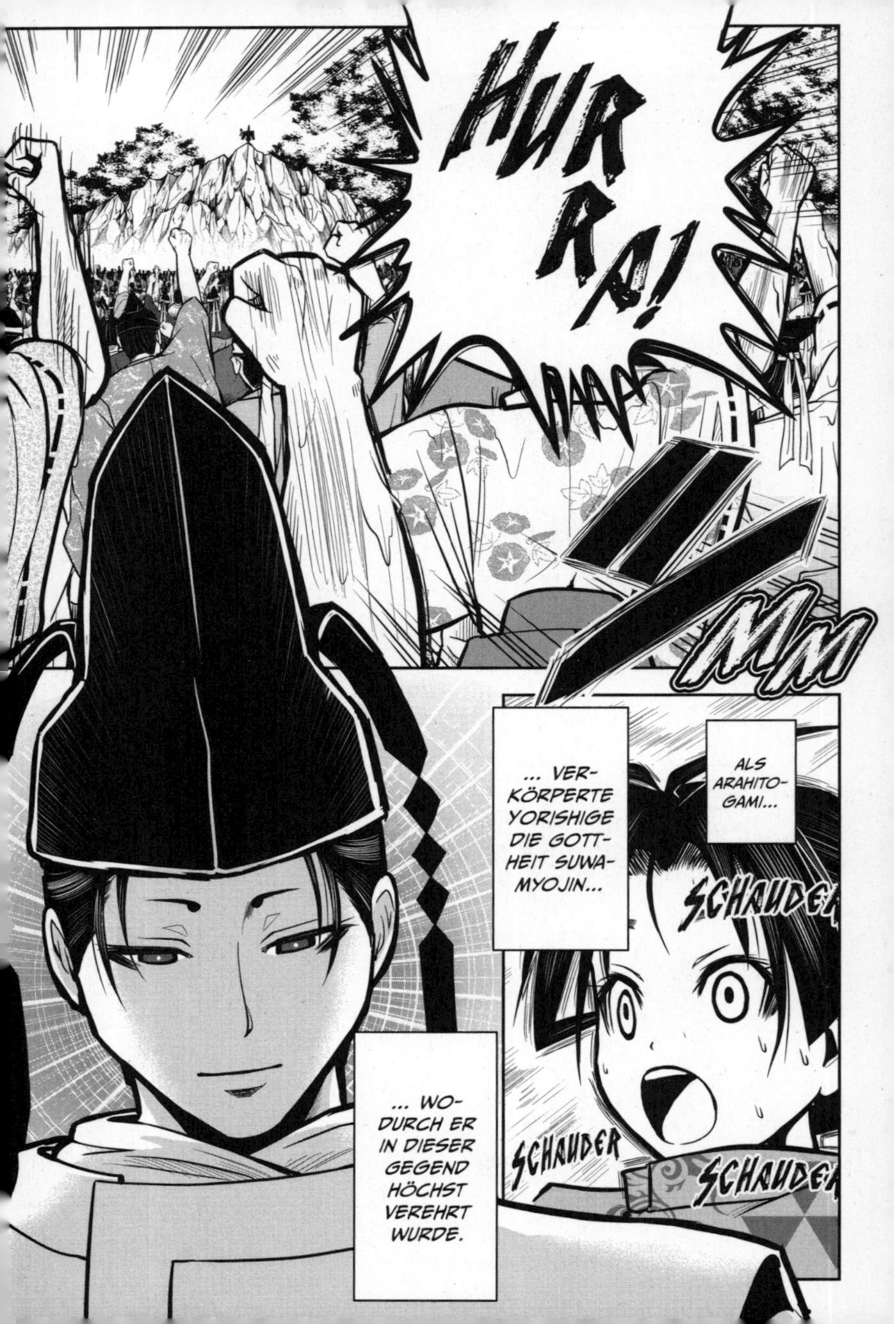

HURRA!
MM
ALS ARAHITO-GAMI...
... VERKÖRPERTE YORISHIGE DIE GOTTHEIT SUWA-MYOJIN...
SCHAUDER
... WODURCH ER IN DIESER GEGEND HÖCHST VEREHRT WURDE.
SCHAUDER
SCHAUDER

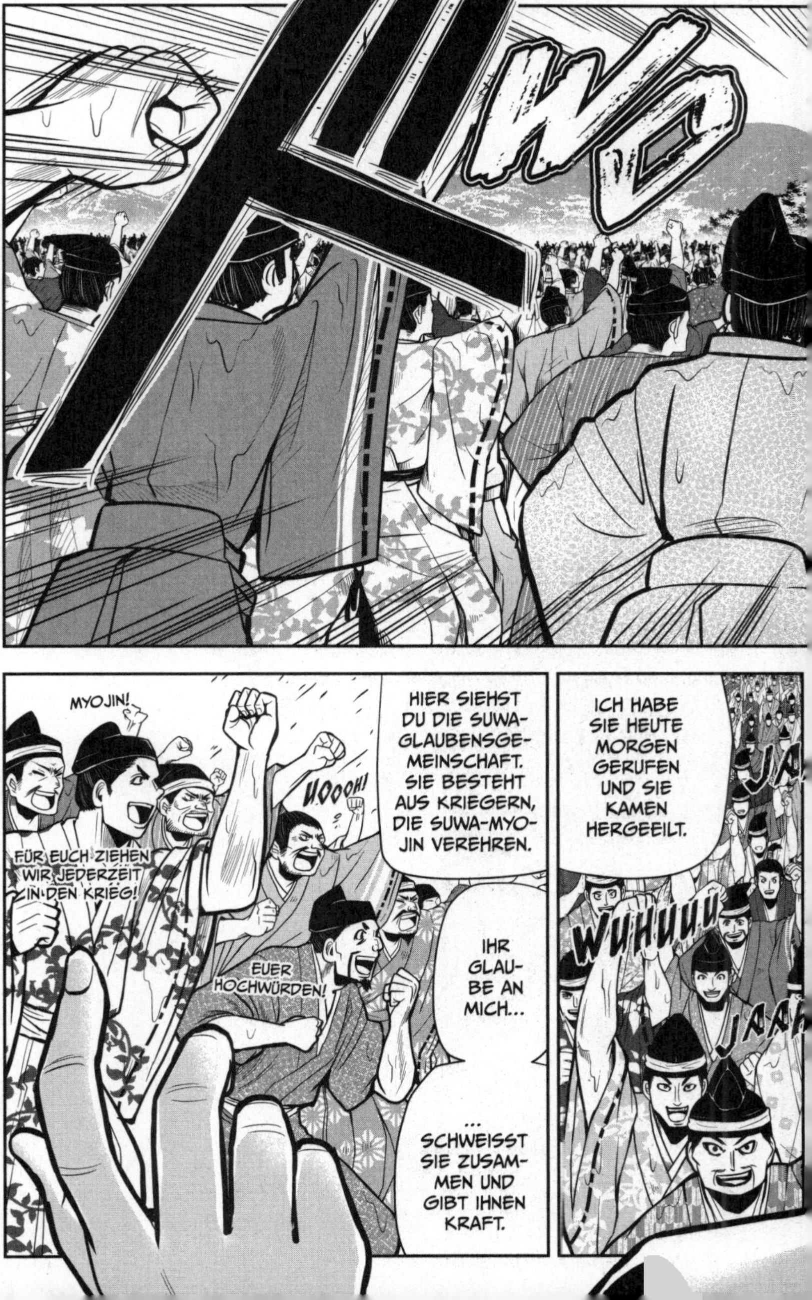
WO
ICH HABE SIE HEUTE MORGEN GERUFEN UND SIE KAMEN HERGEEILT.
WUHUUU
HIER SIEHST DU DIE SUWA-GLAUBENSGEMEINSCHAFT. SIE BESTEHT AUS KRIEGERN, DIE SUWA-MYOJIN VEREHREN.
MYOJIN!
UOOOH!
FÜR EUCH ZIEHEN WIR JEDERZEIT IN DEN KRIEG!
EUER HOCHWÜRDEN!
IHR GLAUBE AN MICH...
... SCHWEISST SIE ZUSAMMEN UND GIBT IHNEN KRAFT.

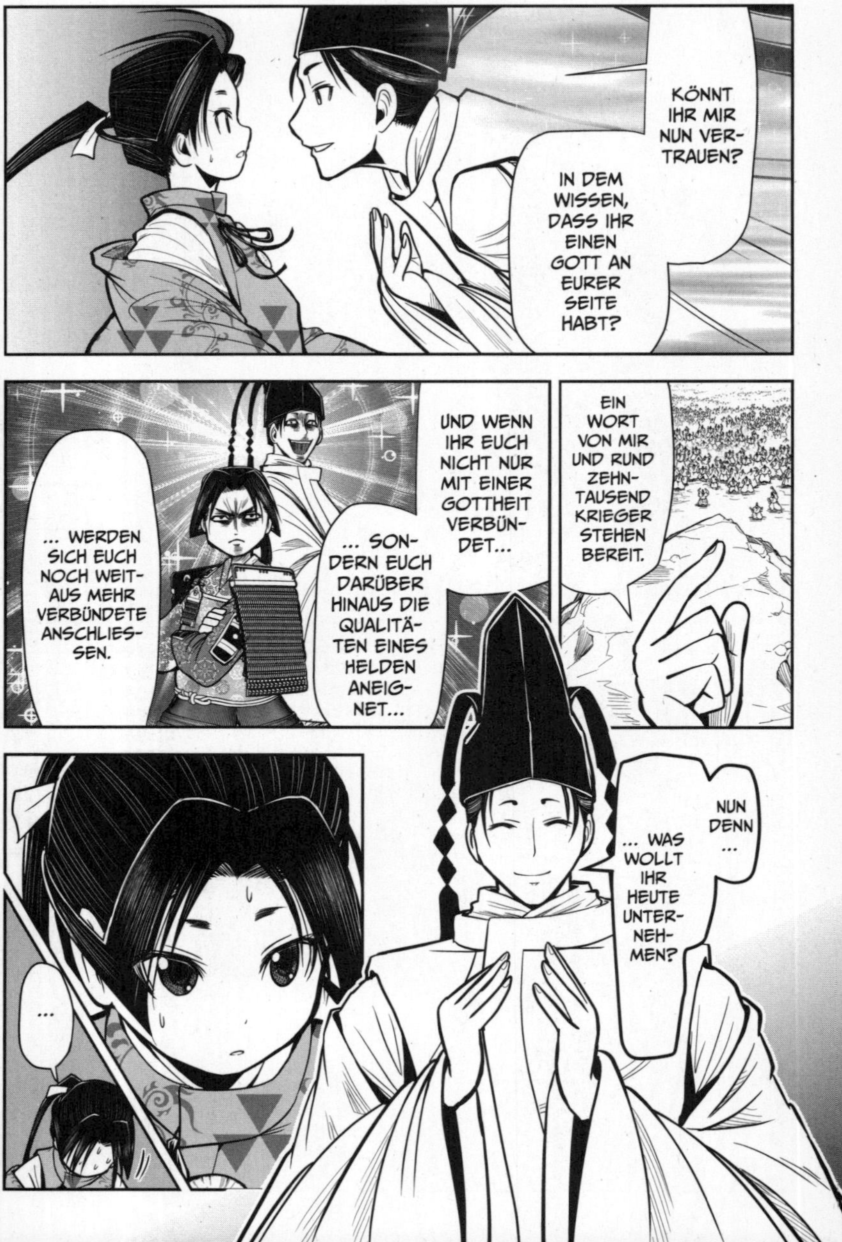
KÖNNT IHR MIR NUN VERTRAUEN?
IN DEM WISSEN, DASS IHR EINEN GOTT AN EURER SEITE HABT?
EIN WORT VON MIR UND RUND ZEHNTAUSEND KRIEGER STEHEN BEREIT.
UND WENN IHR EUCH NICHT NUR MIT EINER GOTTHEIT VERBÜNDET...
... SONDERN EUCH DARÜBER HINAUS DIE QUALITÄTEN EINES HELDEN ANEIGNET...
... WERDEN SICH EUCH NOCH WEITAUS MEHR VERBÜNDETE ANSCHLIESSEN.
NUN DENN ...
... WAS WOLLT IHR HEUTE UNTERNEHMEN?
...

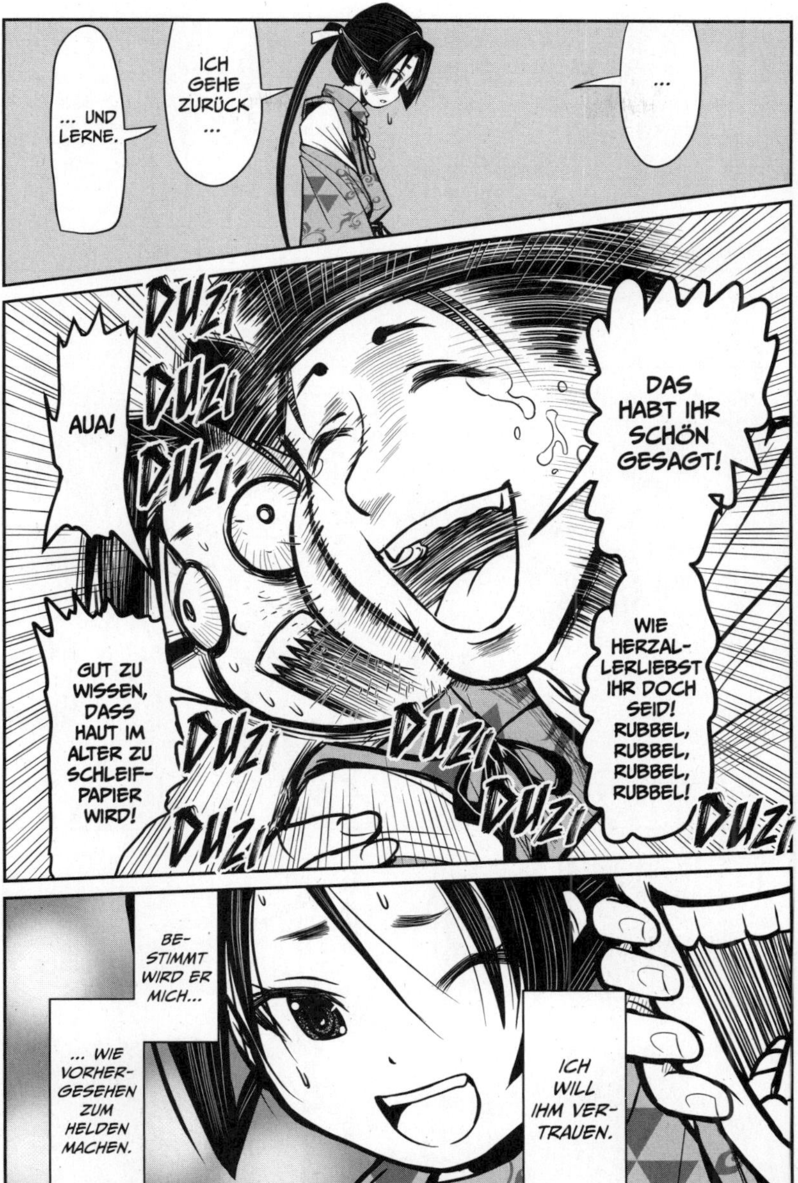
...
ICH GEHE ZURÜCK ...
... UND LERNE.
DUZI DUZI DUZI
DAS HABT IHR SCHÖN GESAGT!
AUA!
WIE HERZALLERLIEBST IHR DOCH SEID! RUBBEL, RUBBEL, RUBBEL, RUBBEL!
GUT ZU WISSEN, DASS HAUT IM ALTER ZU SCHLEIFPAPIER WIRD!
DUZI DUZI DUZI DUZI DUZI
ICH WILL IHM VERTRAUEN.
BESTIMMT WIRD ER MICH...
... WIE VORHERGESEHEN ZUM HELDEN MACHEN.

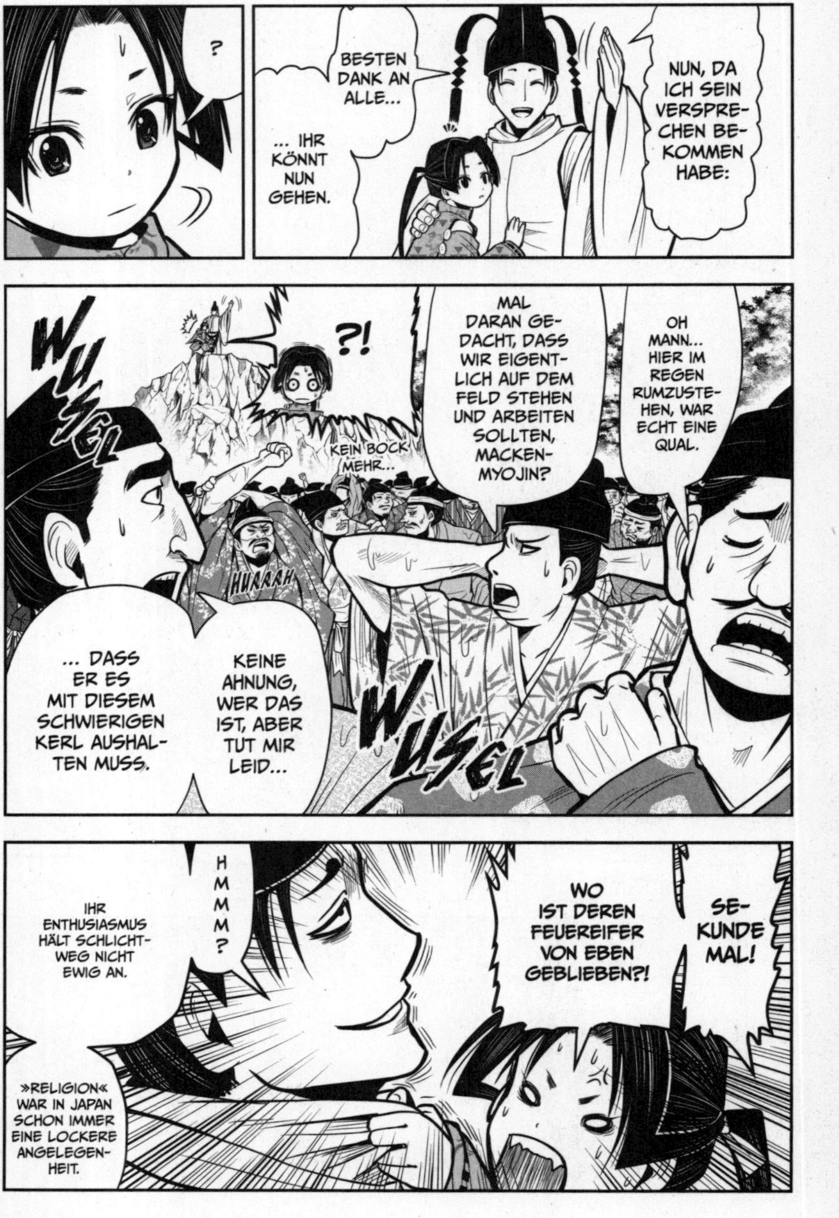
NUN, DA ICH SEIN VERSPRECHEN BEKOMMEN HABE:
BESTEN DANK AN ALLE...
... IHR KÖNNT NUN GEHEN.
?
OH MANN... HIER IM REGEN RUMZUSTEHEN, WAR ECHT EINE QUAL.
MAL DARAN GEDACHT, DASS WIR EIGENTLICH AUF DEM FELD STEHEN UND ARBEITEN SOLLTEN, MACKENMYOJIN?
?!
KEIN BOCK MEHR...
WUSEL
HURRAH
KEINE AHNUNG, WER DAS IST, ABER TUT MIR LEID...
... DASS ER ES MIT DIESEM SCHWIERIGEN KERL AUSHALTEN MUSS.
WUSEL
SEKUNDE MAL!
WO IST DEREN FEUEREIFER VON EBEN GEBLIEBEN?!
HMMMM?
IHR ENTHUSIASMUS HÄLT SCHLICHTWEG NICHT EWIG AN.
»RELIGION« WAR IN JAPAN SCHON IMMER EINE LOCKERE ANGELEGENHEIT.

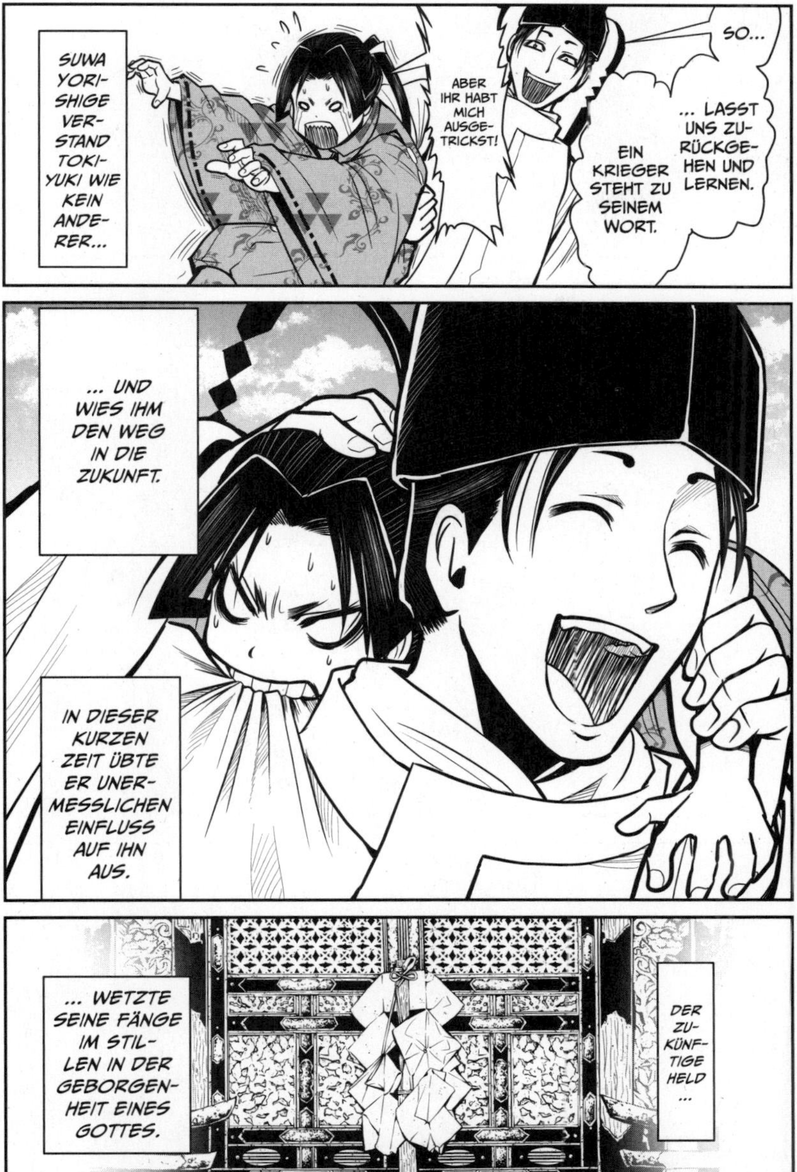
SO...
... LASST UNS ZURÜCKGEHEN UND LERNEN.
EIN KRIEGER STEHT ZU SEINEM WORT.
ABER IHR HABT MICH AUSGETRICKST!
SUWA YORISHIGE VERSTAND TOKIYUKI WIE KEIN ANDERER...
... UND WIES IHM DEN WEG IN DIE ZUKUNFT.
IN DIESER KURZEN ZEIT ÜBTE ER UNERMESSLICHEN EINFLUSS AUF IHN AUS.
DER ZUKÜNFTIGE HELD ...
... WETZTE SEINE FÄNGE IM STILLEN IN DER GEBORGENHEIT EINES GOTTES.

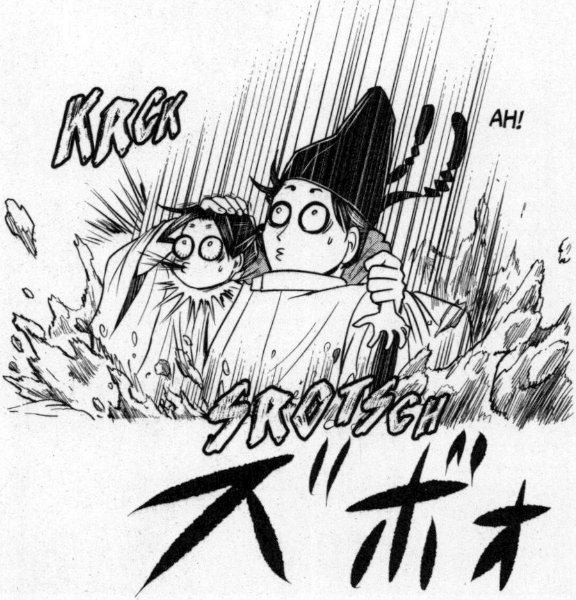
AH!
KRCK
SROTSCH
ズボオ

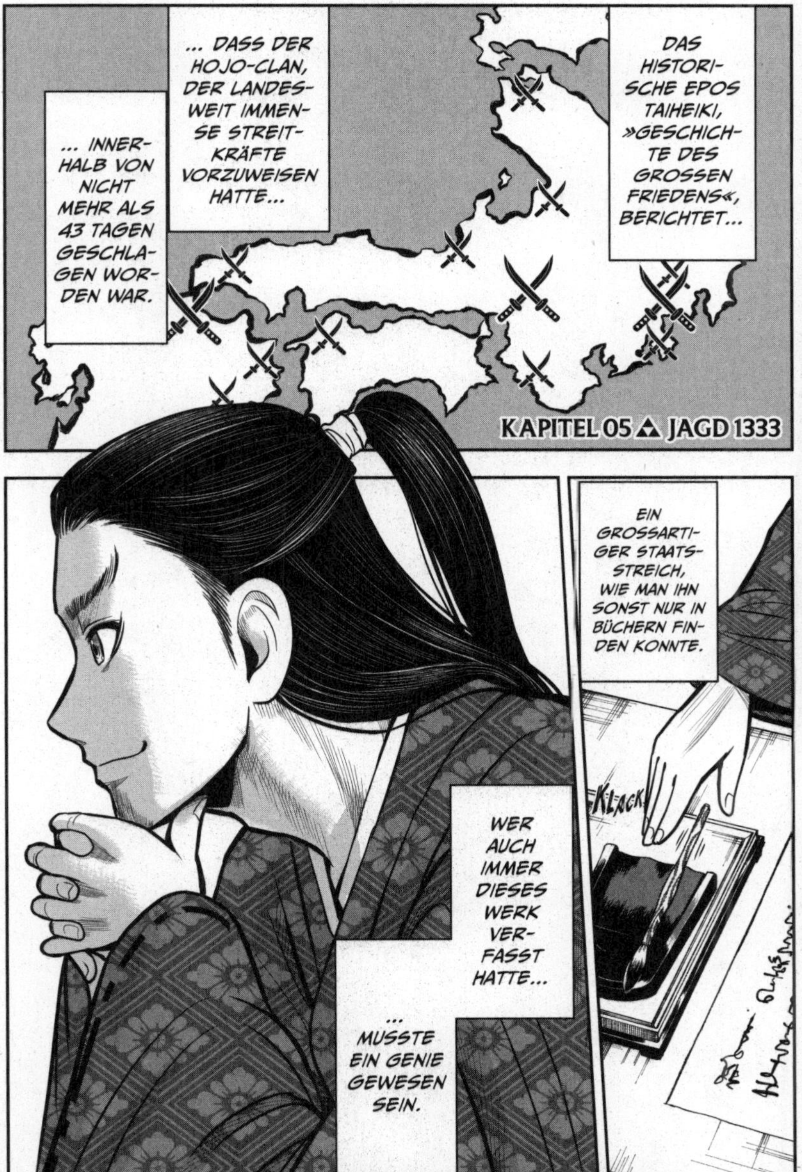

DAS HISTORISCHE EPOS TAIHEIKI, »GESCHICHTE DES GROSSEN FRIEDENS«, BERICHTET...
... DASS DER HOJO-CLAN, DER LANDESWEIT IMMENSE STREITKRÄFTE VORZUWEISEN HATTE...
... INNERHALB VON NICHT MEHR ALS 43 TAGEN GESCHLAGEN WORDEN WAR.
KAPITEL 05 JAGD 1333
EIN GROSSARTIGER STAATSSTREICH, WIE MAN IHN SONST NUR IN BÜCHERN FINDEN KONNTE.
KLACK
WER AUCH IMMER DIESES WERK VERFASST HATTE...
... MUSSTE EIN GENIE GEWESEN SEIN.

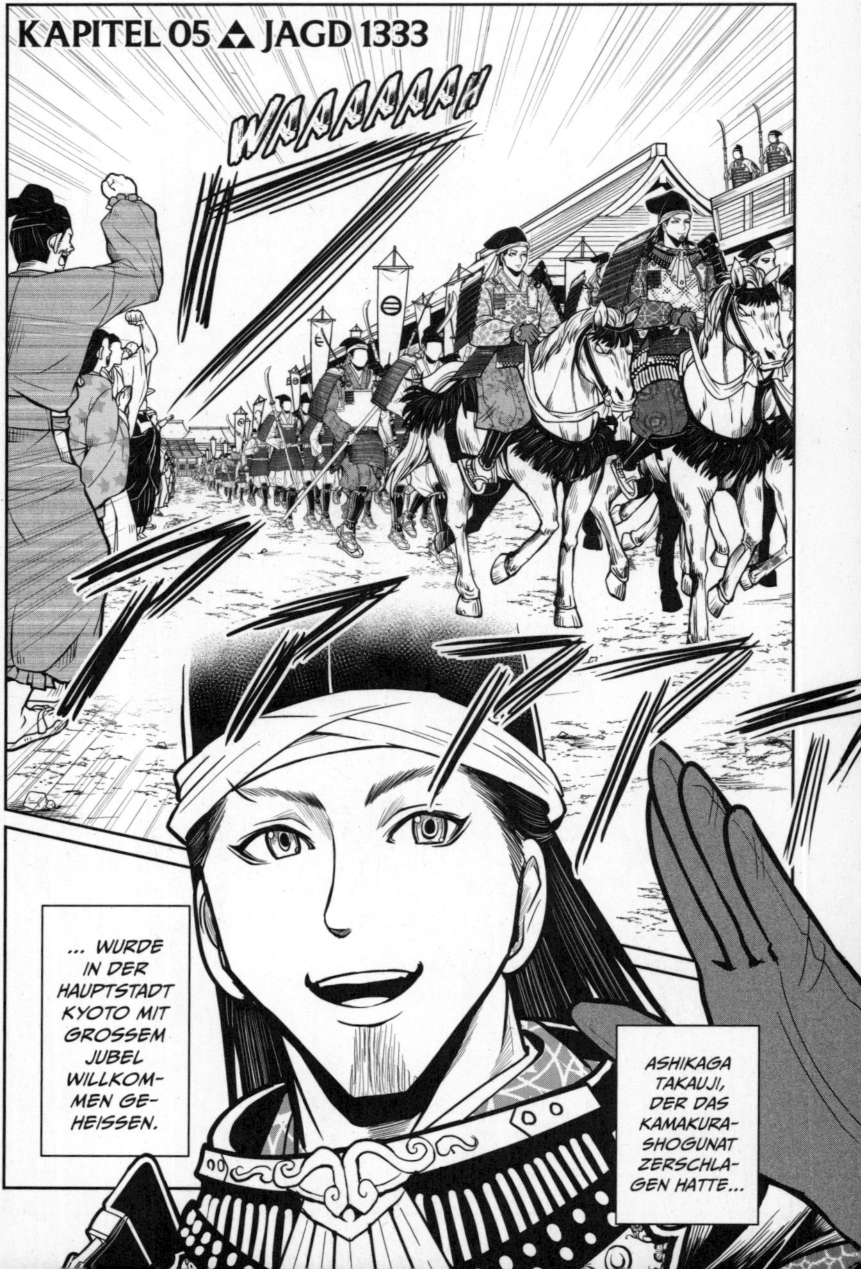
KAPITEL 05 ▲ JAGD 1333
WAAAAAAAH
ASHIKAGA TAKAUJI, DER DAS KAMAKURA-SHOGUNAT ZERSCHLAGEN HATTE...
... WURDE IN DER HAUPTSTADT KYOTO MIT GROSSEM JUBEL WILLKOMMEN GEHEISSEN.

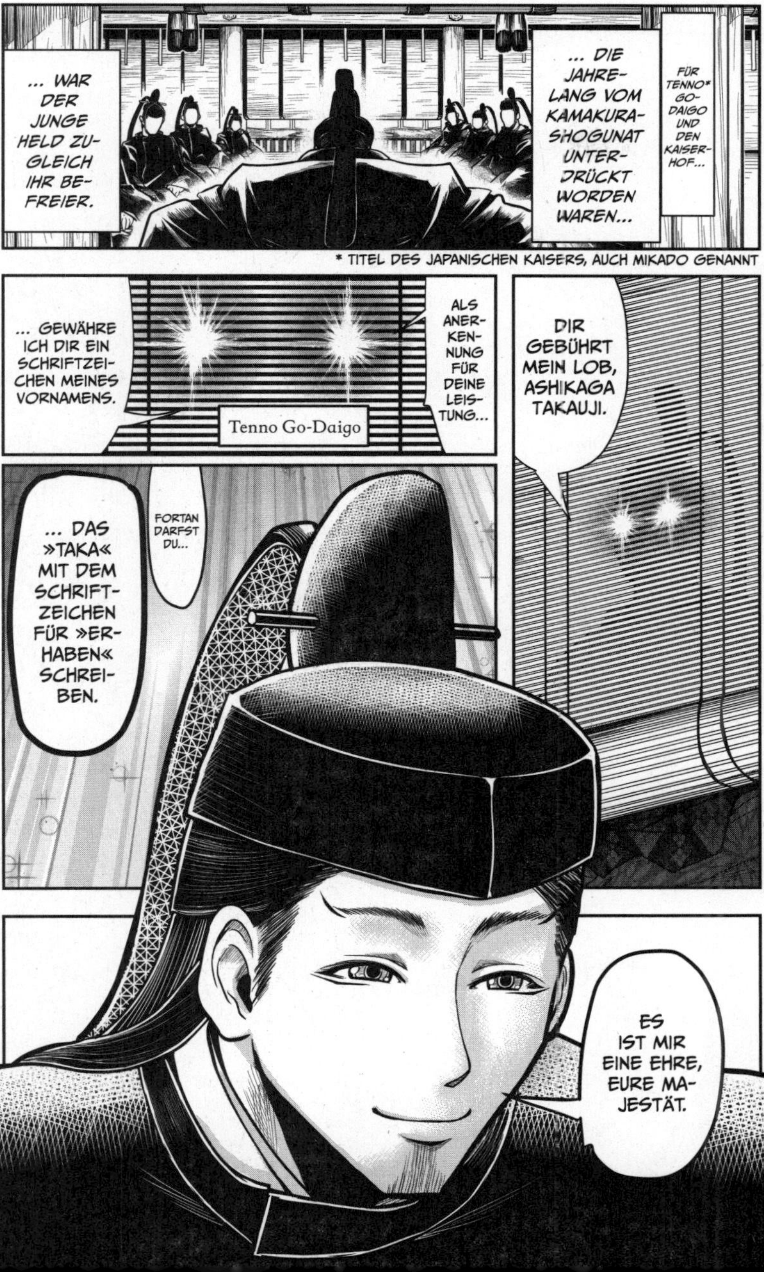
FÜR TENNO* GO-DAIGO UND DEN KAISERHOF...
... DIE JAHRELANG VOM KAMAKURA-SHOGUNAT UNTERDRÜCKT WORDEN WAREN...
... WAR DER JUNGE HELD ZUGLEICH IHR BEFREIER.
* TITEL DES JAPANISCHEN KAISERS, AUCH MIKADO GENANNT
DIR GEBÜHRT MEIN LOB, ASHIKAGA TAKAUJI.
ALS ANERKENNUNG FÜR DEINE LEISTUNG...
... GEWÄHRE ICH DIR EIN SCHRIFTZEICHEN MEINES VORNAMENS.
Tenno Go-Daigo
FORTAN DARFST DU...
... DAS »TAKA« MIT DEM SCHRIFTZEICHEN FÜR »ERHABEN« SCHREIBEN.
ES IST MIR EINE EHRE, EURE MAJESTÄT.

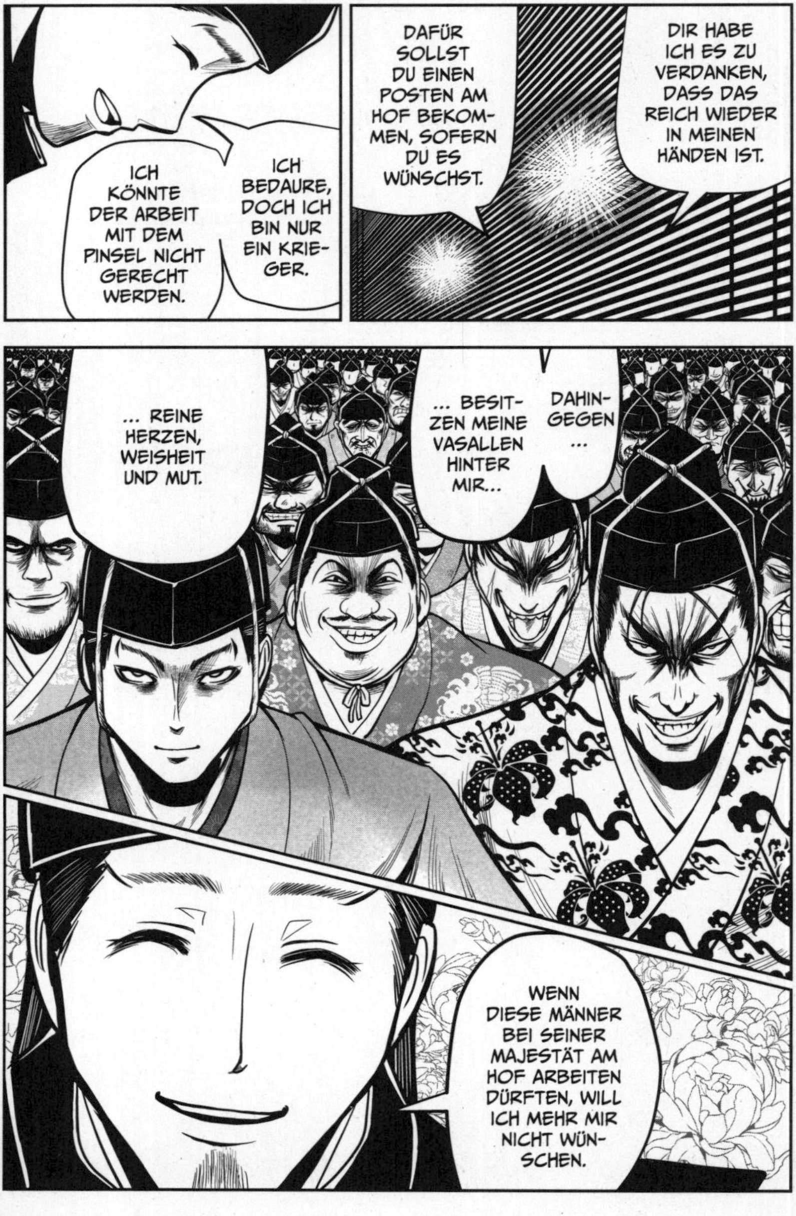
DIR HABE ICH ES ZU VERDANKEN, DASS DAS REICH WIEDER IN MEINEN HÄNDEN IST.
DAFÜR SOLLST DU EINEN POSTEN AM HOF BEKOMMEN, SOFERN DU ES WÜNSCHST.
ICH BEDAURE, DOCH ICH BIN NUR EIN KRIEGER.
ICH KÖNNTE DER ARBEIT MIT DEM PINSEL NICHT GERECHT WERDEN.
DAHINGEGEN ...
... BESITZEN MEINE VASALLEN HINTER MIR...
... REINE HERZEN, WEISHEIT UND MUT.
WENN DIESE MÄNNER BEI SEINER MAJESTÄT AM HOF ARBEITEN DÜRFTEN, WILL ICH MEHR MIR NICHT WÜNSCHEN.

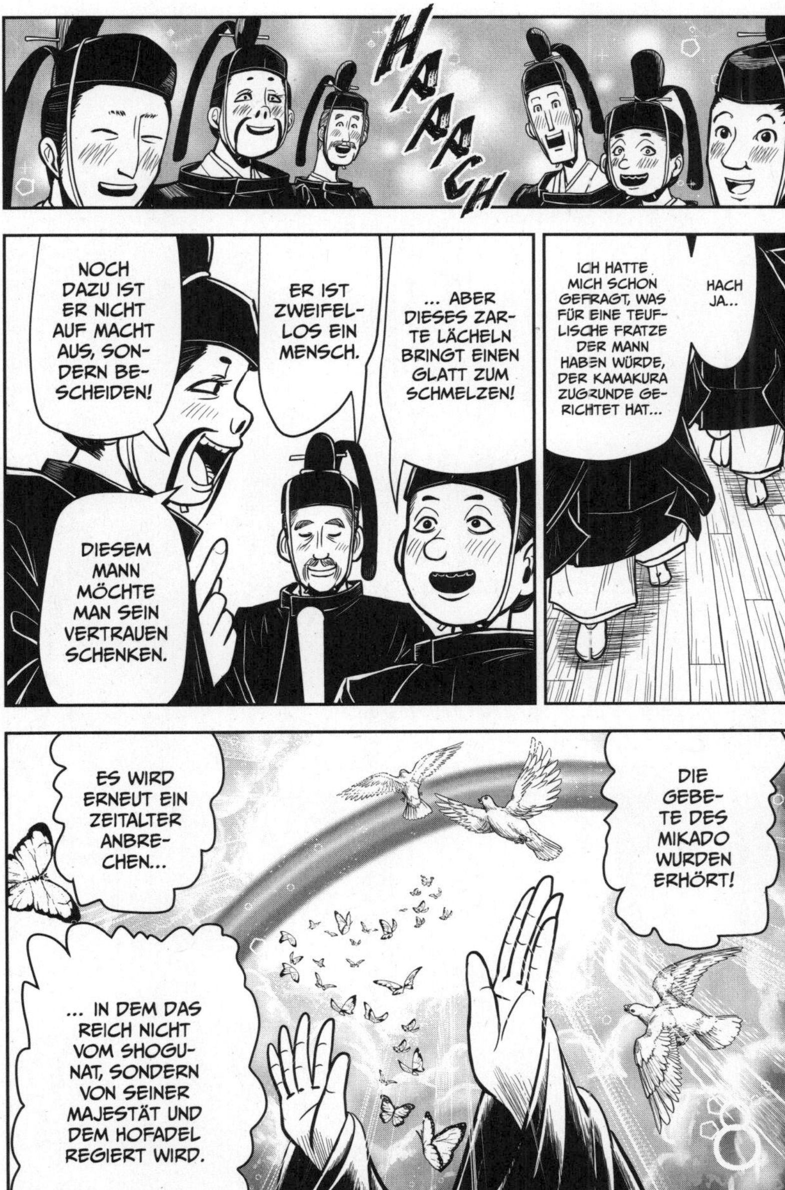
HAAACH
HACH JA…
ICH HATTE MICH SCHON GEFRAGT, WAS FÜR EINE TEUFLISCHE FRATZE DER MANN HABEN WÜRDE, DER KAMAKURA ZUGRUNDE GERICHTET HAT…
… ABER DIESES ZARTE LÄCHELN BRINGT EINEN GLATT ZUM SCHMELZEN!
ER IST ZWEIFELLOS EIN MENSCH.
NOCH DAZU IST ER NICHT AUF MACHT AUS, SONDERN BESCHEIDEN!
DIESEM MANN MÖCHTE MAN SEIN VERTRAUEN SCHENKEN.
DIE GEBETE DES MIKADO WURDEN ERHÖRT!
ES WIRD ERNEUT EIN ZEITALTER ANBRECHEN…
… IN DEM DAS REICH NICHT VOM SHOGUNAT, SONDERN VON SEINER MAJESTÄT UND DEM HOFADEL REGIERT WIRD.

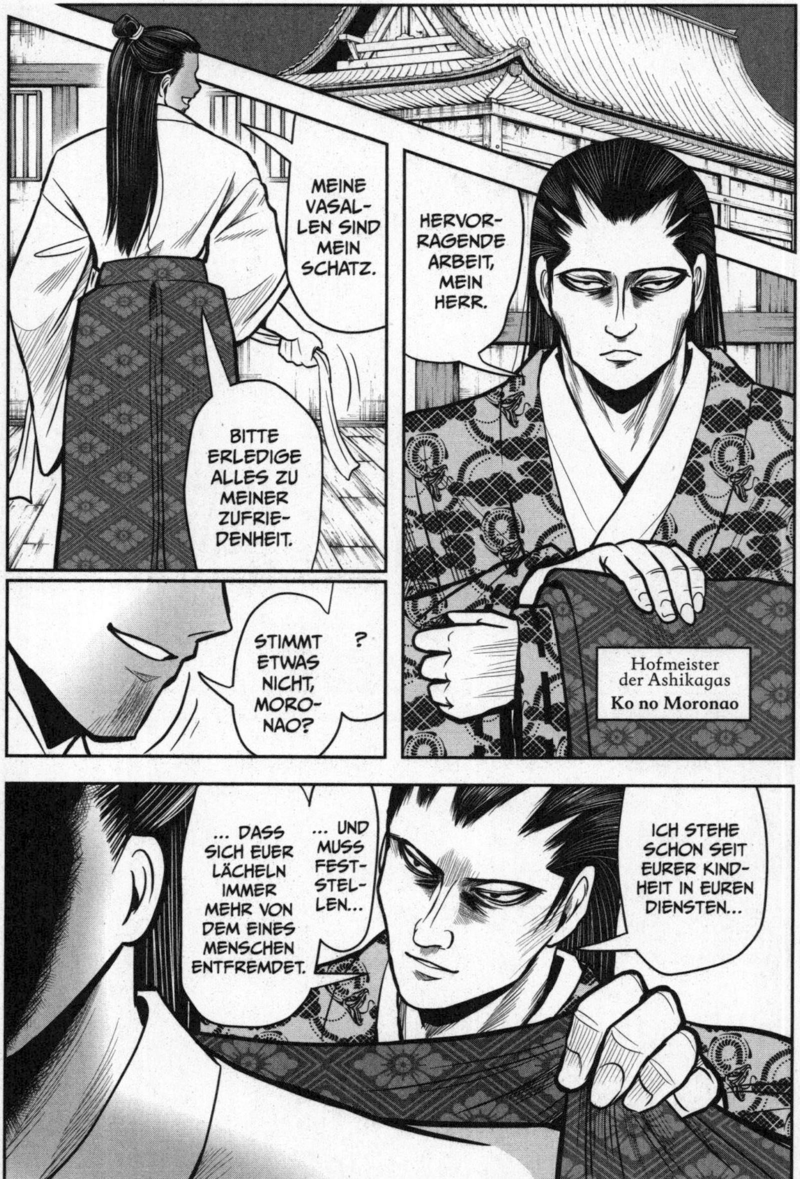
HERVORRAGENDE ARBEIT, MEIN HERR.
MEINE VASALLEN SIND MEIN SCHATZ.
BITTE ERLEDIGE ALLES ZU MEINER ZUFRIEDENHEIT.
Hofmeister der Ashikagas
Ko no Moronao
?
STIMMT ETWAS NICHT, MORONAO?
ICH STEHE SCHON SEIT EURER KINDHEIT IN EUREN DIENSTEN...
... UND MUSS FESTSTELLEN...
... DASS SICH EUER LÄCHELN IMMER MEHR VON DEM EINES MENSCHEN ENTFREMDET.

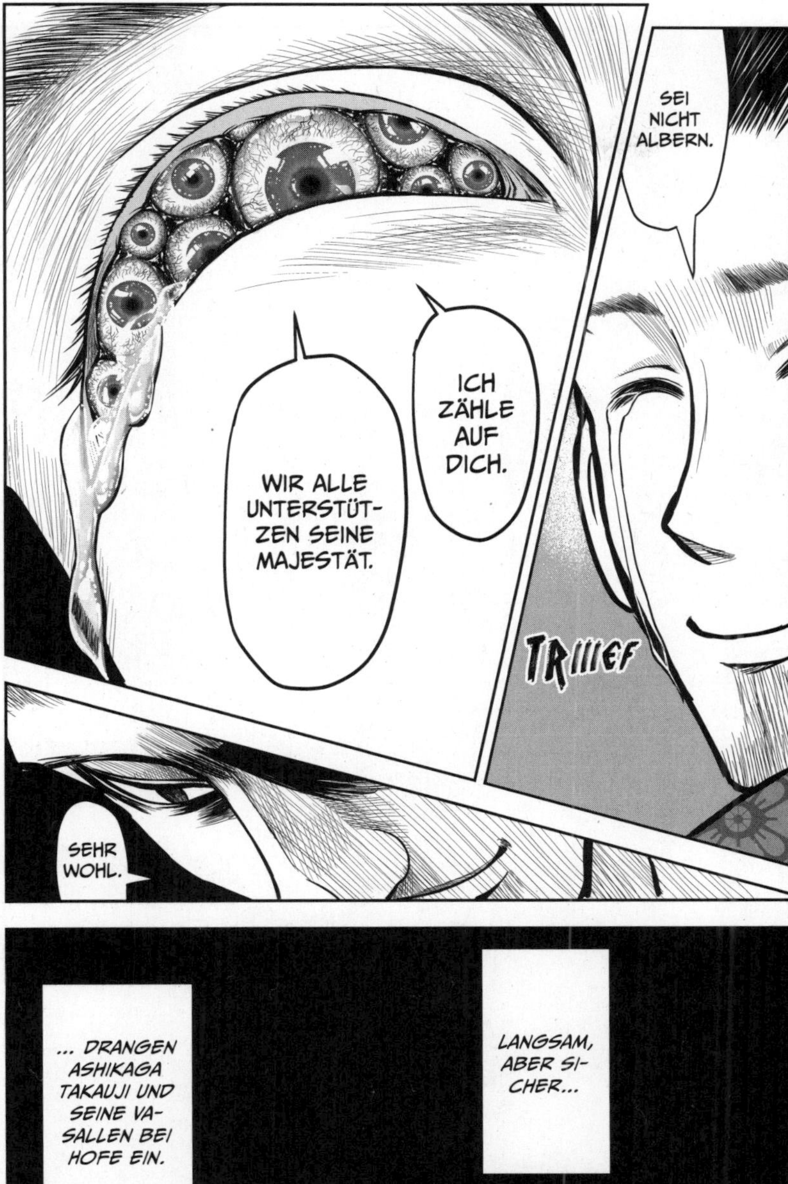
SEI NICHT ALBERN.
ICH ZÄHLE AUF DICH.
WIR ALLE UNTERSTÜTZEN SEINE MAJESTÄT.
TRIIIEF
SEHR WOHL.
LANGSAM, ABER SICHER...
... DRANGEN ASHIKAGA TAKAUJI UND SEINE VASALLEN BEI HOFE EIN.

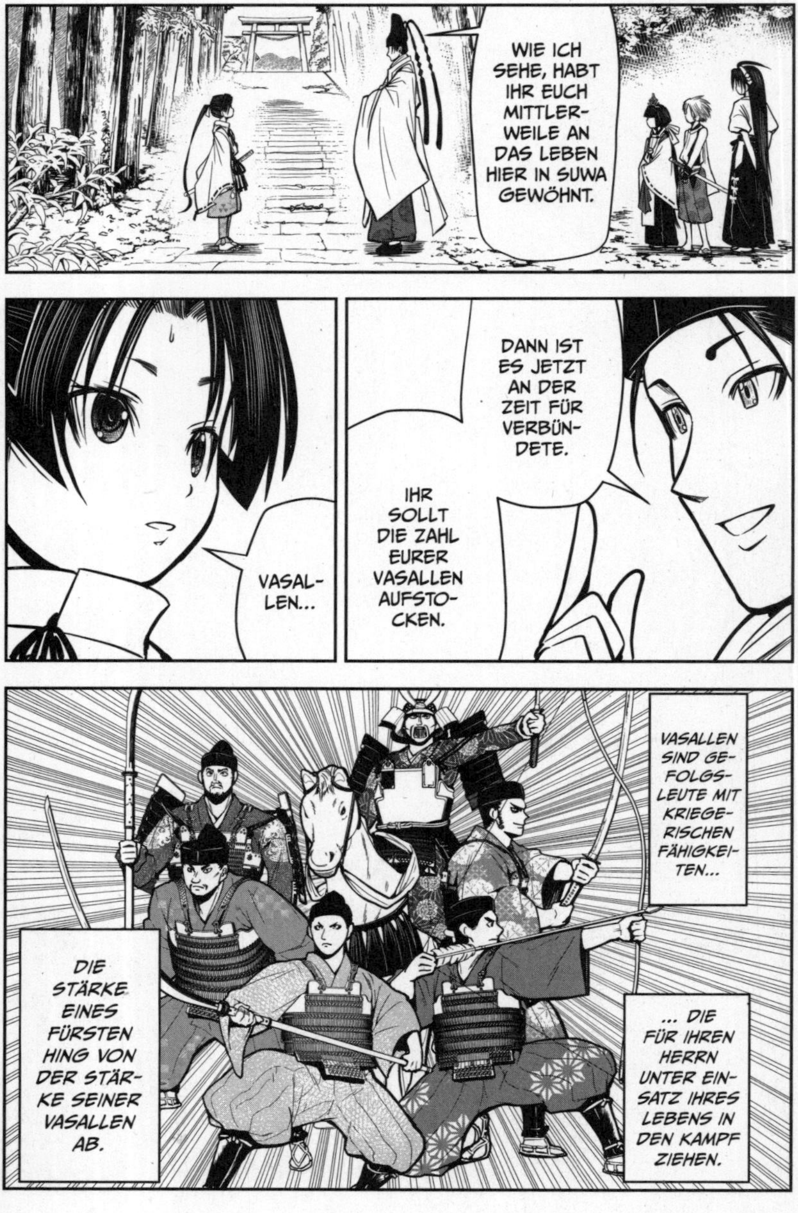
WIE ICH SEHE, HABT IHR EUCH MITTLERWEILE AN DAS LEBEN HIER IN SUWA GEWÖHNT.
DANN IST ES JETZT AN DER ZEIT FÜR VERBÜNDETE.
IHR SOLLT DIE ZAHL EURER VASALLEN AUFSTOCKEN.
VASALLEN...
VASALLEN SIND GEFOLGSLEUTE MIT KRIEGERISCHEN FÄHIGKEITEN...
... DIE FÜR IHREN HERRN UNTER EINSATZ IHRES LEBENS IN DEN KAMPF ZIEHEN.
DIE STÄRKE EINES FÜRSTEN HING VON DER STÄRKE SEINER VASALLEN AB.

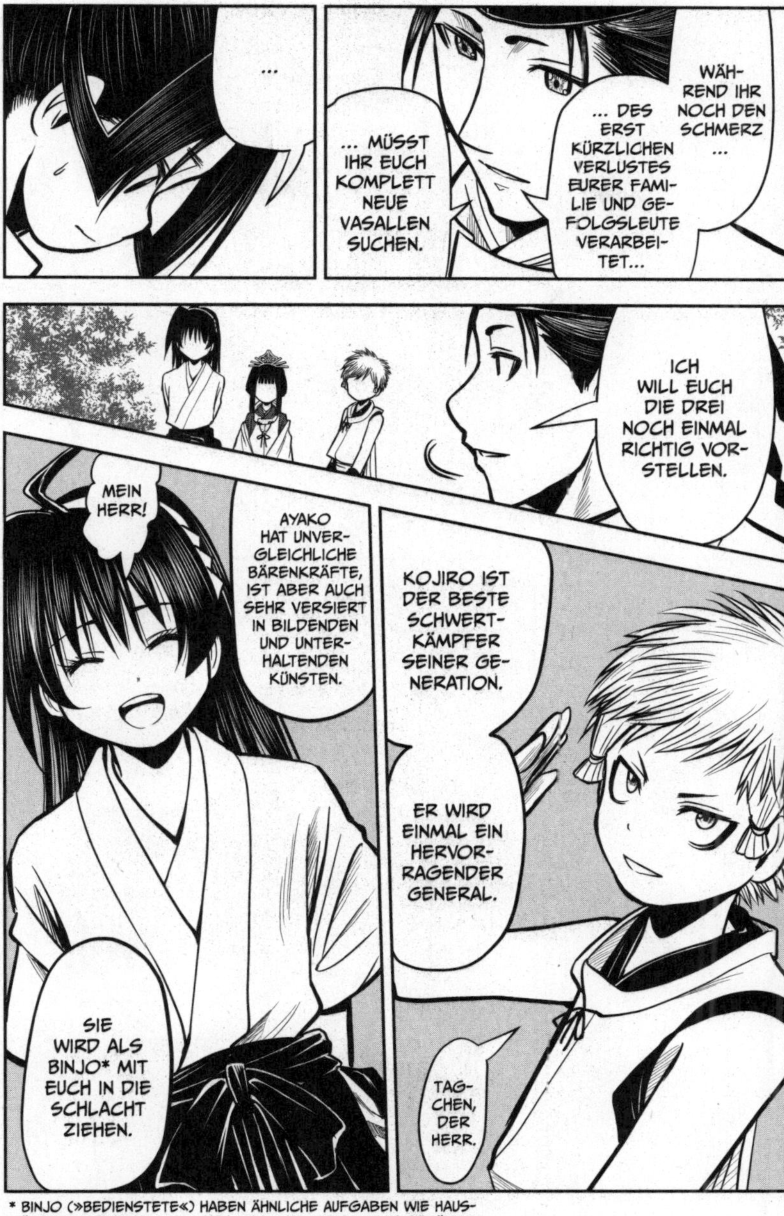

* BINJO (»BEDIENSTETE«) HABEN ÄHNLICHE AUFGABEN WIE HAUSMÄDCHEN UND HABEN IM MITTELALTER TEILWEISE AUCH GEKÄMPFT.

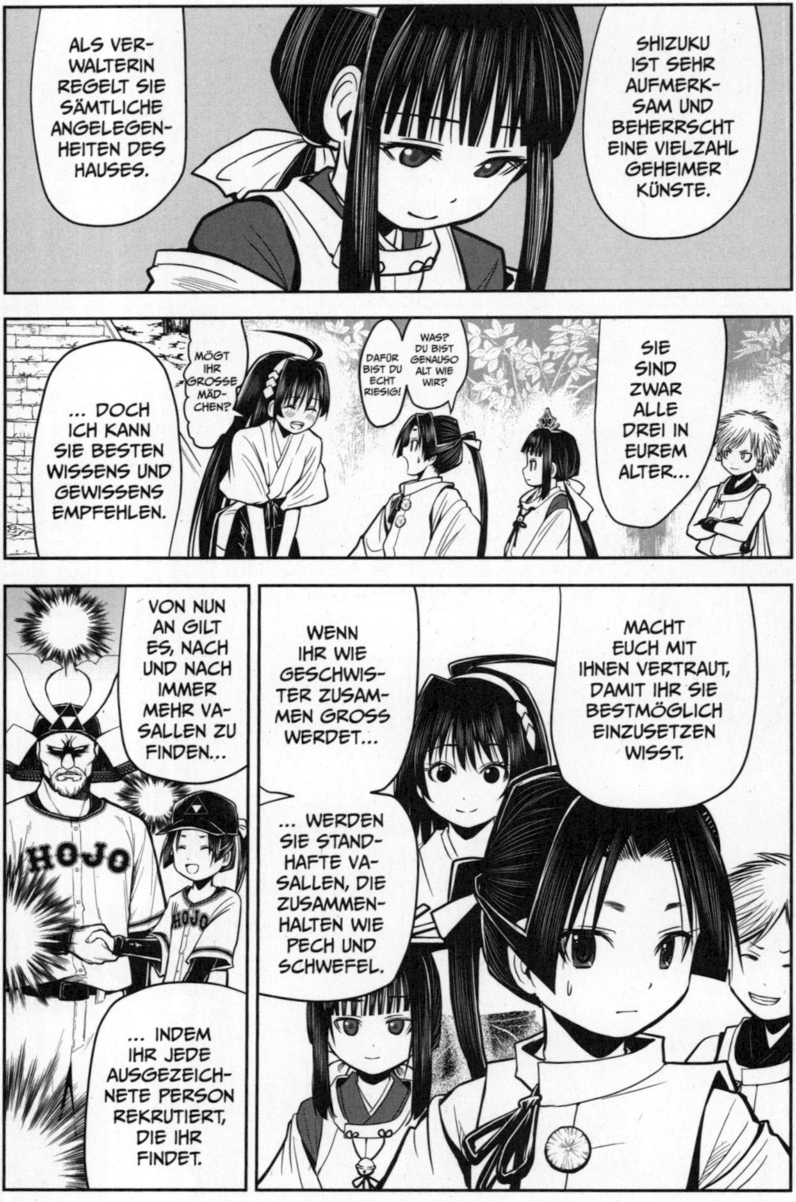
SHIZUKU IST SEHR AUFMERKSAM UND BEHERRSCHT EINE VIELZAHL GEHEIMER KÜNSTE.
ALS VERWALTERIN REGELT SIE SÄMTLICHE ANGELEGENHEITEN DES HAUSES.
SIE SIND ZWAR ALLE DREI IN EUREM ALTER...
WAS? DU BIST GENAUSO ALT WIE WIR?
DAFÜR BIST DU ECHT RIESIG!
MÖGT IHR GROSSE MÄDCHEN?
... DOCH ICH KANN SIE BESTEN WISSENS UND GEWISSENS EMPFEHLEN.
MACHT EUCH MIT IHNEN VERTRAUT, DAMIT IHR SIE BESTMÖGLICH EINZUSETZEN WISST.
WENN IHR WIE GESCHWISTER ZUSAMMEN GROSS WERDET...
... WERDEN SIE STANDHAFTE VASALLEN, DIE ZUSAMMENHALTEN WIE PECH UND SCHWEFEL.
VON NUN AN GILT ES, NACH UND NACH IMMER MEHR VASALLEN ZU FINDEN...
... INDEM IHR JEDE AUSGEZEICHNETE PERSON REKRUTIERT, DIE IHR FINDET.
HOJO
HOJO

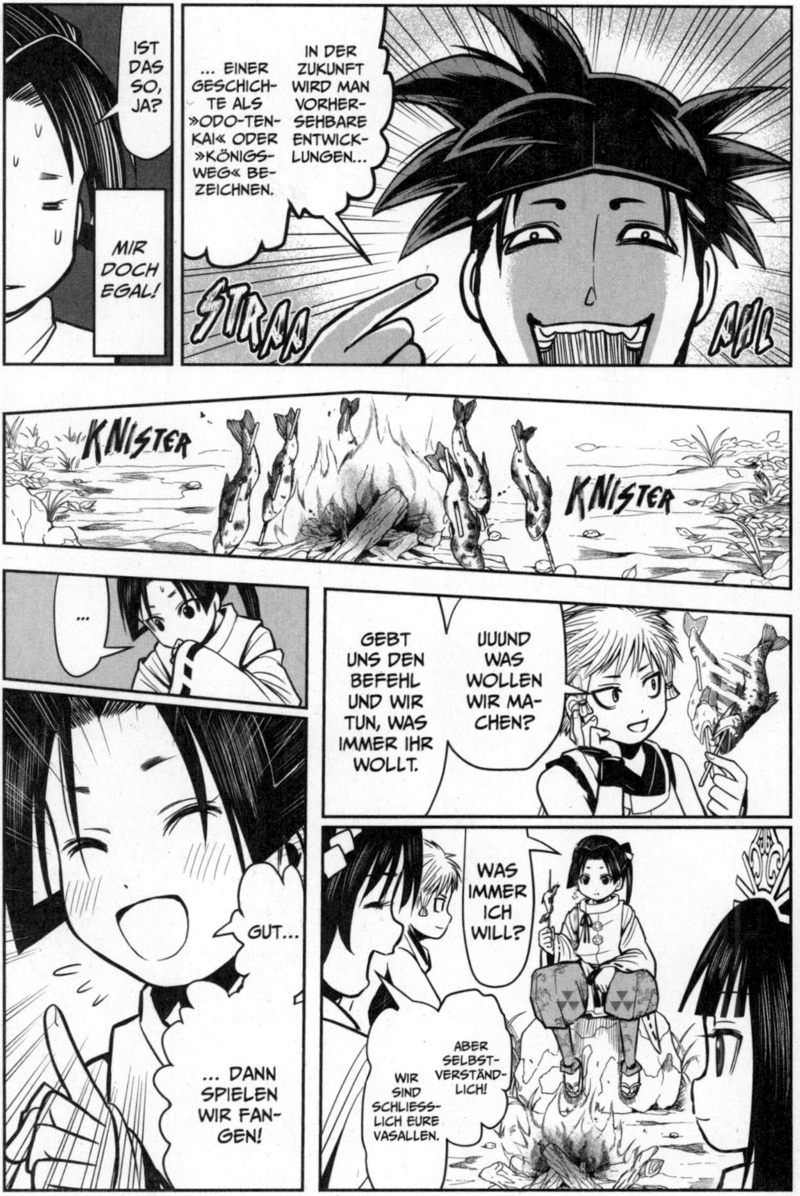

IN DER ZUKUNFT WIRD MAN VORHERSEHBARE ENTWICKLUNGEN...
... EINER GESCHICHTE ALS »ODO-TENKAI« ODER »KÖNIGSWEG« BEZEICHNEN.
IST DAS SO, JA?
MIR DOCH EGAL!
KNISTER
KNISTER
UUUND WAS WOLLEN WIR MACHEN?
GEBT UNS DEN BEFEHL UND WIR TUN, WAS IMMER IHR WOLLT.
...
WAS IMMER ICH WILL?
ABER SELBSTVERSTÄNDLICH!
WIR SIND SCHLIESSLICH EURE VASALLEN.
GUT...
... DANN SPIELEN WIR FANGEN!

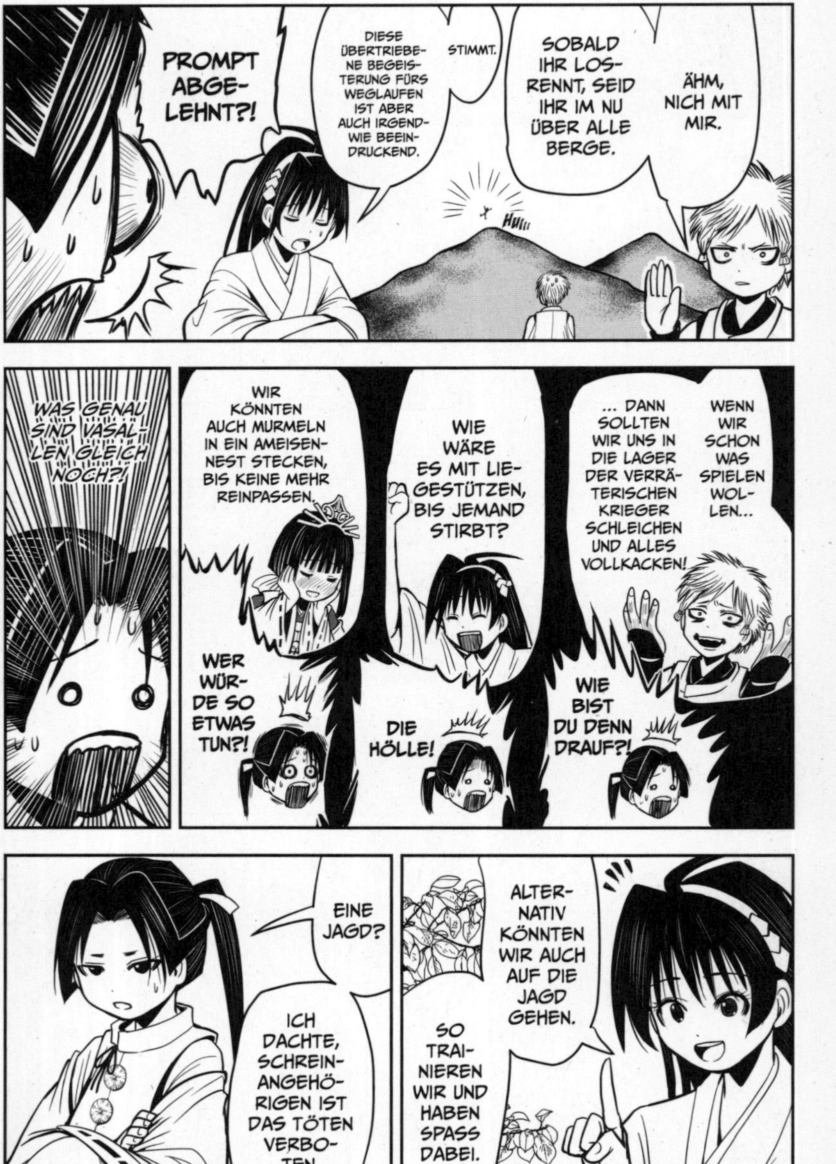
ÄHM, NICH MIT MIR.
SOBALD IHR LOSRENNT, SEID IHR IM NU ÜBER ALLE BERGE.
STIMMT.
DIESE ÜBERTRIEBENE BEGEISTERUNG FÜRS WEGLAUFEN IST ABER AUCH IRGENDWIE BEEINDRUCKEND.
PROMPT ABGELEHNT?!
WENN WIR SCHON WAS SPIELEN WOLLEN...
... DANN SOLLTEN WIR UNS IN DIE LAGER DER VERRÄTERISCHEN KRIEGER SCHLEICHEN UND ALLES VOLLKACKEN!
WIE BIST DU DENN DRAUF?!
WIE WÄRE ES MIT LIEGESTÜTZEN, BIS JEMAND STIRBT?
DIE HÖLLE!
WIR KÖNNTEN AUCH MURMELN IN EIN AMEISENNEST STECKEN, BIS KEINE MEHR REINPASSEN.
WER WÜRDE SO ETWAS TUN?!
WAS GENAU SIND VASALLEN GLEICH NOCH?!
ALTERNATIV KÖNNTEN WIR AUCH AUF DIE JAGD GEHEN.
SO TRAINIEREN WIR UND HABEN SPASS DABEI.
EINE JAGD?
ICH DACHTE, SCHREINANGEHÖRIGEN IST DAS TÖTEN VERBOTEN.

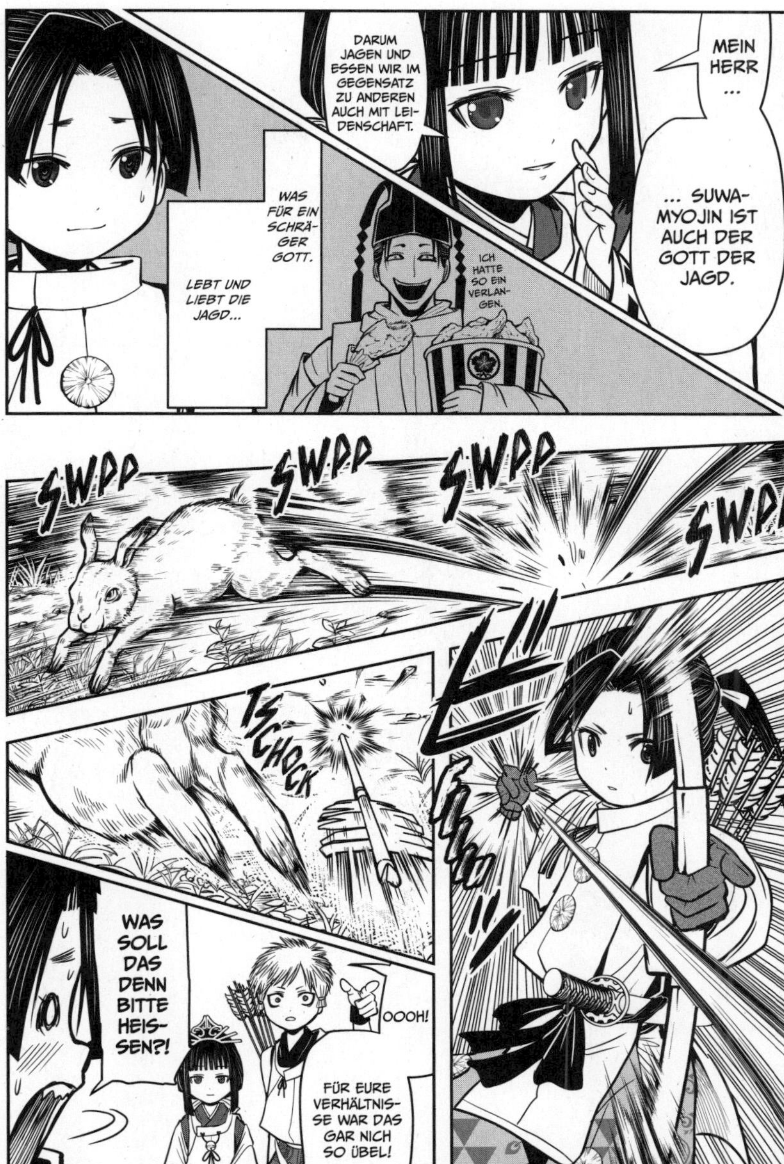
MEIN HERR …
… SUWA-MYOJIN IST AUCH DER GOTT DER JAGD.
DARUM JAGEN UND ESSEN WIR IM GEGENSATZ ZU ANDEREN AUCH MIT LEIDENSCHAFT.
ICH HATTE SO EIN VERLANGEN.
WAS FÜR EIN SCHRÄGER GOTT.
LEBT UND LIEBT DIE JAGD…
SWPP
SWPP
SWPP
SWPP
TSCHOCK
OOOH!
FÜR EURE VERHÄLTNISSE WAR DAS GAR NICH SO ÜBEL!
WAS SOLL DAS DENN BITTE HEISSEN?!

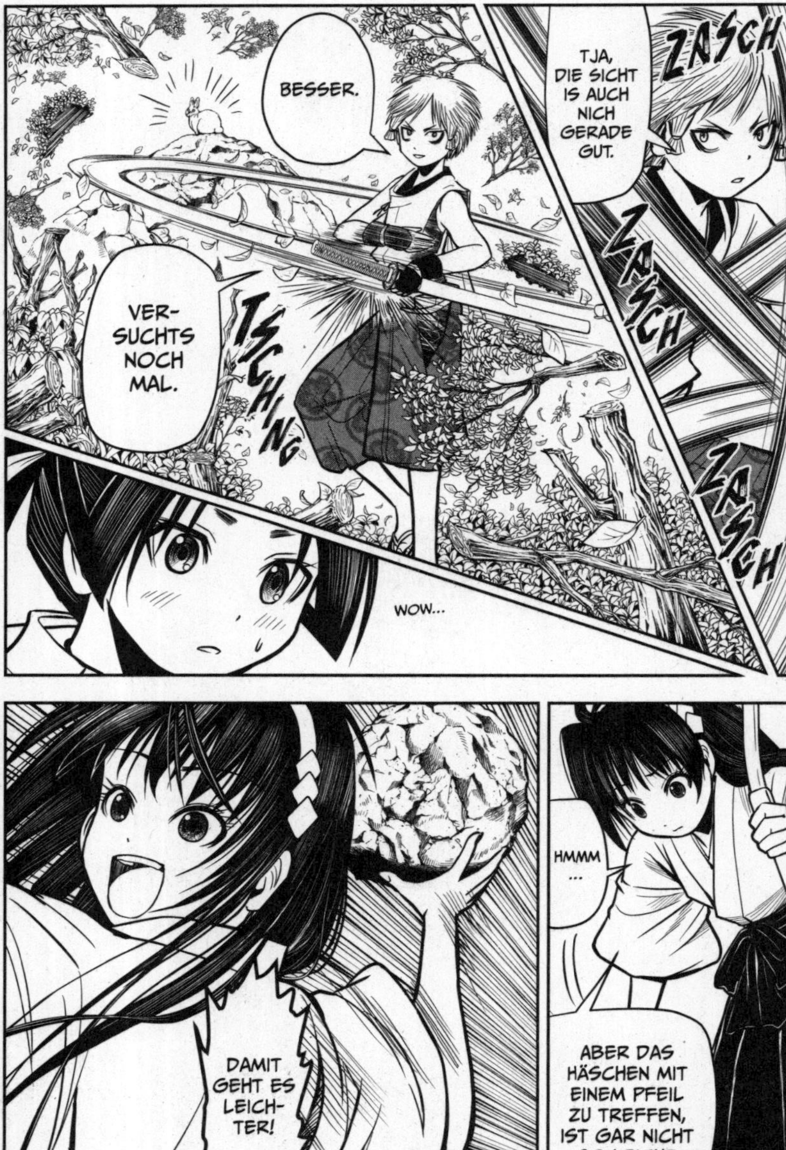

TJA, DIE SICHT IS AUCH NICH GERADE GUT.
ZASCH
ZASCH
ZASCH
ZASCH
BESSER.
VER-SUCHTS NOCH MAL.
TSCHING
WOW...
HMMM ...
ABER DAS HÄSCHEN MIT EINEM PFEIL ZU TREFFEN, IST GAR NICHT SO LEICHT.
DAMIT GEHT ES LEICH-TER!

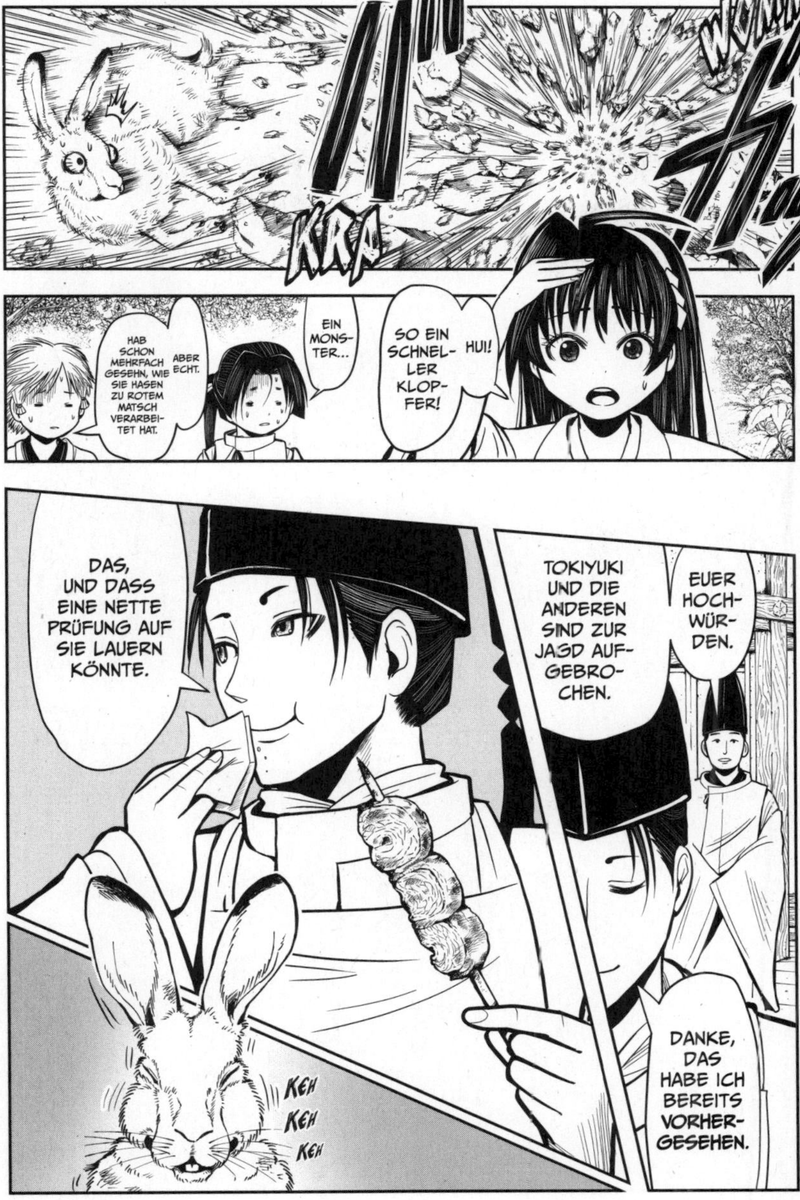
WOMM
KRA
HUI!
SO EIN SCHNELLER KLOPFER!
EIN MONSTER...
ABER ECHT.
HAB SCHON MEHRFACH GESEHN, WIE SIE HASEN ZU ROTEM MATSCH VERARBEITET HAT.
EUER HOCHWÜRDEN.
TOKIYUKI UND DIE ANDEREN SIND ZUR JAGD AUFGEBROCHEN.
DANKE, DAS HABE ICH BEREITS VORHERGESEHEN.
DAS, UND DASS EINE NETTE PRÜFUNG AUF SIE LAUERN KÖNNTE.
KEH KEH KEH

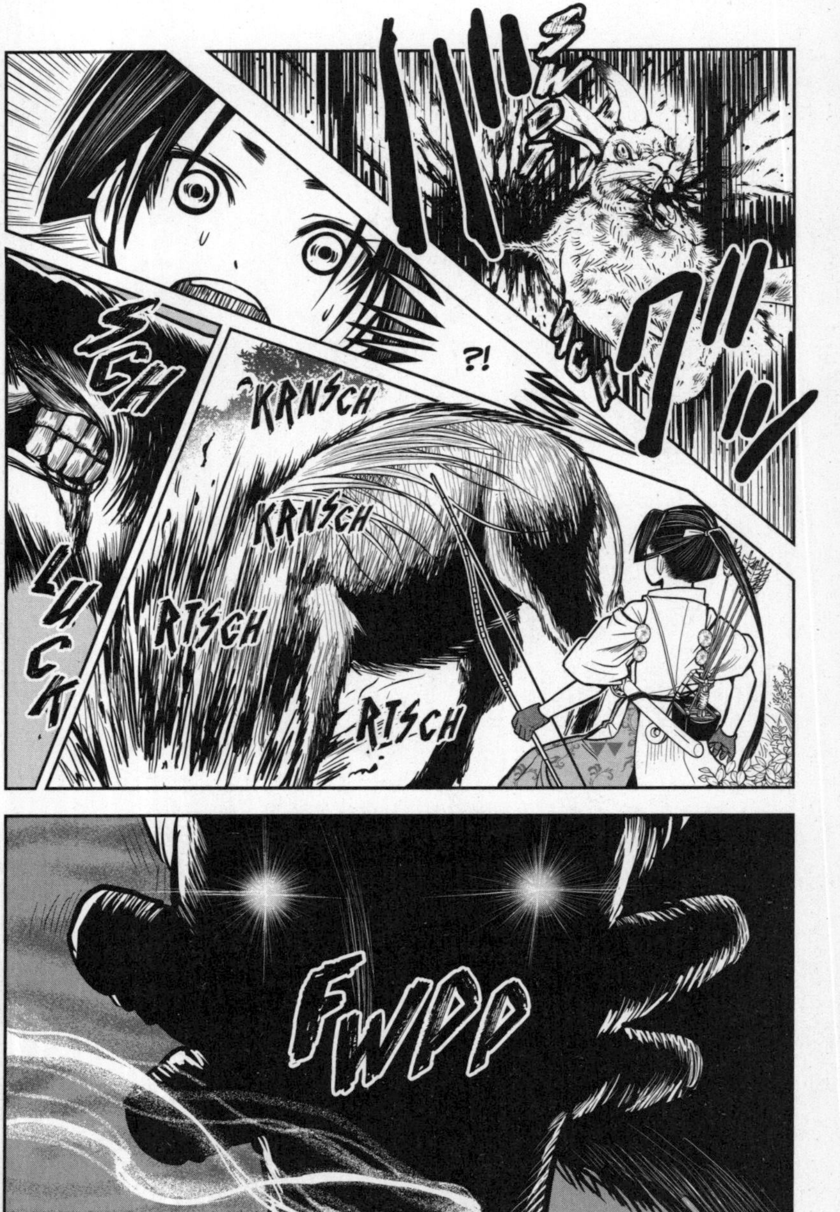
?!
KRNSCH
KRNSCH
RISCH
RISCH
SCH
LUCK
FWPP

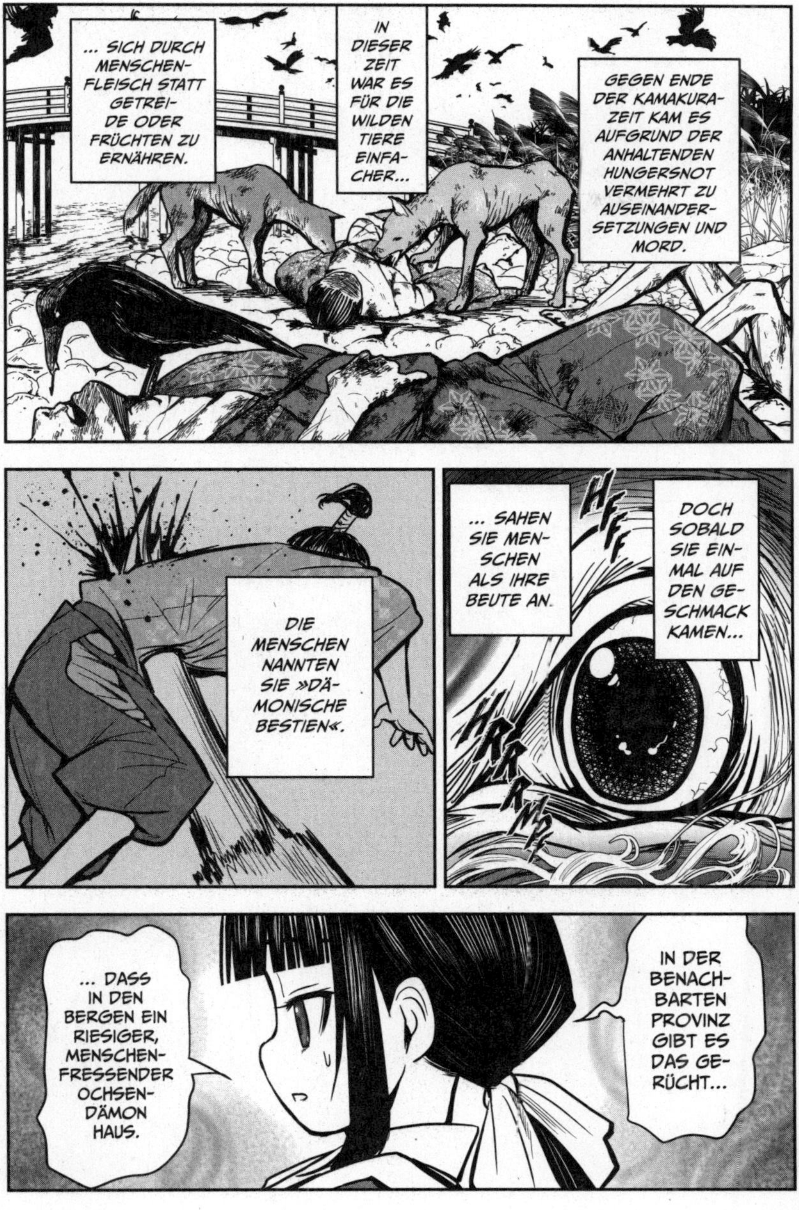
GEGEN ENDE DER KAMAKURAZEIT KAM ES AUFGRUND DER ANHALTENDEN HUNGERSNOT VERMEHRT ZU AUSEINANDERSETZUNGEN UND MORD.
IN DIESER ZEIT WAR ES FÜR DIE WILDEN TIERE EINFACHER...
... SICH DURCH MENSCHENFLEISCH STATT GETREIDE ODER FRÜCHTEN ZU ERNÄHREN.
DOCH SOBALD SIE EINMAL AUF DEN GESCHMACK KAMEN...
HFFF
... SAHEN SIE MENSCHEN ALS IHRE BEUTE AN.
DIE MENSCHEN NANNTEN SIE »DÄMONISCHE BESTIEN«.
IN DER BENACHBARTEN PROVINZ GIBT ES DAS GERÜCHT...
... DASS IN DEN BERGEN EIN RIESIGER, MENSCHENFRESSENDER OCHSENDÄMON HAUS.

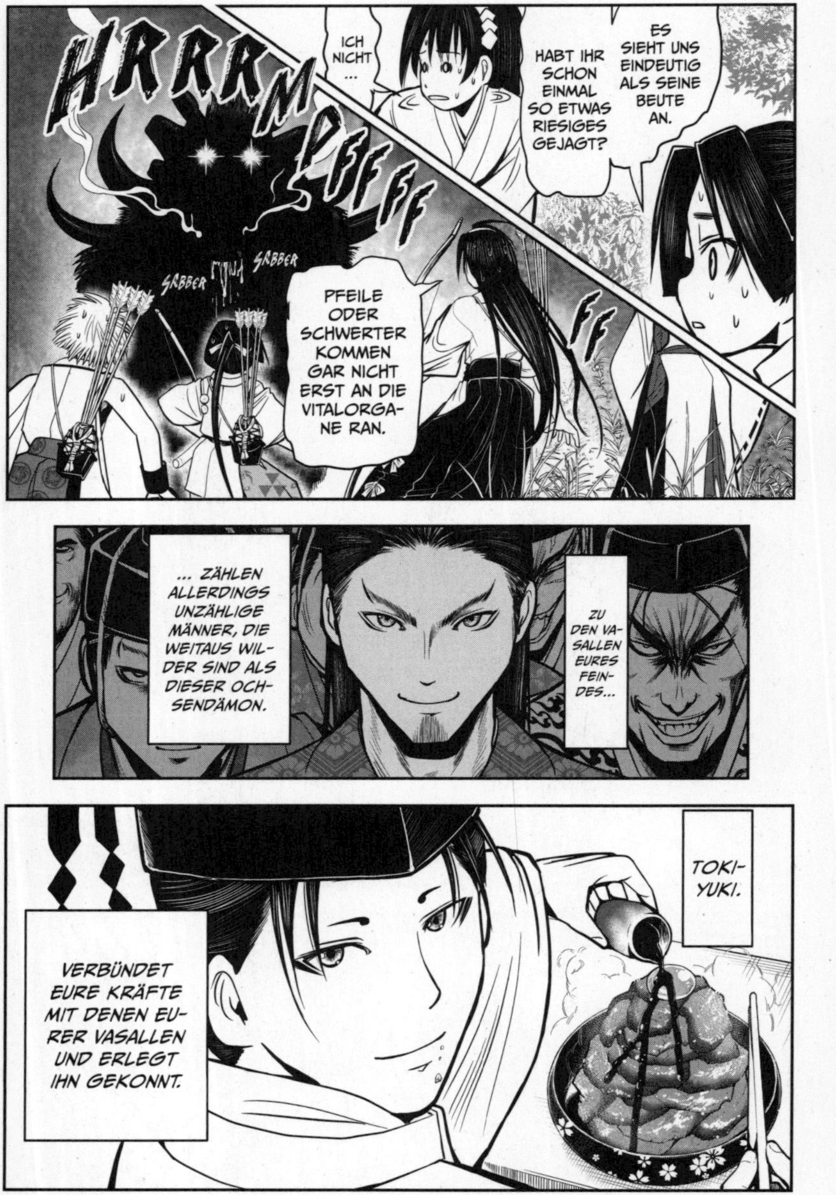
ES SIEHT UNS EINDEUTIG ALS SEINE BEUTE AN.
HABT IHR SCHON EINMAL SO ETWAS RIESIGES GEJAGT?
ICH NICHT ...
HRRRMPFFFFFFF
SRBBER SRBBER
PFEILE ODER SCHWERTER KOMMEN GAR NICHT ERST AN DIE VITALORGANE RAN.
ZU DEN VASALLEN EURES FEINDES...
... ZÄHLEN ALLERDINGS UNZÄHLIGE MÄNNER, DIE WEITAUS WILDER SIND ALS DIESER OCHSENDÄMON.
TOKIYUKI.
VERBÜNDET EURE KRÄFTE MIT DENEN EURER VASALLEN UND ERLEGT IHN GEKONNT.

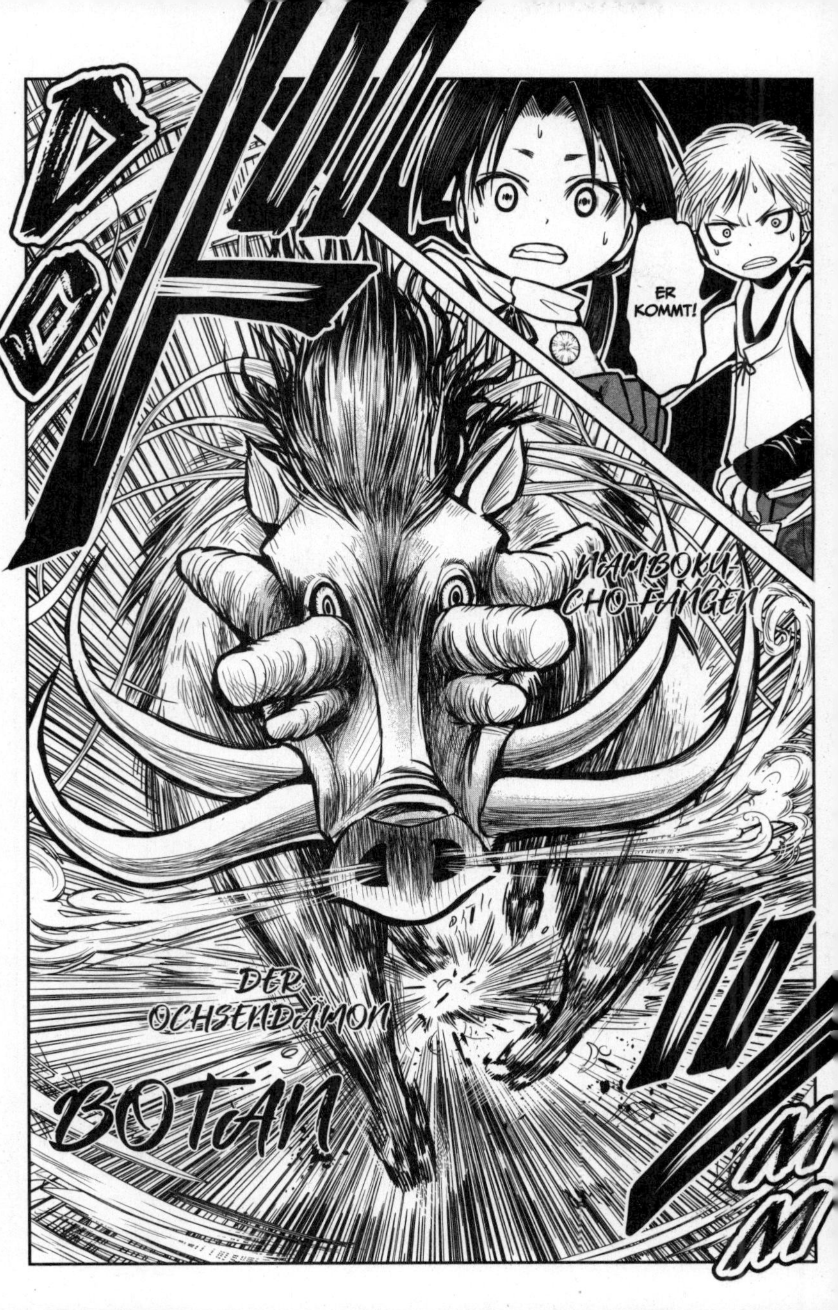
ER KOMMT!
NAMBOKU-CHO-FANGEN
DER OCHSENDÄMON
BOTAN

Yorishiges Zukunftsleben 1

Gebratenes Reh auf Reis

Manchmal erscheinen ihm zukünftige Gerichte, die er unverzüglich nachkochen und essen muss. Die Zubereitung vergisst er allerdings sofort wieder, denn die Zukunft behält er stets für sich selbst.

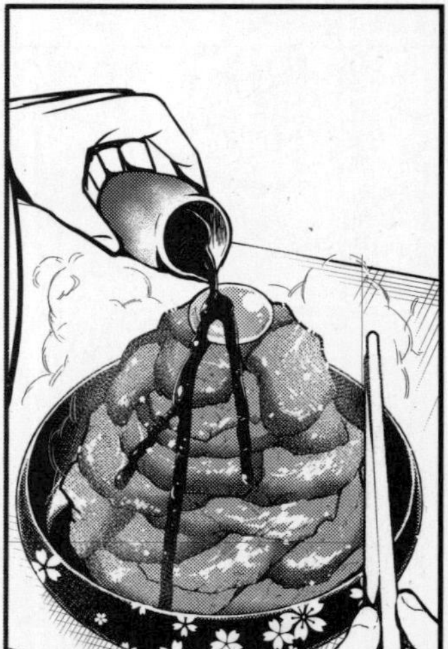

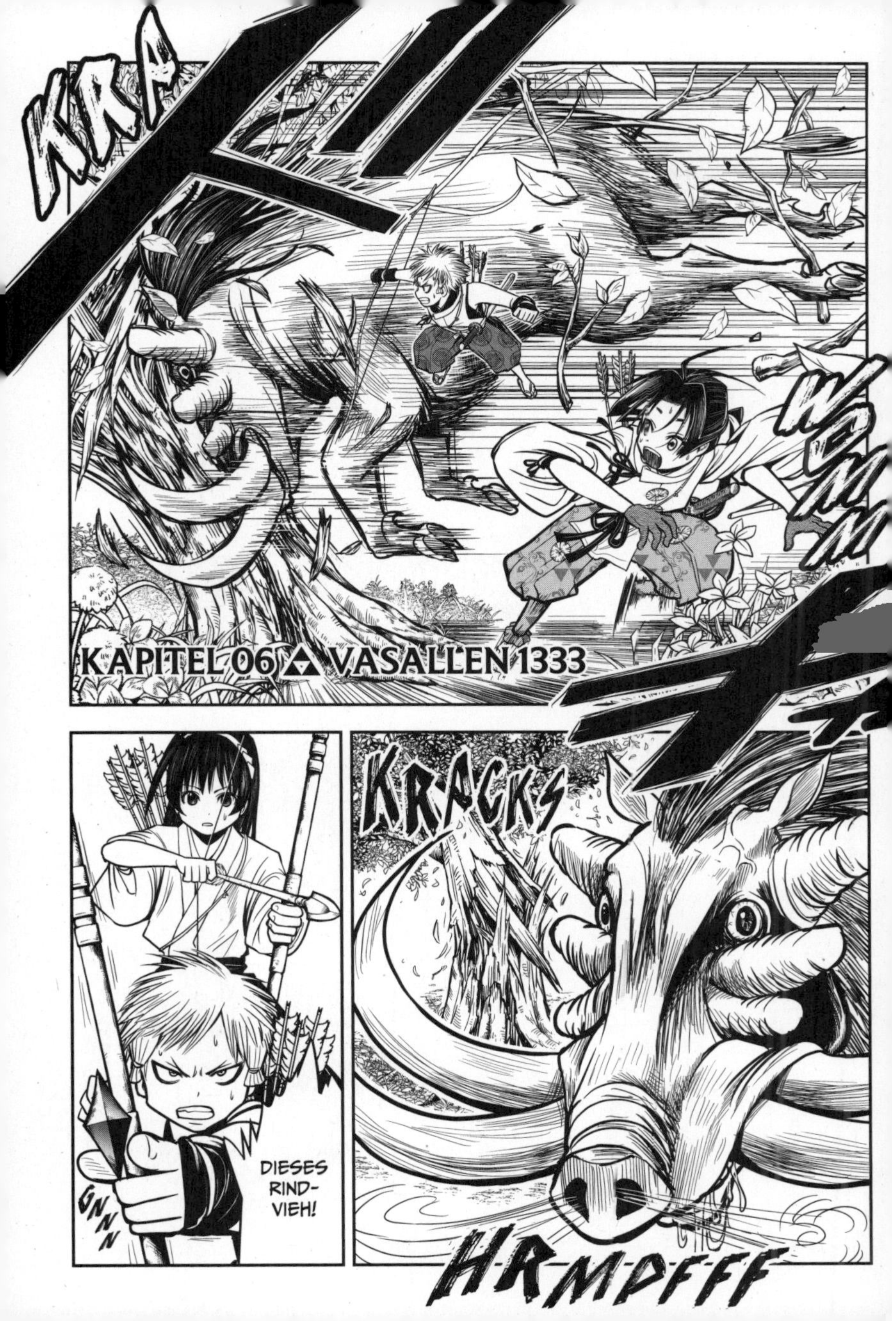
KRA
WUMM
KAPITEL 06 VASALLEN 1333
KRACKS
DIESES RIND-VIEH!
GNNN
HRMPFFF

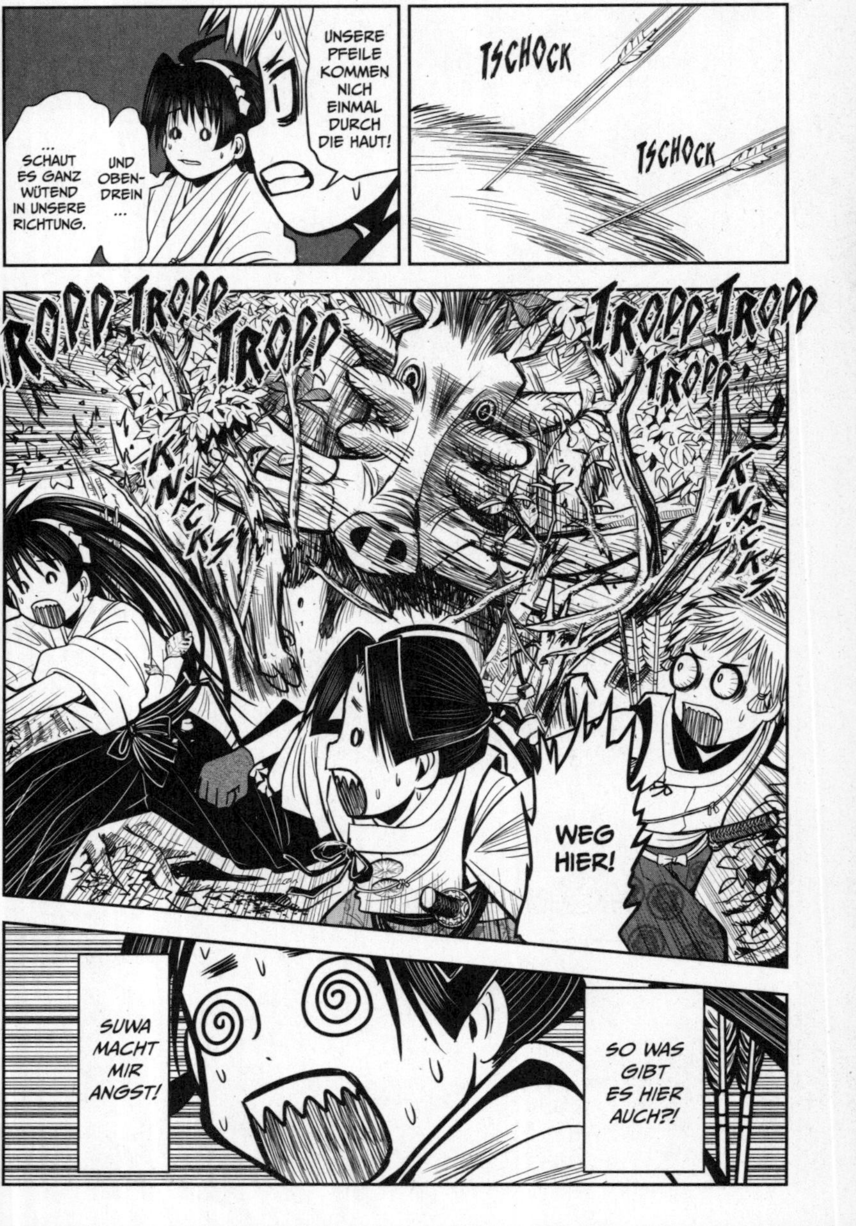
TSCHOCK
TSCHOCK
UNSERE PFEILE KOMMEN NICH EINMAL DURCH DIE HAUT!
UND OBEN-DREIN ...
... SCHAUT ES GANZ WÜTEND IN UNSERE RICHTUNG.
TROPP TROPP TROPP TROPP
TROPP TROPP TROPP
KNACKS
KNACKS
WEG HIER!
SO WAS GIBT ES HIER AUCH?!
SUWA MACHT MIR ANGST!

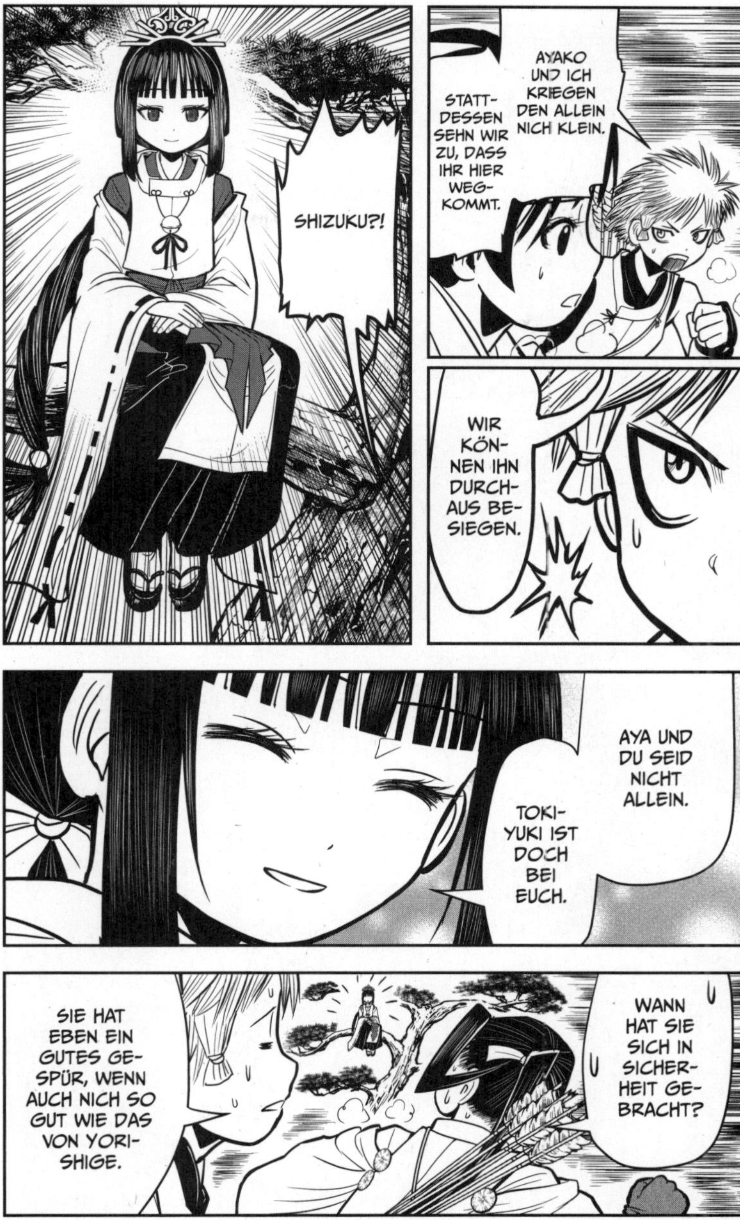
AYAKO UND ICH KRIEGEN DEN ALLEIN NICH KLEIN.
STATT-DESSEN SEHN WIR ZU, DASS IHR HIER WEG-KOMMT.
SHIZUKU?!
WIR KÖN-NEN IHN DURCH-AUS BE-SIEGEN.
AYA UND DU SEID NICHT ALLEIN.
TOKI-YUKI IST DOCH BEI EUCH.
WANN HAT SIE SICH IN SICHER-HEIT GE-BRACHT?
SIE HAT EBEN EIN GUTES GE-SPÜR, WENN AUCH NICH SO GUT WIE DAS VON YORI-SHIGE.

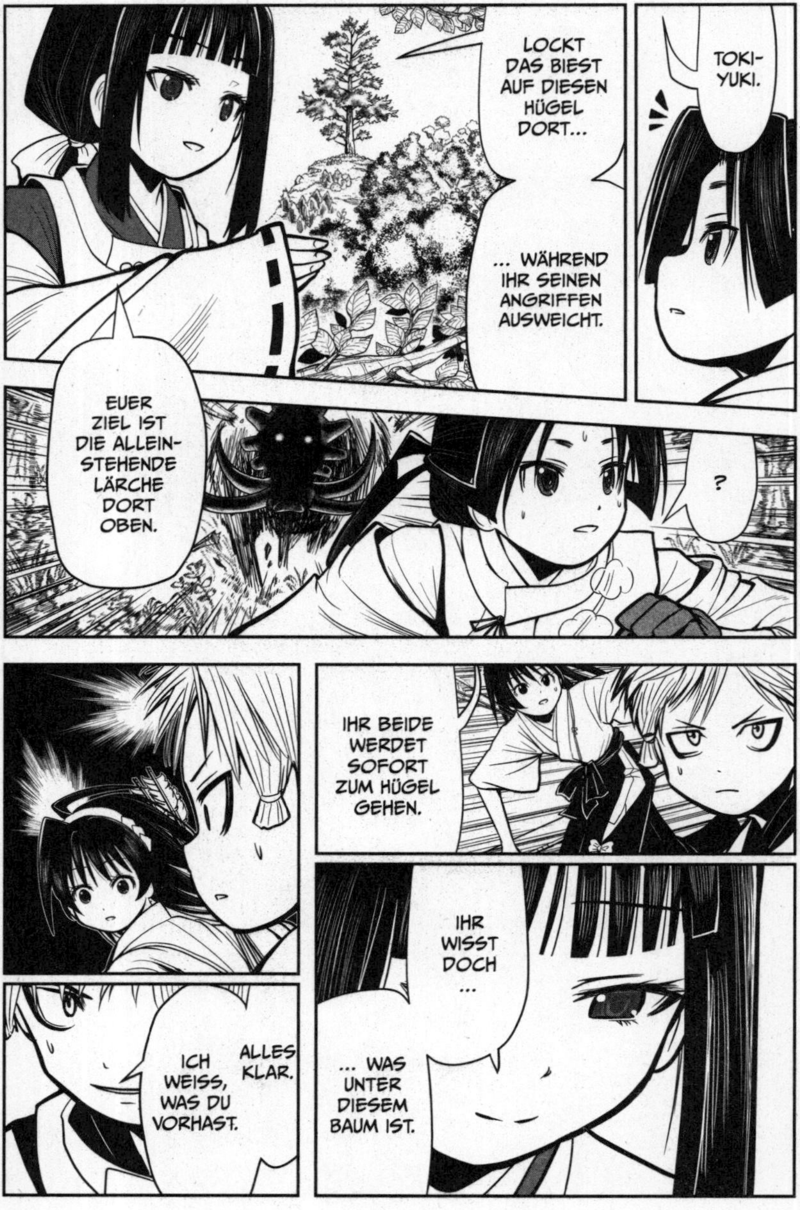
TOKI-YUKI.
LOCKT DAS BIEST AUF DIESEN HÜGEL DORT...
... WÄHREND IHR SEINEN ANGRIFFEN AUSWEICHT.
EUER ZIEL IST DIE ALLEIN-STEHENDE LÄRCHE DORT OBEN.
?
IHR BEIDE WERDET SOFORT ZUM HÜGEL GEHEN.
IHR WISST DOCH ...
... WAS UNTER DIESEM BAUM IST.
ALLES KLAR.
ICH WEISS, WAS DU VORHAST.

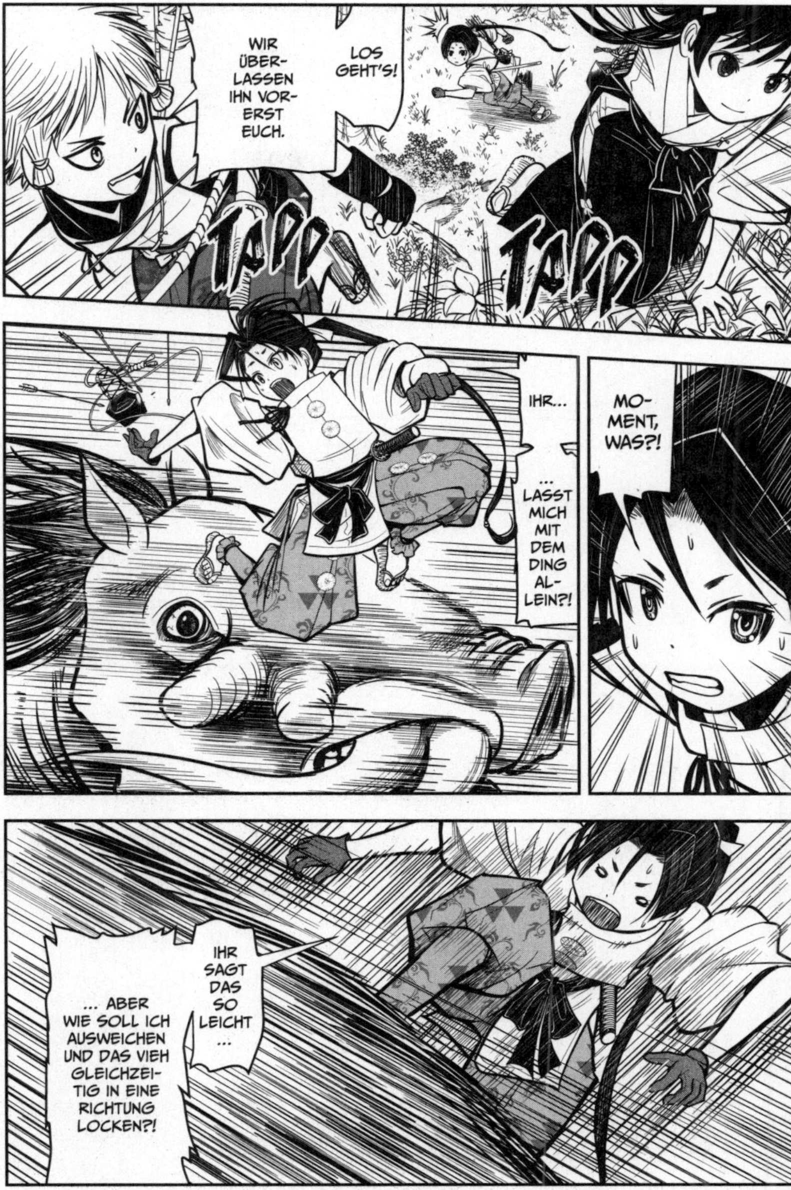
LOS GEHT'S!
WIR ÜBERLASSEN IHN VORERST EUCH.
TAPP
TAPP
MOMENT, WAS?!
IHR...
... LASST MICH MIT DEM DING ALLEIN?!
IHR SAGT DAS SO LEICHT ...
... ABER WIE SOLL ICH AUSWEICHEN UND DAS VIEH GLEICHZEITIG IN EINE RICHTUNG LOCKEN?!

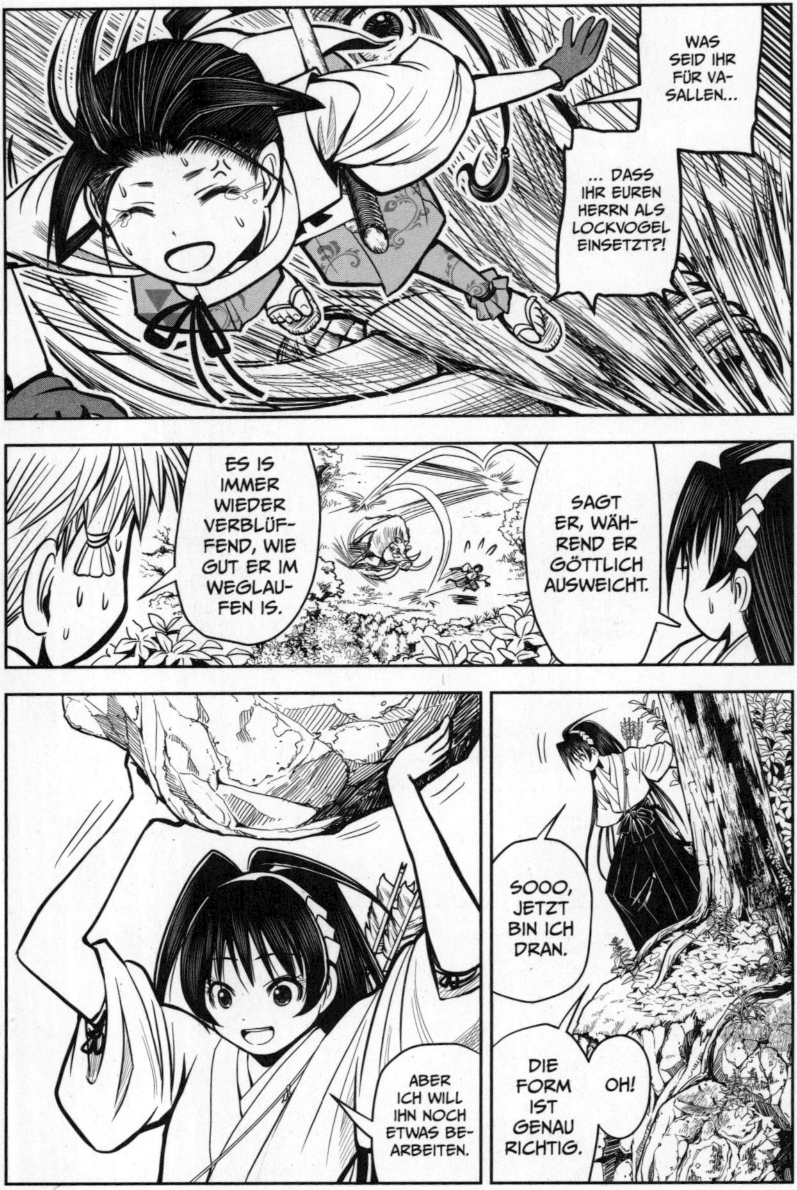
WAS SEID IHR FÜR VA-SALLEN...
... DASS IHR EUREN HERRN ALS LOCKVOGEL EINSETZT?!
SAGT ER, WÄH-REND ER GÖTTLICH AUSWEICHT.
ES IS IMMER WIEDER VERBLÜF-FEND, WIE GUT ER IM WEGLAU-FEN IS.
SOOO, JETZT BIN ICH DRAN.
OH!
DIE FORM IST GENAU RICHTIG.
ABER ICH WILL IHN NOCH ETWAS BE-ARBEITEN.

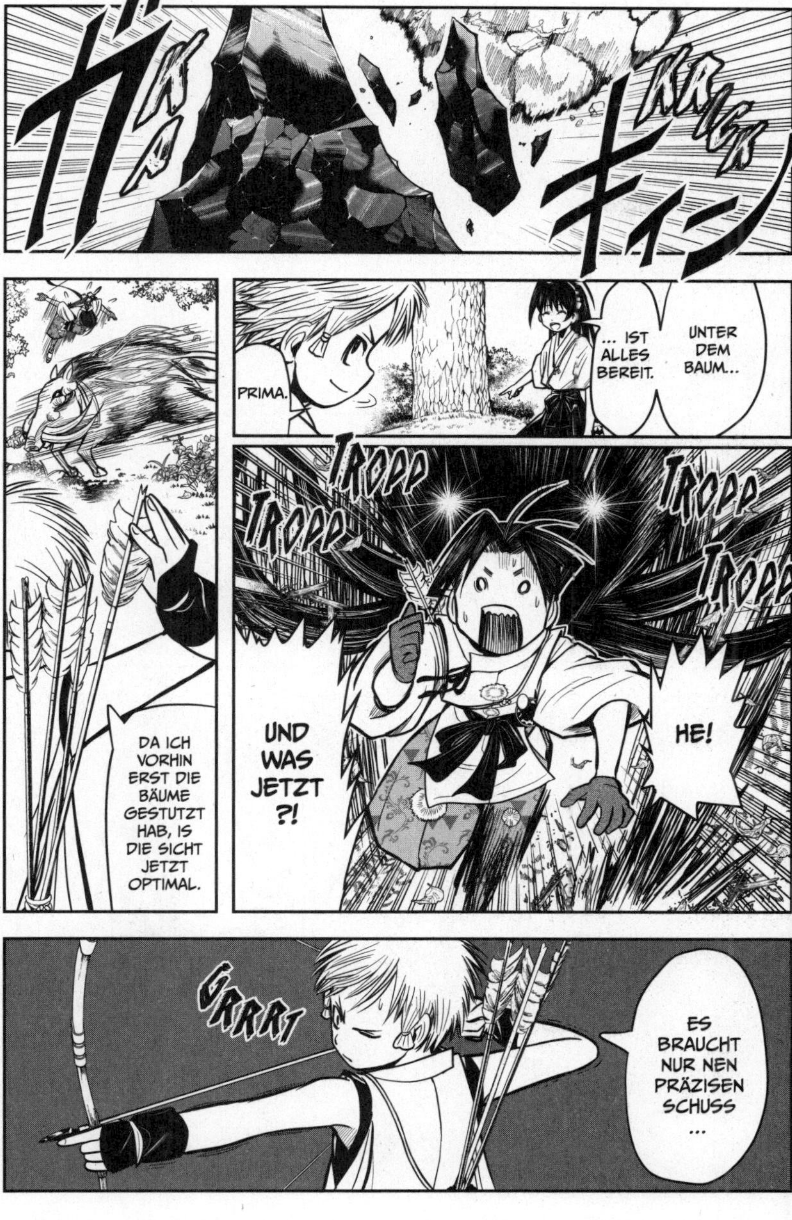
KRACK
UNTER DEM BAUM...
... IST ALLES BEREIT.
PRIMA.
TROPP
TROPP
TROPP
TROPP
HE!
UND WAS JETZT ?!
DA ICH VORHIN ERST DIE BÄUME GESTUTZT HAB, IS DIE SICHT JETZT OPTIMAL.
ES BRAUCHT NUR NEN PRÄZISEN SCHUSS ...
GRRRT

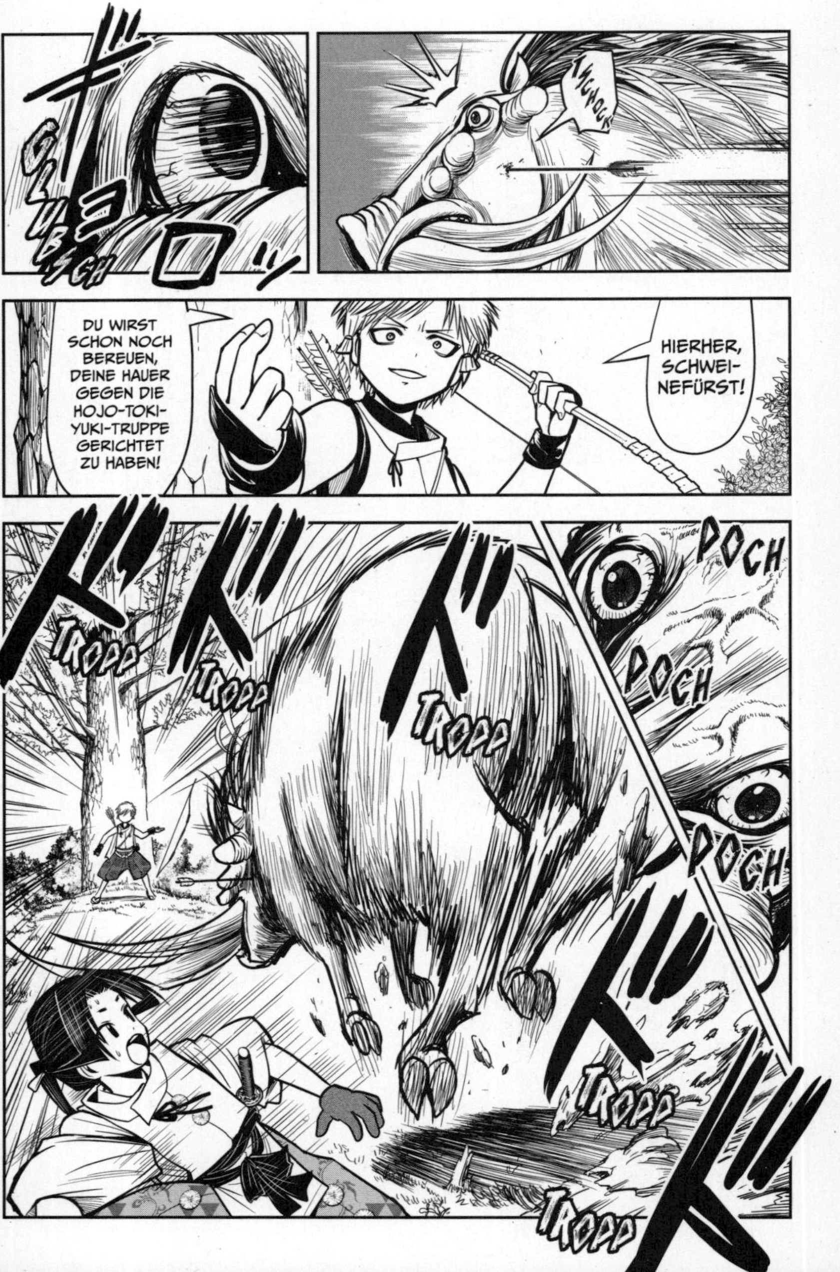
TSCHOCK
GLUBSCH
ギョロッ
HIERHER, SCHWEINEFÜRST!
DU WIRST SCHON NOCH BEREUEN, DEINE HAUER GEGEN DIE HOJO-TOKIYUKI-TRUPPE GERICHTET ZU HABEN!
POCH
POCH
POCH
TROPP
TROPP
TROPP
TROPP
TROPP

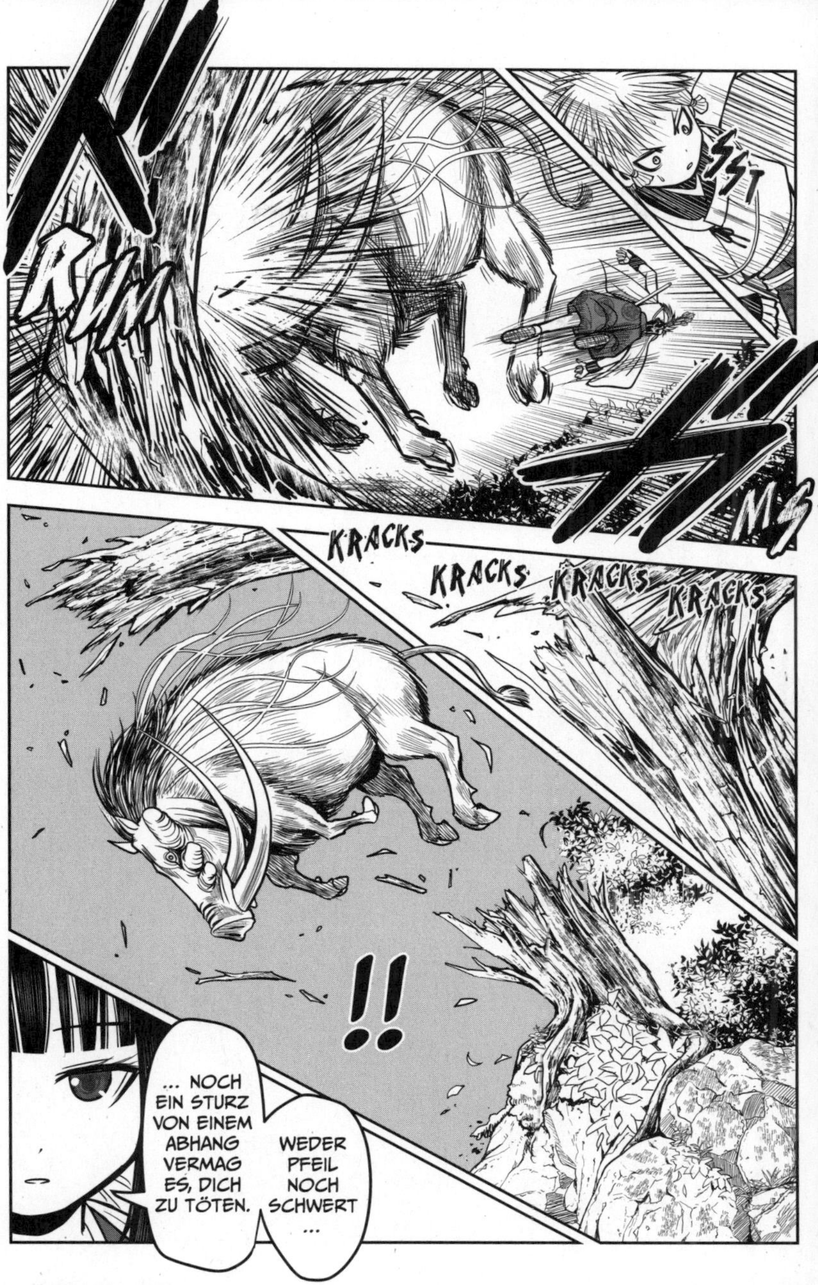
SST
KRACKS
KRACKS
KRACKS
KRACKS
!!
WEDER PFEIL NOCH SCHWERT ...
... NOCH EIN STURZ VON EINEM ABHANG VERMAG ES, DICH ZU TÖTEN.

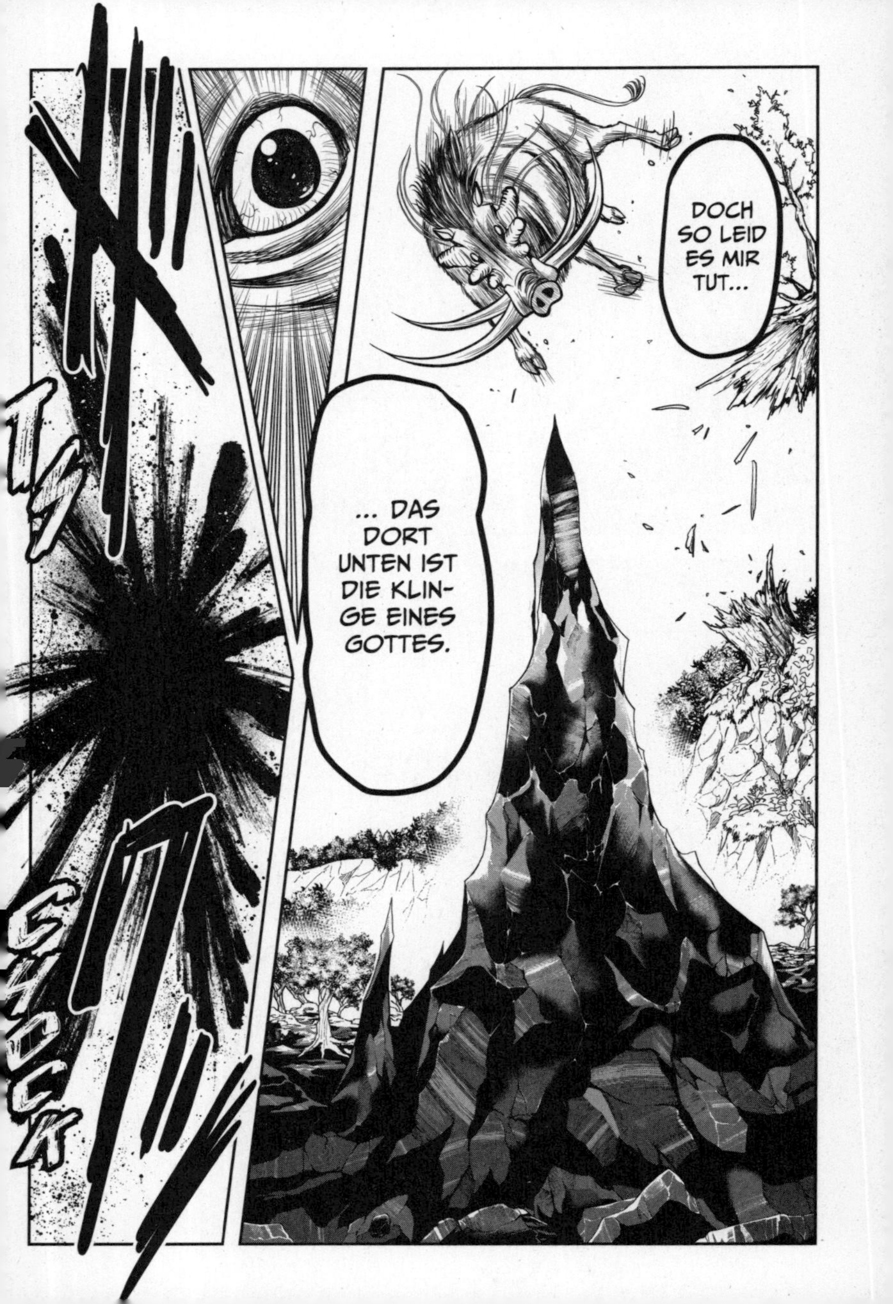
DOCH SO LEID ES MIR TUT...
... DAS DORT UNTEN IST DIE KLINGE EINES GOTTES.

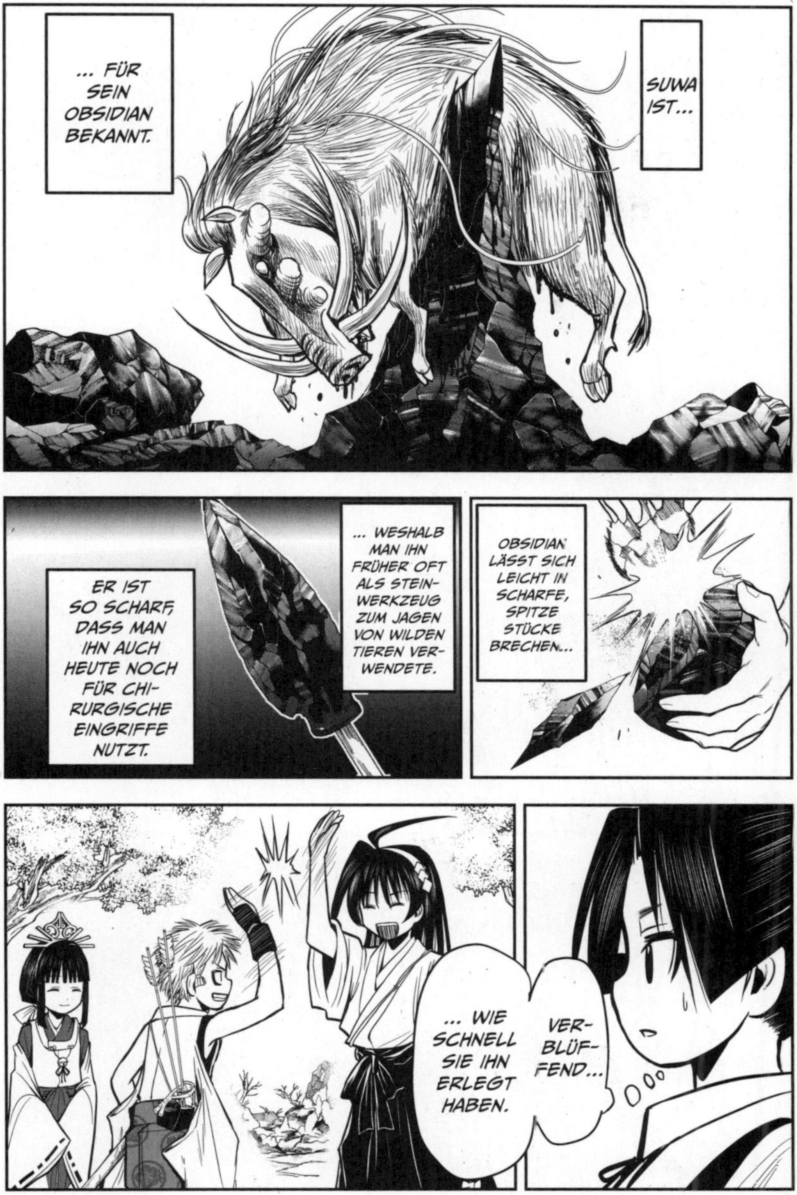
SUWA IST...
... FÜR SEIN OBSIDIAN BEKANNT.
OBSIDIAN LÄSST SICH LEICHT IN SCHARFE, SPITZE STÜCKE BRECHEN...
... WESHALB MAN IHN FRÜHER OFT ALS STEIN-WERKZEUG ZUM JAGEN VON WILDEN TIEREN VER-WENDETE.
ER IST SO SCHARF, DASS MAN IHN AUCH HEUTE NOCH FÜR CHI-RURGISCHE EINGRIFFE NUTZT.
VER-BLÜF-FEND...
... WIE SCHNELL SIE IHN ERLEGT HABEN.

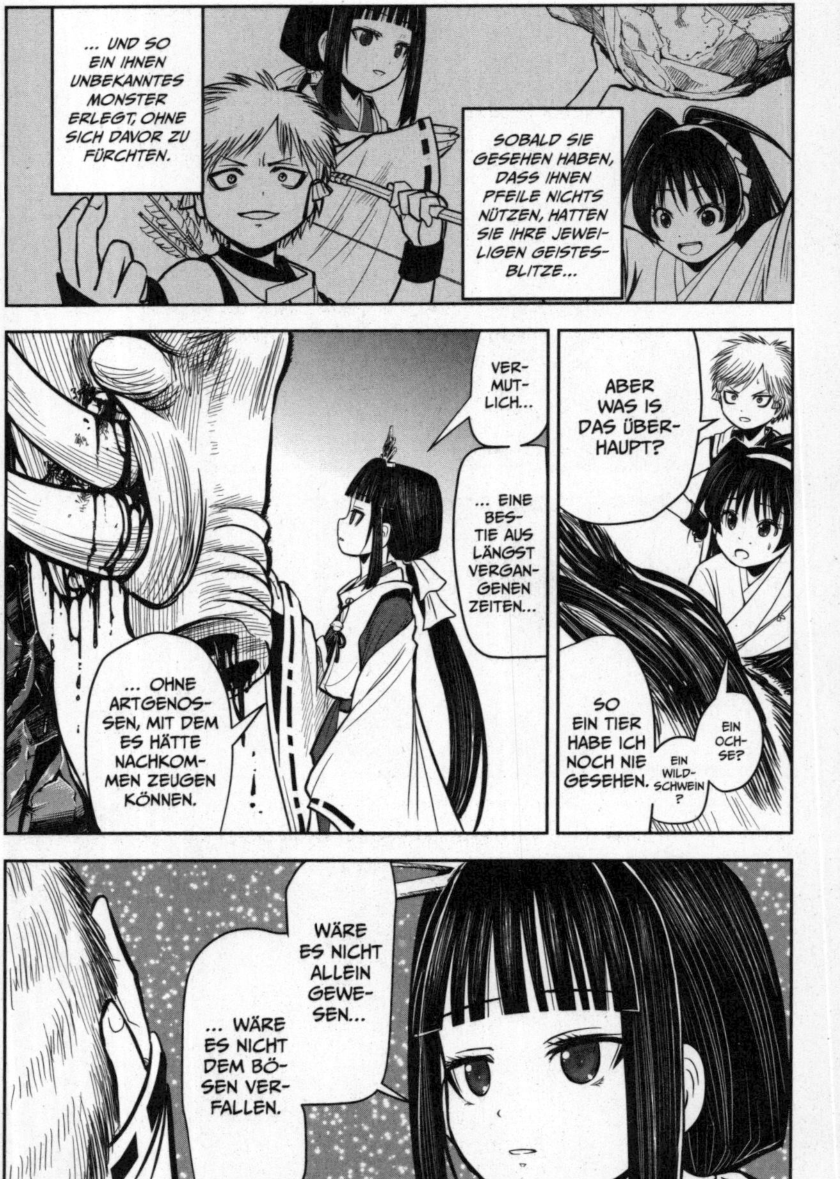
SOBALD SIE GESEHEN HABEN, DASS IHNEN PFEILE NICHTS NÜTZEN, HATTEN SIE IHRE JEWEI-LIGEN GEISTES-BLITZE...
... UND SO EIN IHNEN UNBEKANNTES MONSTER ERLEGT, OHNE SICH DAVOR ZU FÜRCHTEN.
ABER WAS IS DAS ÜBER-HAUPT?
EIN OCH-SE?
EIN WILD-SCHWEIN?
SO EIN TIER HABE ICH NOCH NIE GESEHEN.
VER-MUT-LICH...
... EINE BES-TIE AUS LÄNGST VERGAN-GENEN ZEITEN...
... OHNE ARTGENOS-SEN, MIT DEM ES HÄTTE NACHKOM-MEN ZEUGEN KÖNNEN.
WÄRE ES NICHT ALLEIN GEWE-SEN...
... WÄRE ES NICHT DEM BÖ-SEN VER-FALLEN.

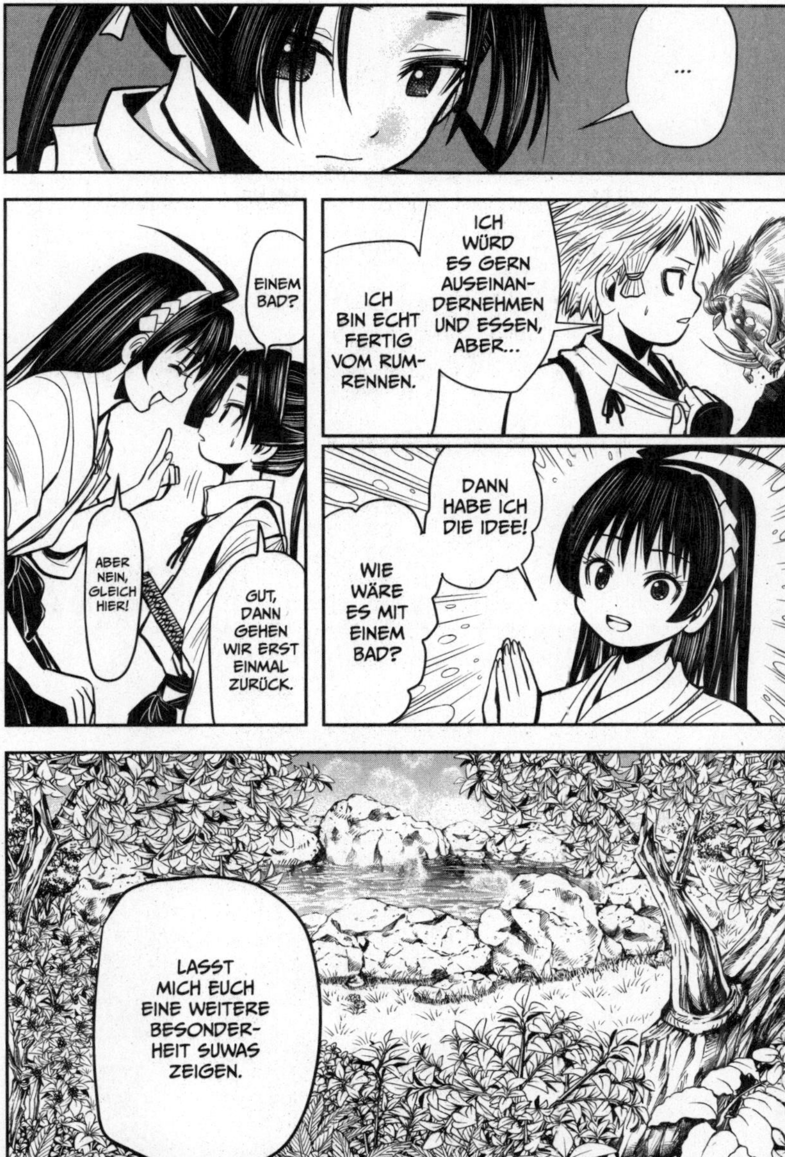
...
ICH WÜRD ES GERN AUSEINAN-DERNEHMEN UND ESSEN, ABER...
ICH BIN ECHT FERTIG VOM RUM-RENNEN.
DANN HABE ICH DIE IDEE!
WIE WÄRE ES MIT EINEM BAD?
EINEM BAD?
GUT, DANN GEHEN WIR ERST EINMAL ZURÜCK.
ABER NEIN, GLEICH HIER!
LASST MICH EUCH EINE WEITERE BESONDER-HEIT SUWAS ZEIGEN.

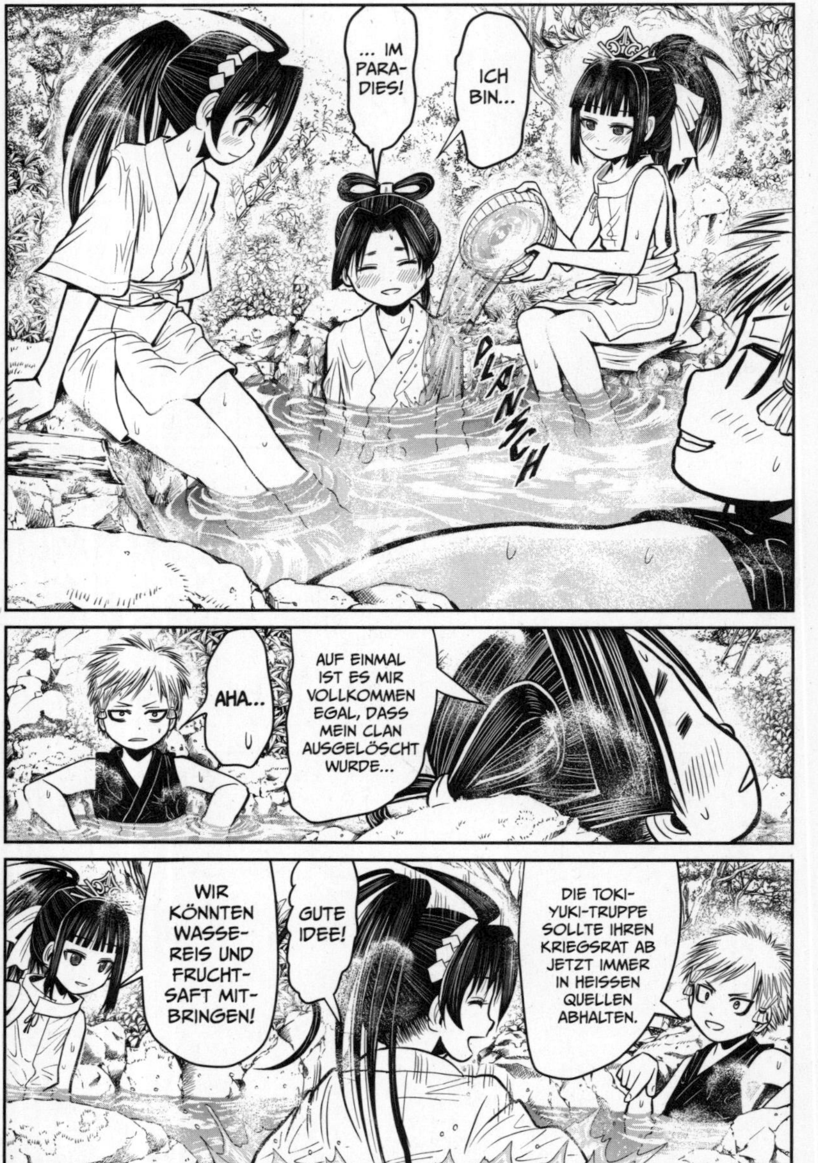

ICH BIN...
... IM PARADIES!
PLANSCH
AUF EINMAL IST ES MIR VOLLKOMMEN EGAL, DASS MEIN CLAN AUSGELÖSCHT WURDE...
AHA...
DIE TOKI-YUKI-TRUPPE SOLLTE IHREN KRIEGSRAT AB JETZT IMMER IN HEISSEN QUELLEN ABHALTEN.
GUTE IDEE!
WIR KÖNNTEN WASSEREIS UND FRUCHTSAFT MITBRINGEN!

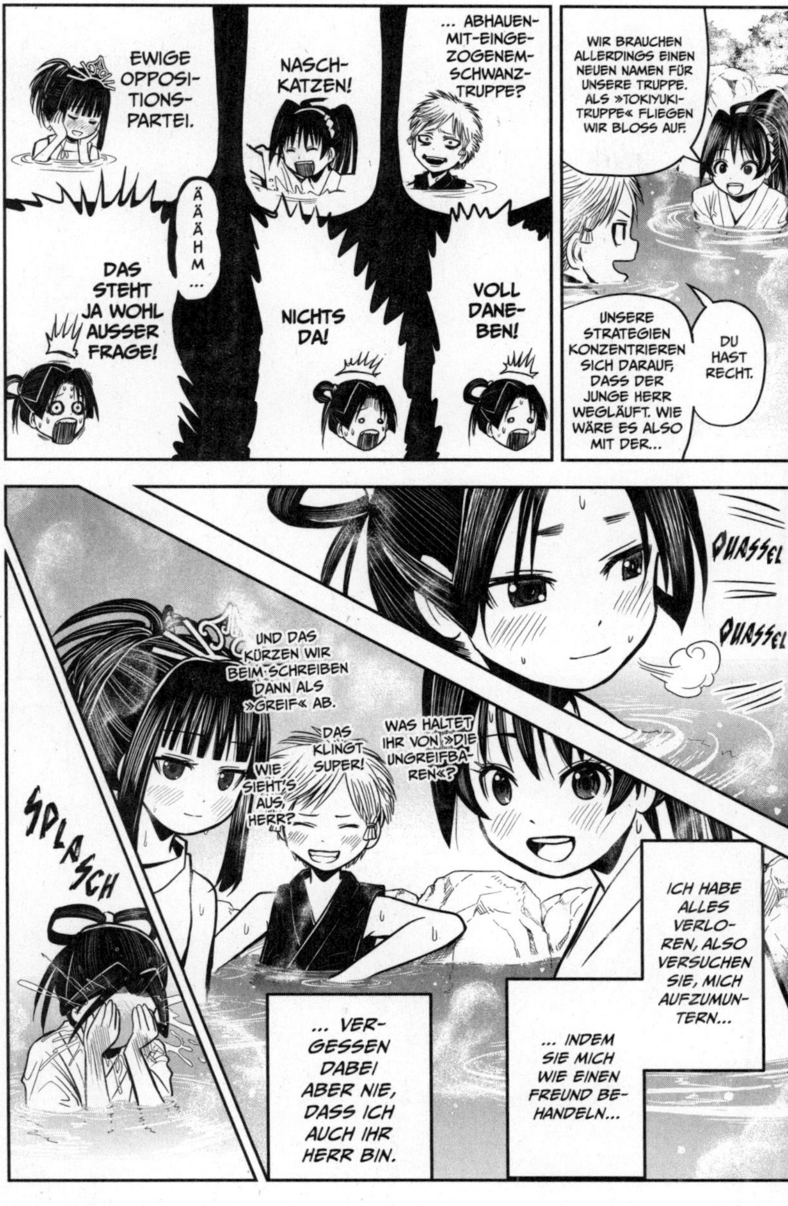
WIR BRAUCHEN ALLERDINGS EINEN NEUEN NAMEN FÜR UNSERE TRUPPE. ALS »TOKIYUKI-TRUPPE« FLIEGEN WIR BLOSS AUF.
DU HAST RECHT.
UNSERE STRATEGIEN KONZENTRIEREN SICH DARAUF, DASS DER JUNGE HERR WEGLÄUFT. WIE WÄRE ES ALSO MIT DER...
... ABHAUEN-MIT-EINGEZOGENEM-SCHWANZ-TRUPPE?
NASCHKATZEN!
EWIGE OPPOSITIONSPARTEI.
VOLL DANEBEN!
NICHTS DA!
ÄÄHM...
DAS STEHT JA WOHL AUSSER FRAGE!
QUASSEL
QUASSEL
WAS HALTET IHR VON »DIE UNGREIFBAREN«?
DAS KLINGT SUPER!
UND DAS KÜRZEN WIR BEIM SCHREIBEN DANN ALS »GREIF« AB.
WIE SIEHT'S AUS, HERR?
SPLASCH
ICH HABE ALLES VERLOREN, ALSO VERSUCHEN SIE, MICH AUFZUMUNTERN...
... INDEM SIE MICH WIE EINEN FREUND BEHANDELN...
... VERGESSEN DABEI ABER NIE, DASS ICH AUCH IHR HERR BIN.

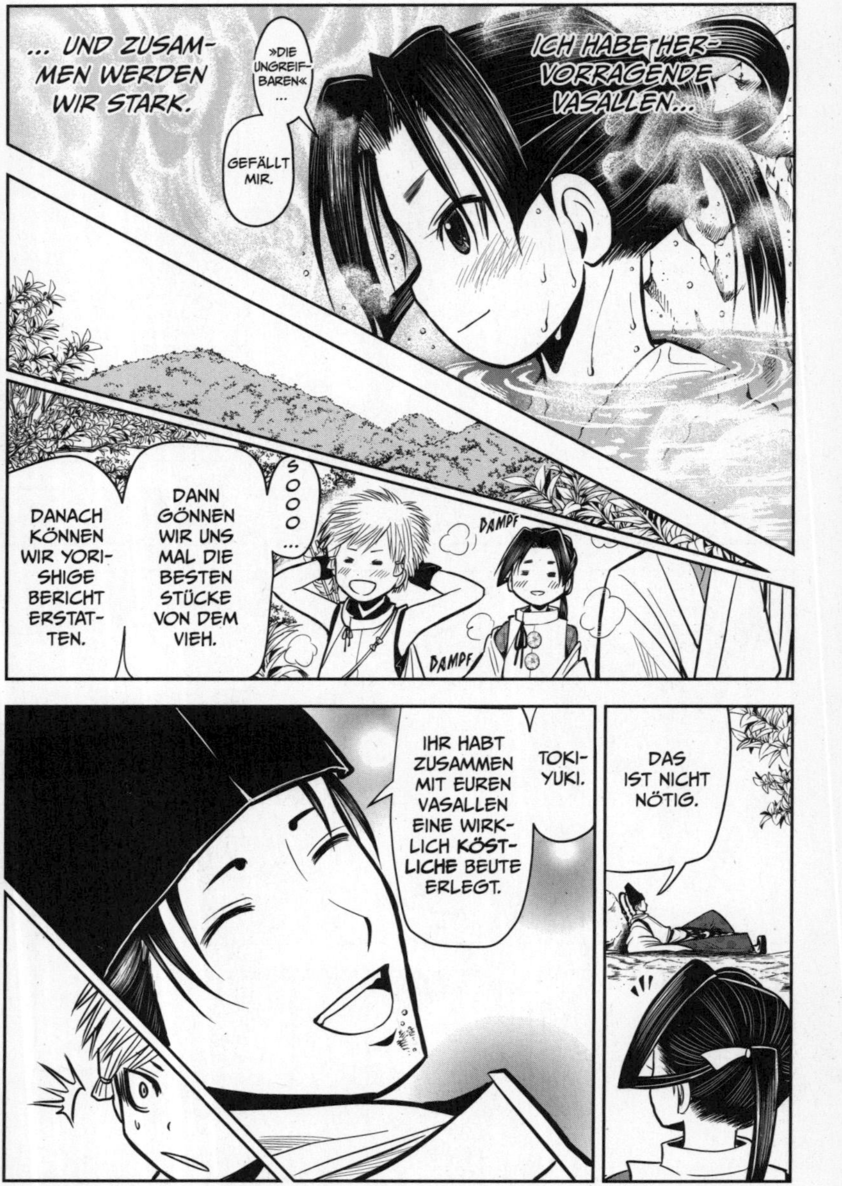
ICH HABE HER-VORRAGENDE VASALLEN...
»DIE UNGREIF-BAREN« ...
GEFÄLLT MIR.
... UND ZUSAM-MEN WERDEN WIR STARK.
SOOO...
DAMPF
DANN GÖNNEN WIR UNS MAL DIE BESTEN STÜCKE VON DEM VIEH.
DANACH KÖNNEN WIR YORI-SHIGE BERICHT ERSTAT-TEN.
DAMPF
DAS IST NICHT NÖTIG.
TOKI-YUKI.
IHR HABT ZUSAMMEN MIT EUREN VASALLEN EINE WIRK-LICH KÖST-LICHE BEUTE ERLEGT.

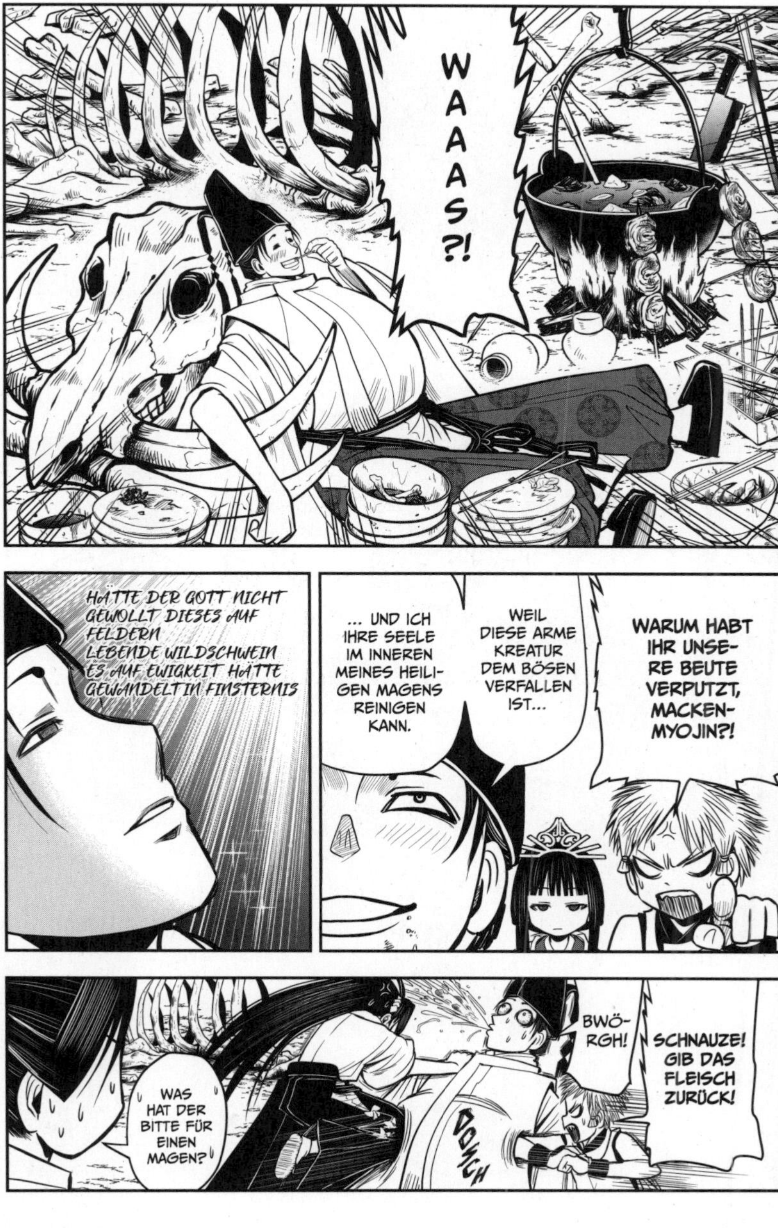
WAAAS?!
WARUM HABT IHR UNSERE BEUTE VERPUTZT, MACKEN-MYOJIN?!
WEIL DIESE ARME KREATUR DEM BÖSEN VERFALLEN IST...
... UND ICH IHRE SEELE IM INNEREN MEINES HEILIGEN MAGENS REINIGEN KANN.
HÄTTE DER GOTT NICHT GEWOLLT DIESES AUF FELDERN LEBENDE WILDSCHWEIN ES AUF EWIGKEIT HÄTTE GEWANDELT IN FINSTERNIS
SCHNAUZE! GIB DAS FLEISCH ZURÜCK!
BWÖRGH!
DOSCH
WAS HAT DER BITTE FÜR EINEN MAGEN?

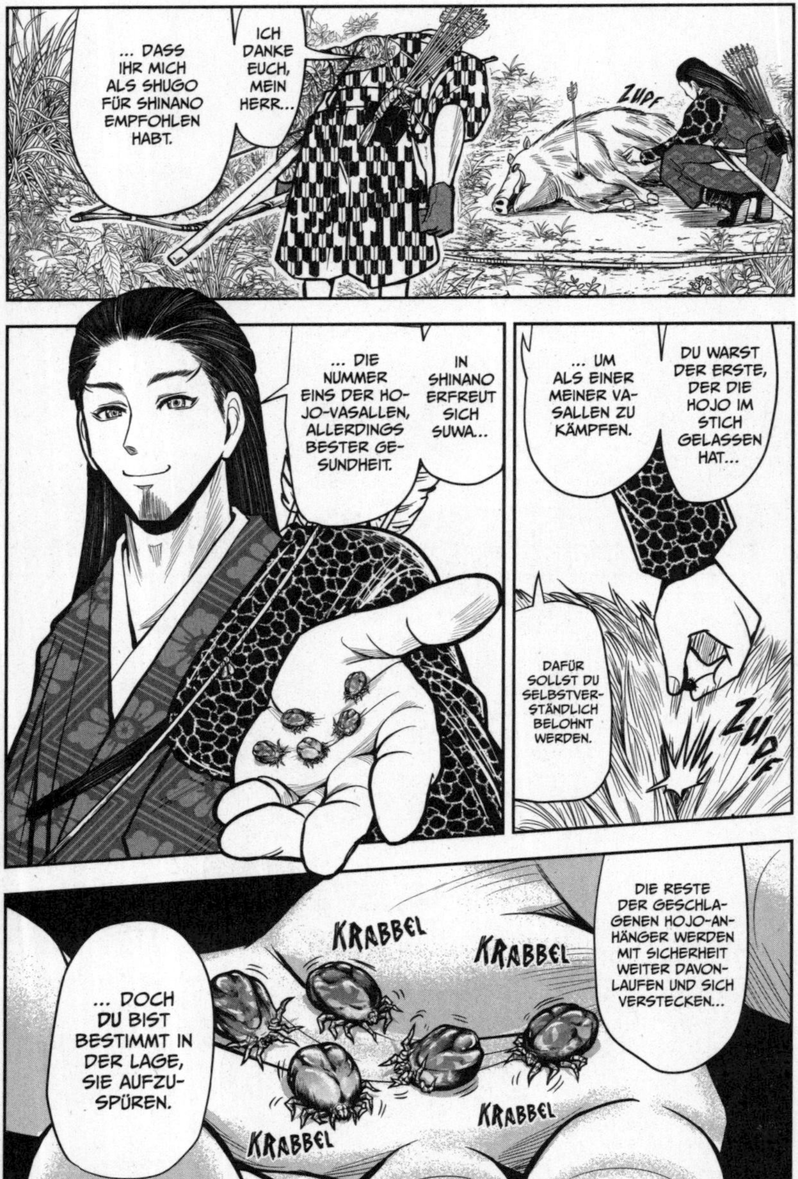
ICH DANKE EUCH, MEIN HERR...
... DASS IHR MICH ALS SHUGO FÜR SHINANO EMPFOHLEN HABT.
ZUPF
DU WARST DER ERSTE, DER DIE HOJO IM STICH GELASSEN HAT...
... UM ALS EINER MEINER VASALLEN ZU KÄMPFEN.
DAFÜR SOLLST DU SELBSTVERSTÄNDLICH BELOHNT WERDEN.
ZUPF
IN SHINANO ERFREUT SICH SUWA...
... DIE NUMMER EINS DER HOJO-VASALLEN, ALLERDINGS BESTER GESUNDHEIT.
DIE RESTE DER GESCHLAGENEN HOJO-ANHÄNGER WERDEN MIT SICHERHEIT WEITER DAVONLAUFEN UND SICH VERSTECKEN...
KRABBEL
KRABBEL
KRABBEL
KRABBEL
... DOCH DU BIST BESTIMMT IN DER LAGE, SIE AUFZUSPÜREN.

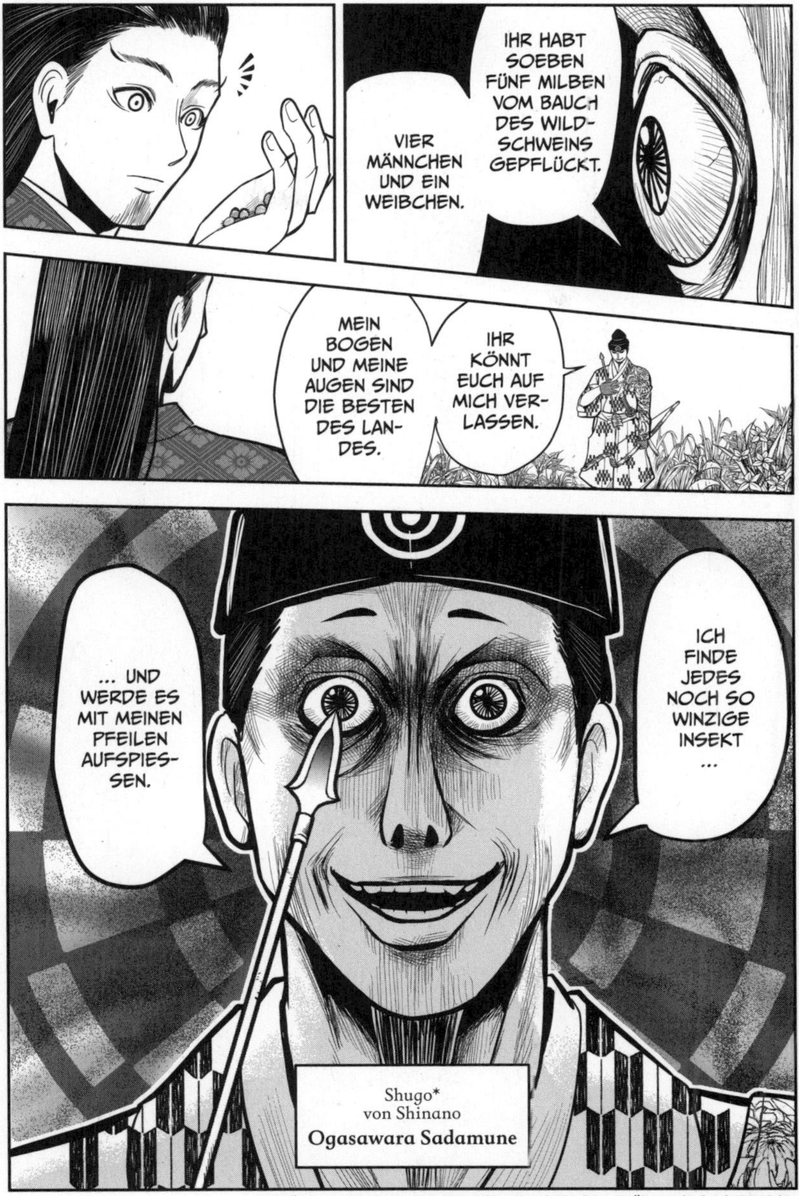

* MILITÄRGOUVERNEUR, ENTSPRICHT DEM HEUTIGEN PRÄFEKTURGOUVERNEUR

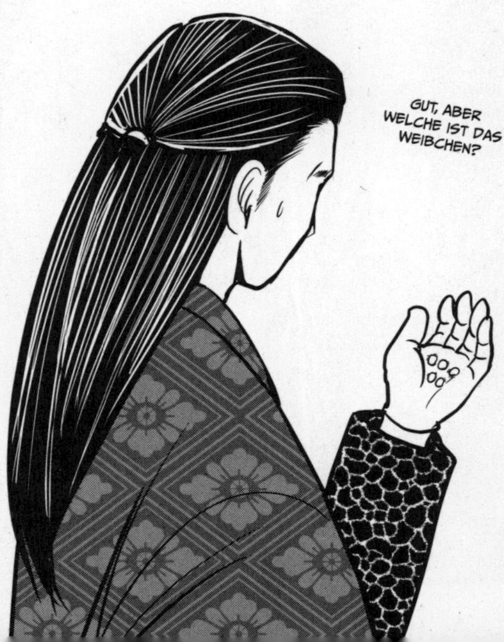
GUT, ABER WELCHE IST DAS WEIBCHEN?

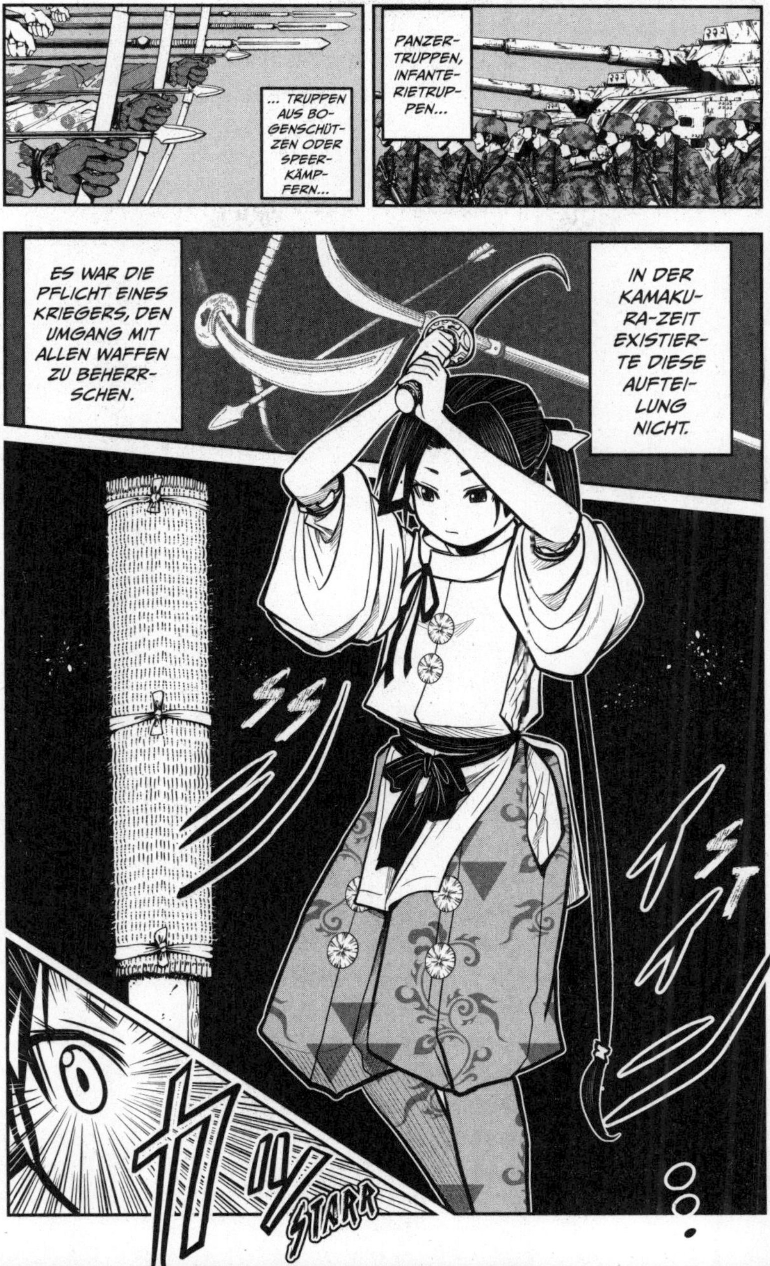
PANZER-TRUPPEN, INFANTE-RIETRUP-PEN...
... TRUPPEN AUS BO-GENSCHÜT-ZEN ODER SPEER-KÄMP-FERN...
IN DER KAMAKU-RA-ZEIT EXISTIER-TE DIESE AUFTEI-LUNG NICHT.
ES WAR DIE PFLICHT EINES KRIEGERS, DEN UMGANG MIT ALLEN WAFFEN ZU BEHERR-SCHEN.
STARR

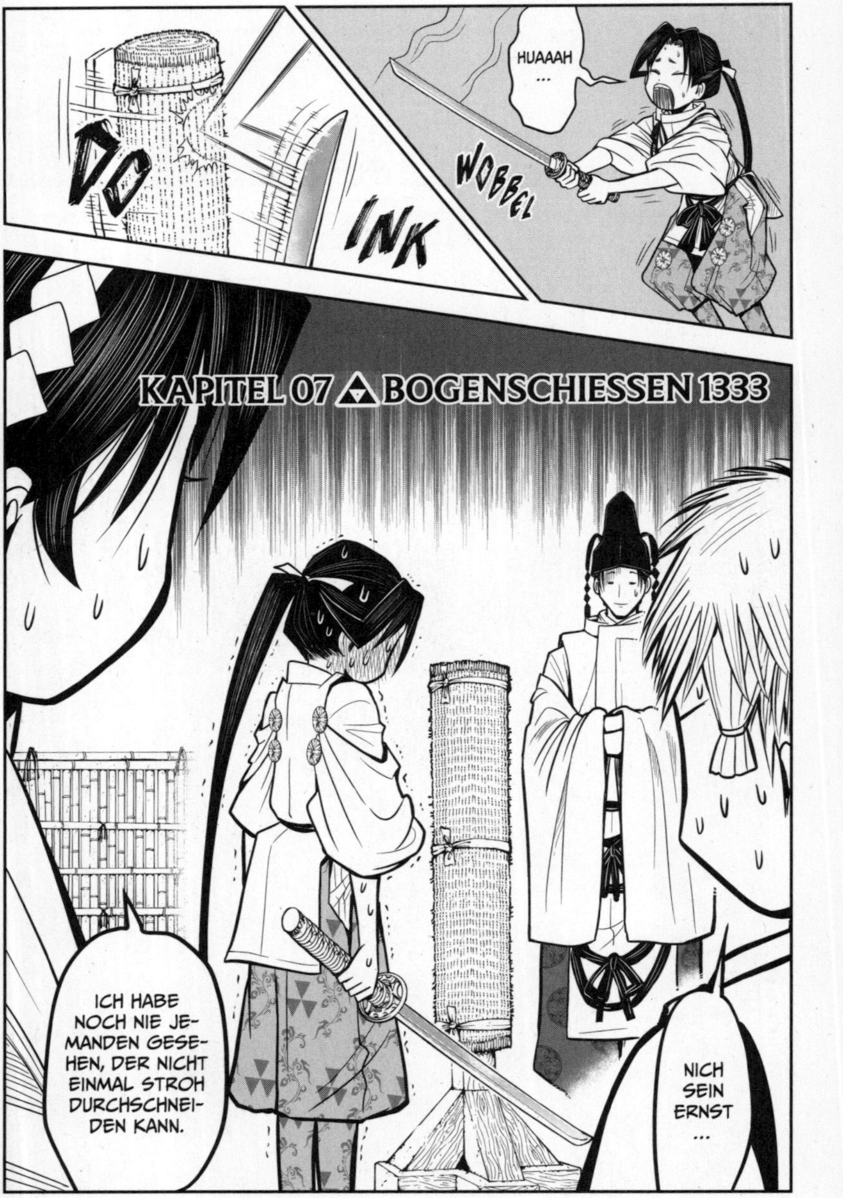
HUAAAH …
WOBBEL
DO INK
KAPITEL 07 BOGENSCHIESSEN 1333
NICH SEIN ERNST …
ICH HABE NOCH NIE JE-MANDEN GESE-HEN, DER NICHT EINMAL STROH DURCHSCHNEI-DEN KANN.

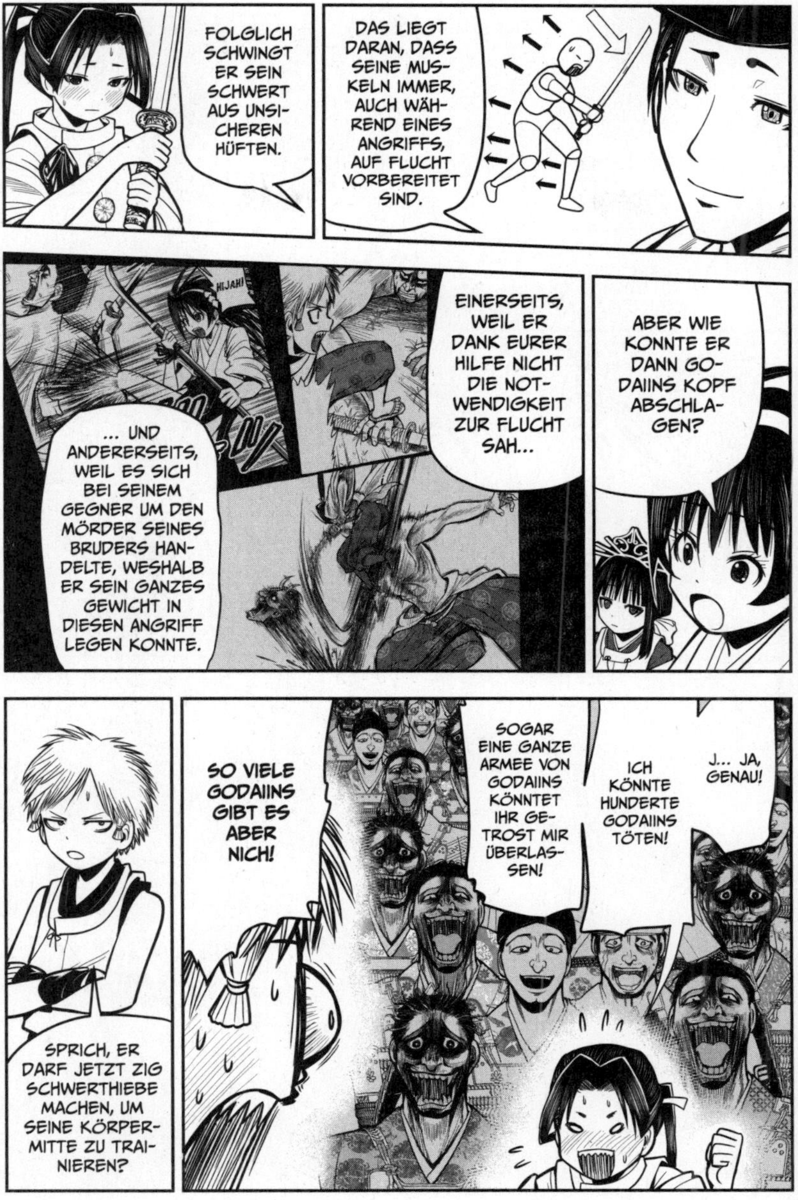
DAS LIEGT DARAN, DASS SEINE MUSKELN IMMER, AUCH WÄHREND EINES ANGRIFFS, AUF FLUCHT VORBEREITET SIND.
FOLGLICH SCHWINGT ER SEIN SCHWERT AUS UNSICHEREN HÜFTEN.
ABER WIE KONNTE ER DANN GODAIINS KOPF ABSCHLAGEN?
EINERSEITS, WEIL ER DANK EURER HILFE NICHT DIE NOTWENDIGKEIT ZUR FLUCHT SAH...
HIJAH!
... UND ANDERERSEITS, WEIL ES SICH BEI SEINEM GEGNER UM DEN MÖRDER SEINES BRUDERS HANDELTE, WESHALB ER SEIN GANZES GEWICHT IN DIESEN ANGRIFF LEGEN KONNTE.
J... JA, GENAU!
ICH KÖNNTE HUNDERTE GODAIINS TÖTEN!
SOGAR EINE GANZE ARMEE VON GODAIINS KÖNNTET IHR GETROST MIR ÜBERLASSEN!
SO VIELE GODAIINS GIBT ES ABER NICH!
SPRICH, ER DARF JETZT ZIG SCHWERTHIEBE MACHEN, UM SEINE KÖRPERMITTE ZU TRAINIEREN?

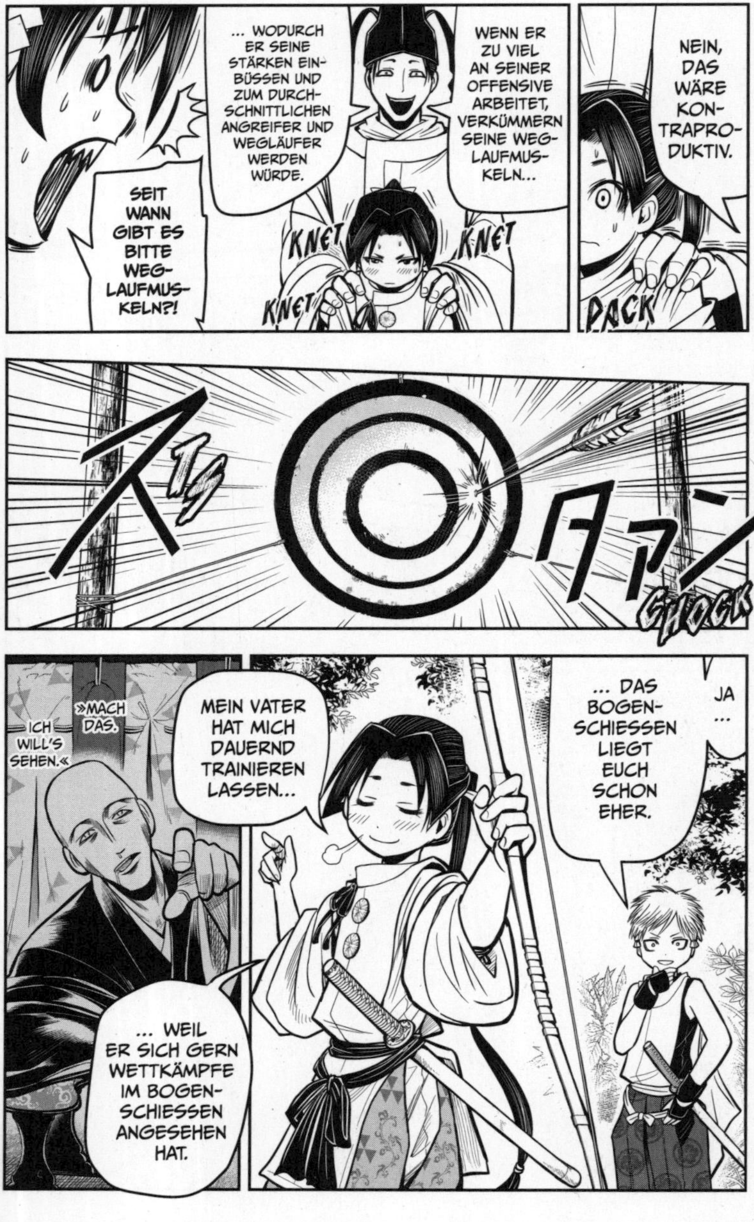

NEIN, DAS WÄRE KONTRAPRODUKTIV.
DACK
WENN ER ZU VIEL AN SEINER OFFENSIVE ARBEITET, VERKÜMMERN SEINE WEGLAUFMUSKELN...
... WODURCH ER SEINE STÄRKEN EINBÜSSEN UND ZUM DURCHSCHNITTLICHEN ANGREIFER UND WEGLÄUFER WERDEN WÜRDE.
KNET
KNET
KNET
SEIT WANN GIBT ES BITTE WEGLAUFMUSKELN?!
CHOCK
JA ...
... DAS BOGENSCHIESSEN LIEGT EUCH SCHON EHER.
MEIN VATER HAT MICH DAUERND TRAINIEREN LASSEN...
... WEIL ER SICH GERN WETTKÄMPFE IM BOGENSCHIESSEN ANGESEHEN HAT.
»MACH DAS.
ICH WILL'S SEHEN.«

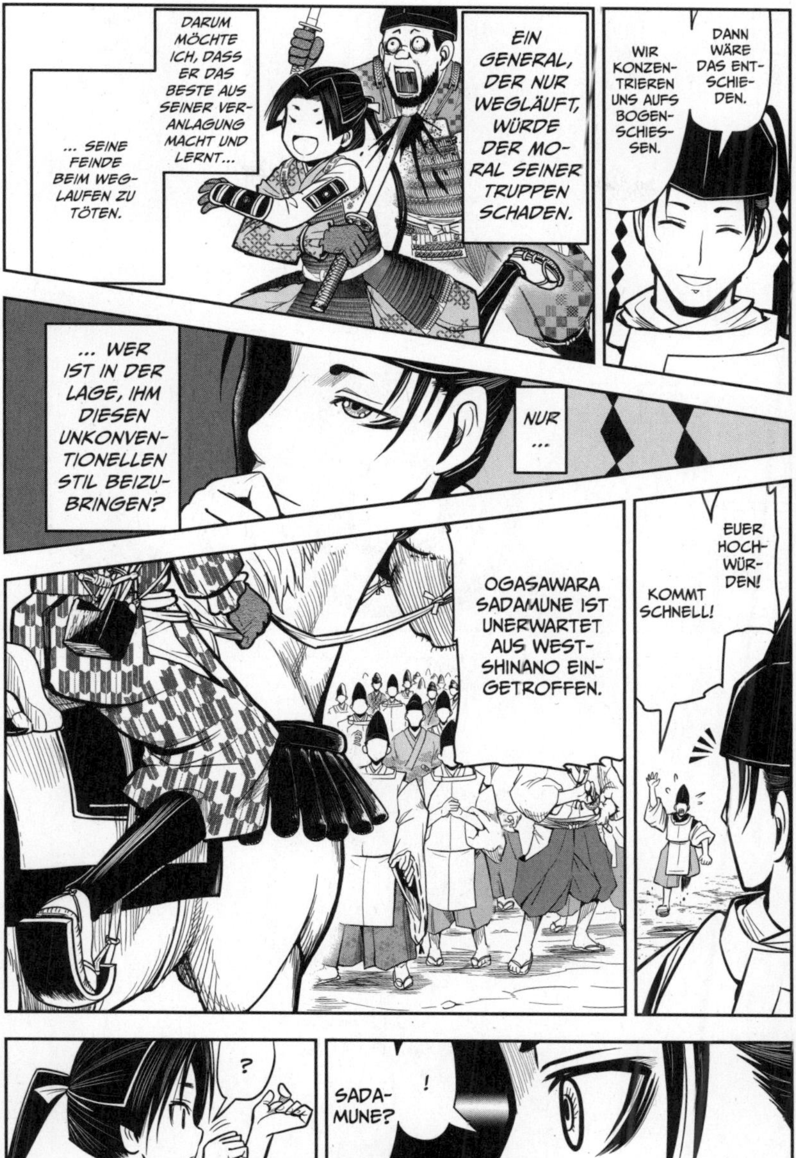
DANN WÄRE DAS ENTSCHIEDEN.
WIR KONZENTRIEREN UNS AUFS BOGENSCHIESSEN.
EIN GENERAL, DER NUR WEGLÄUFT, WÜRDE DER MORAL SEINER TRUPPEN SCHADEN.
DARUM MÖCHTE ICH, DASS ER DAS BESTE AUS SEINER VERANLAGUNG MACHT UND LERNT...
... SEINE FEINDE BEIM WEGLAUFEN ZU TÖTEN.
NUR ...
... WER IST IN DER LAGE, IHM DIESEN UNKONVENTIONELLEN STIL BEIZUBRINGEN?
EUER HOCHWÜRDEN!
KOMMT SCHNELL!
OGASAWARA SADAMUNE IST UNERWARTET AUS WEST-SHINANO EINGETROFFEN.
!
SADAMUNE?
?

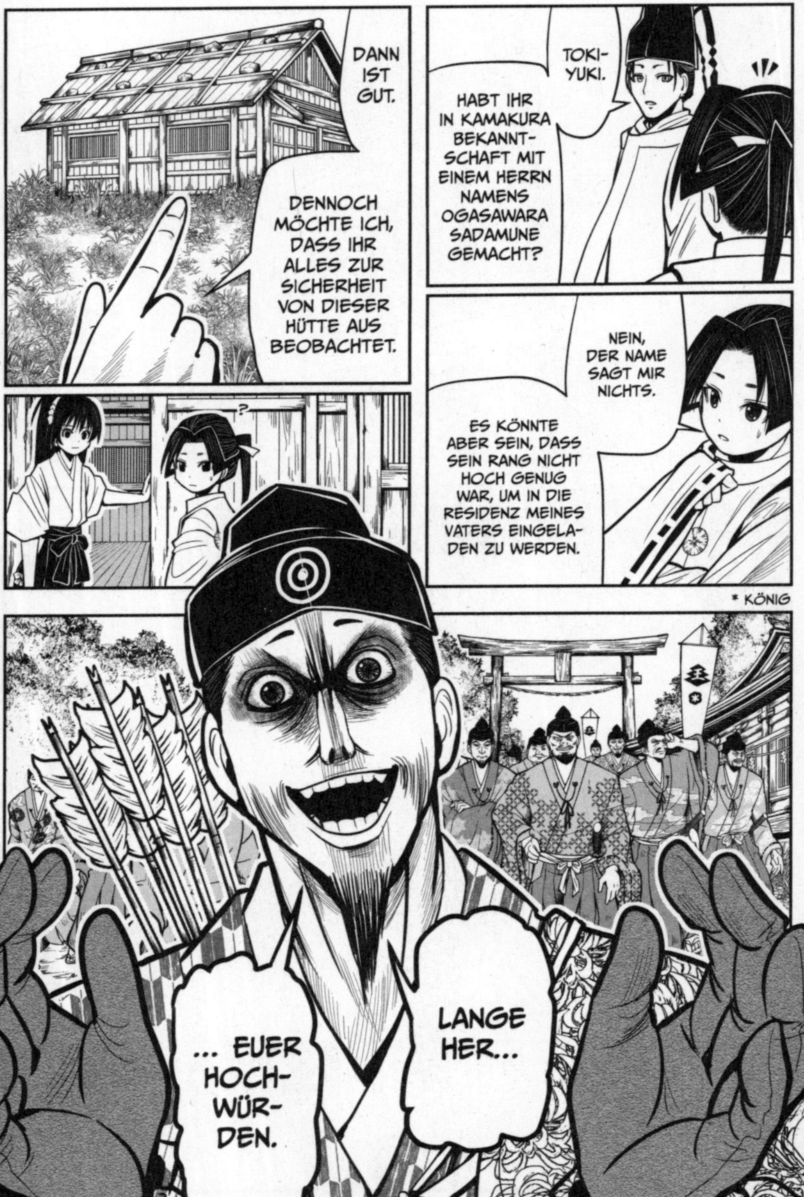
DANN IST GUT.
DENNOCH MÖCHTE ICH, DASS IHR ALLES ZUR SICHERHEIT VON DIESER HÜTTE AUS BEOBACHTET.
?
TOKI-YUKI.
HABT IHR IN KAMAKURA BEKANNT-SCHAFT MIT EINEM HERRN NAMENS OGASAWARA SADAMUNE GEMACHT?
NEIN, DER NAME SAGT MIR NICHTS.
ES KÖNNTE ABER SEIN, DASS SEIN RANG NICHT HOCH GENUG WAR, UM IN DIE RESIDENZ MEINES VATERS EINGELA-DEN ZU WERDEN.
* KÖNIG
LANGE HER...
... EUER HOCH-WÜR-DEN.

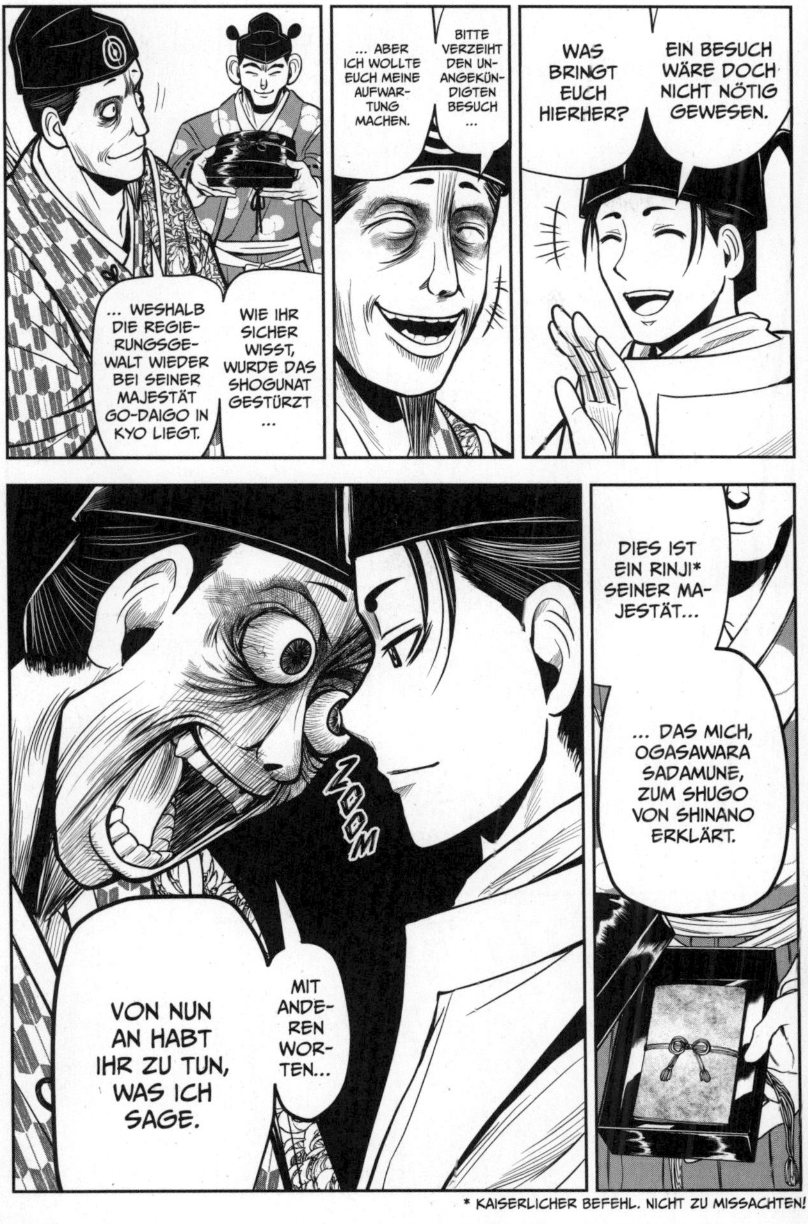

* KAISERLICHER BEFEHL. NICHT ZU MISSACHTEN!

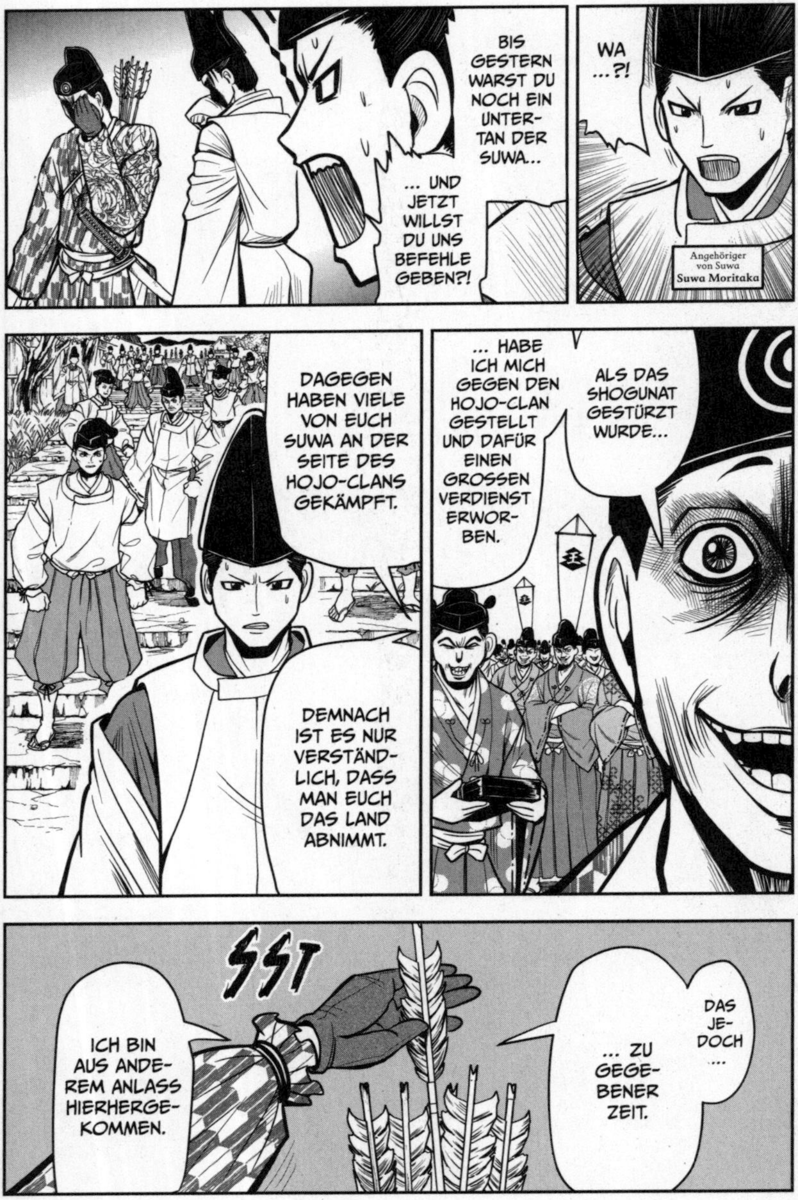
WA ...?!
Angehöriger von Suwa
Suwa Moritaka
BIS GESTERN WARST DU NOCH EIN UNTER-TAN DER SUWA...
... UND JETZT WILLST DU UNS BEFEHLE GEBEN?!
ALS DAS SHOGUNAT GESTÜRZT WURDE...
... HABE ICH MICH GEGEN DEN HOJO-CLAN GESTELLT UND DAFÜR EINEN GROSSEN VERDIENST ERWOR-BEN.
DAGEGEN HABEN VIELE VON EUCH SUWA AN DER SEITE DES HOJO-CLANS GEKÄMPFT.
DEMNACH IST ES NUR VERSTÄND-LICH, DASS MAN EUCH DAS LAND ABNIMMT.
DAS JE-DOCH ...
... ZU GEGE-BENER ZEIT.
SST
ICH BIN AUS ANDE-REM ANLASS HIERHERGE-KOMMEN.

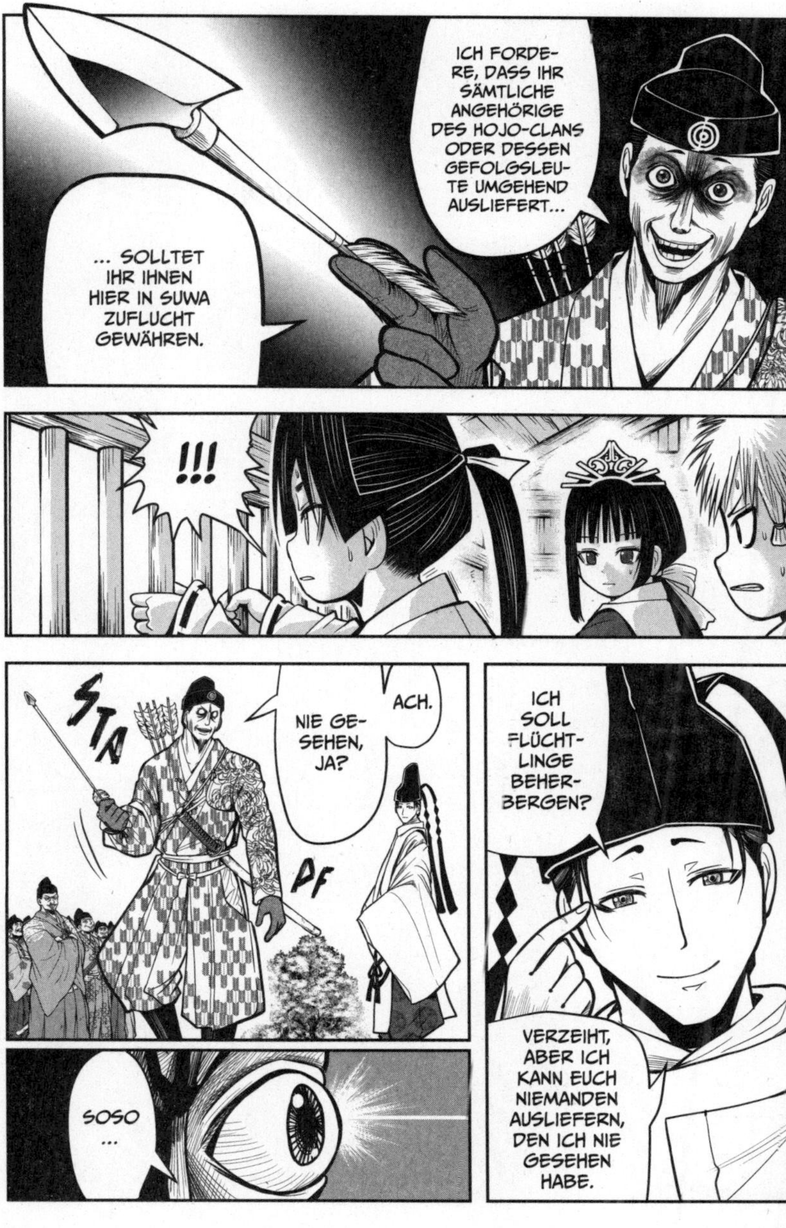
ICH FORDERE, DASS IHR SÄMTLICHE ANGEHÖRIGE DES HOJO-CLANS ODER DESSEN GEFOLGSLEUTE UMGEHEND AUSLIEFERT...
... SOLLTET IHR IHNEN HIER IN SUWA ZUFLUCHT GEWÄHREN.
!!!
ICH SOLL FLÜCHTLINGE BEHERBERGEN?
VERZEIHT, ABER ICH KANN EUCH NIEMANDEN AUSLIEFERN, DEN ICH NIE GESEHEN HABE.
STA
ACH.
NIE GESEHEN, JA?
PF
SOSO ...

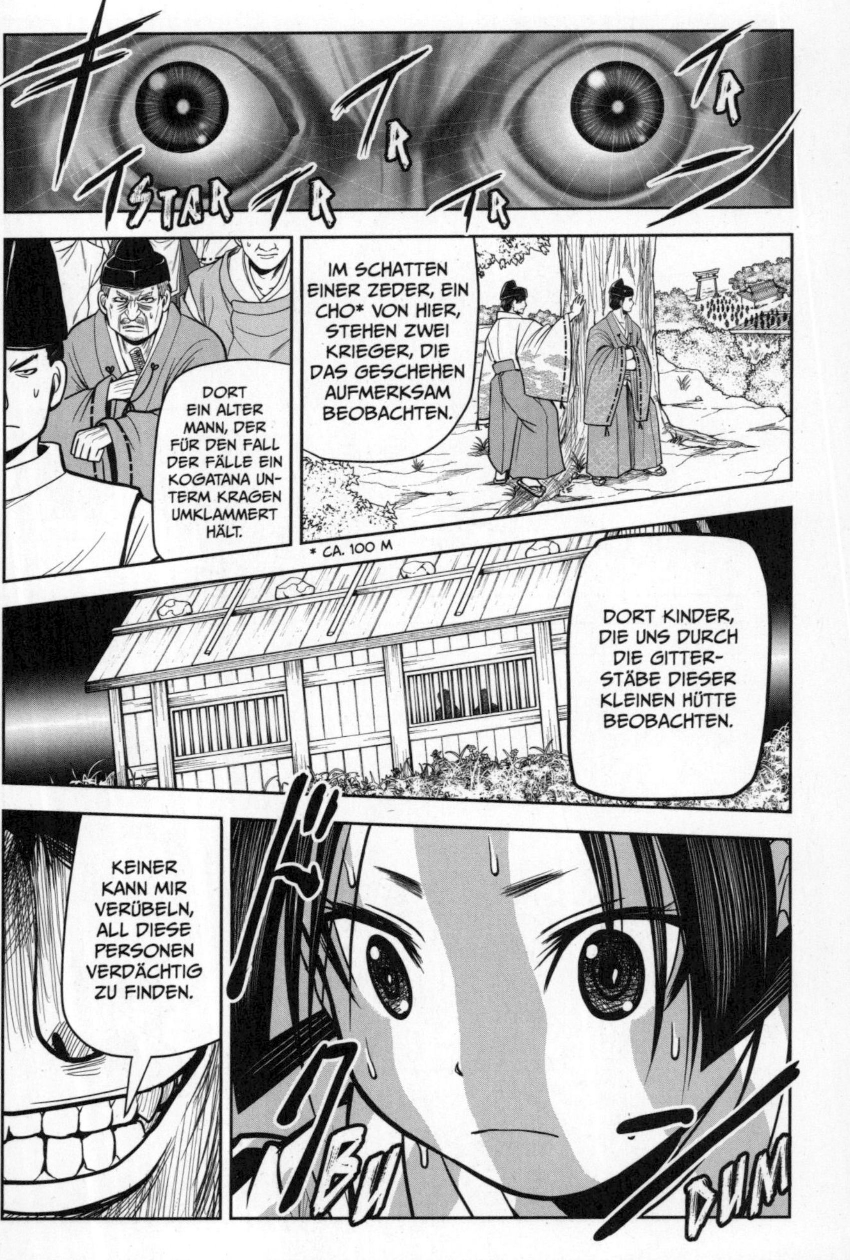

STAR
TR
TR
TR
TR
DORT EIN ALTER MANN, DER FÜR DEN FALL DER FÄLLE EIN KOGATANA UNTERM KRAGEN UMKLAMMERT HÄLT.
IM SCHATTEN EINER ZEDER, EIN CHO* VON HIER, STEHEN ZWEI KRIEGER, DIE DAS GESCHEHEN AUFMERKSAM BEOBACHTEN.
* CA. 100 M
DORT KINDER, DIE UNS DURCH DIE GITTERSTÄBE DIESER KLEINEN HÜTTE BEOBACHTEN.
KEINER KANN MIR VERÜBELN, ALL DIESE PERSONEN VERDÄCHTIG ZU FINDEN.
BU
DUM

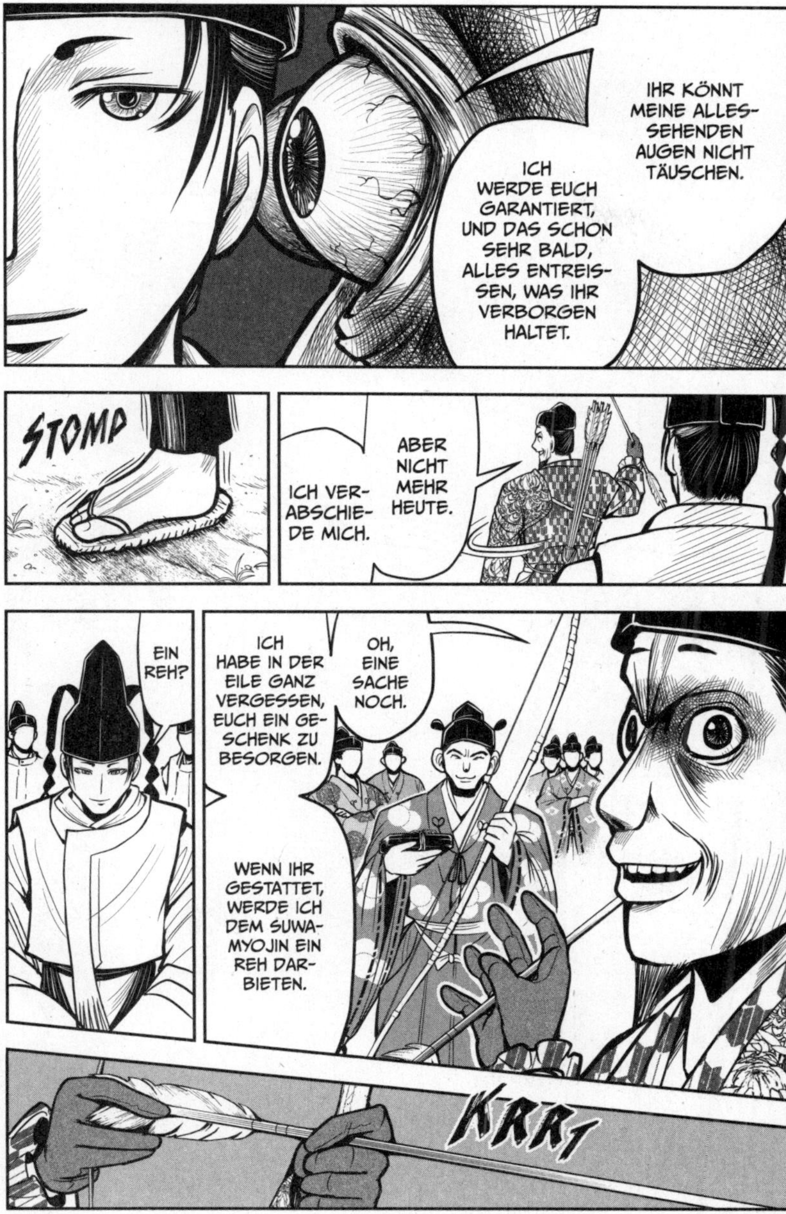
IHR KÖNNT MEINE ALLES-SEHENDEN AUGEN NICHT TÄUSCHEN.
ICH WERDE EUCH GARANTIERT, UND DAS SCHON SEHR BALD, ALLES ENTREISSEN, WAS IHR VERBORGEN HALTET.
ABER NICHT MEHR HEUTE.
ICH VERABSCHIEDE MICH.
STOMP
OH, EINE SACHE NOCH.
ICH HABE IN DER EILE GANZ VERGESSEN, EUCH EIN GESCHENK ZU BESORGEN.
WENN IHR GESTATTET, WERDE ICH DEM SUWAMYOJIN EIN REH DARBIETEN.
EIN REH?
KRRI

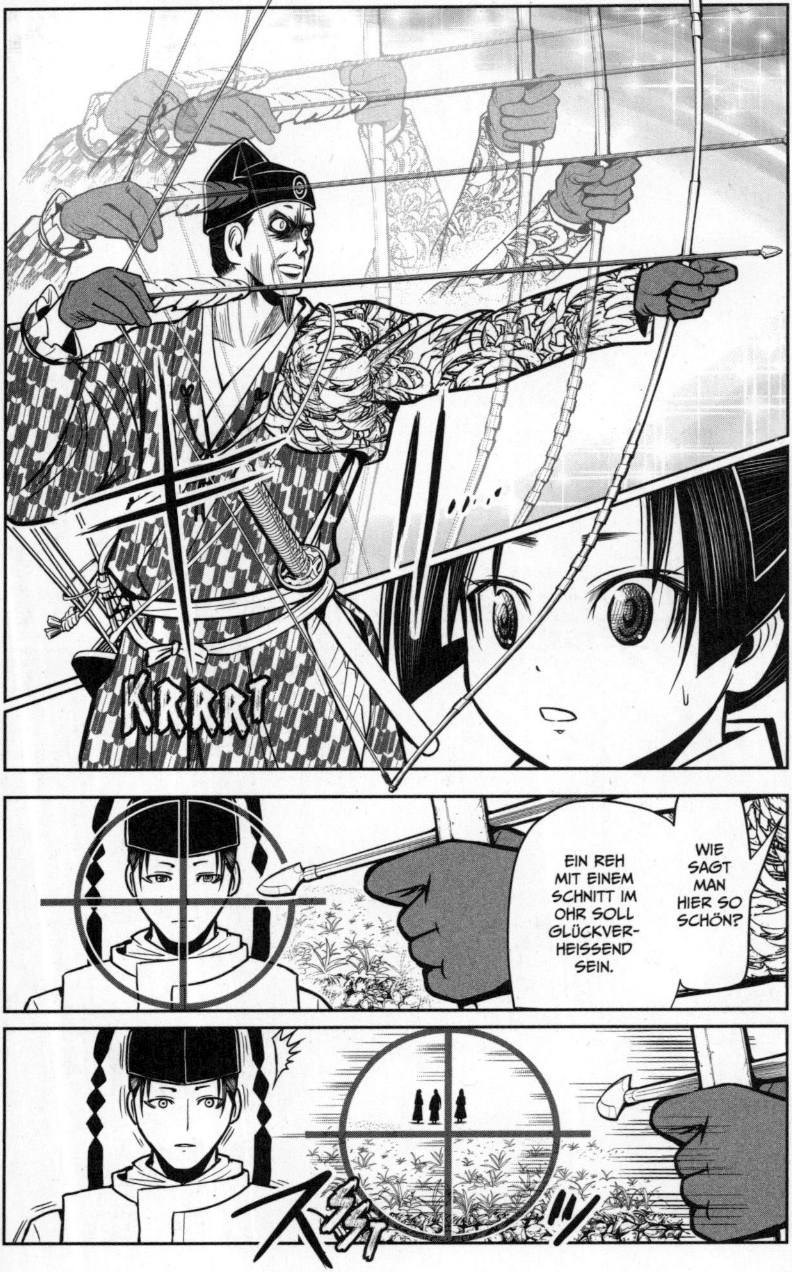
…!
KRRRT
WIE SAGT MAN HIER SO SCHÖN?
EIN REH MIT EINEM SCHNITT IM OHR SOLL GLÜCKVERHEISSEND SEIN.
SSST

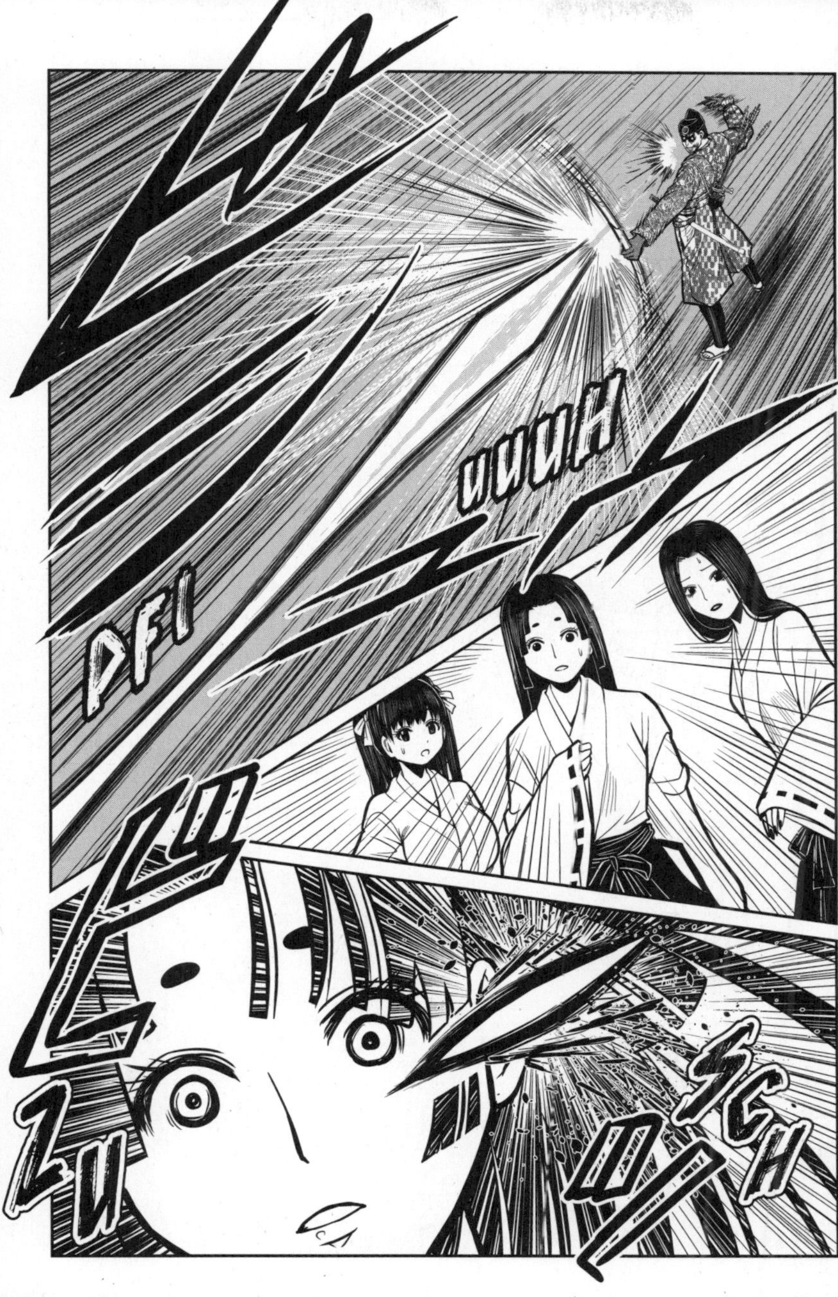

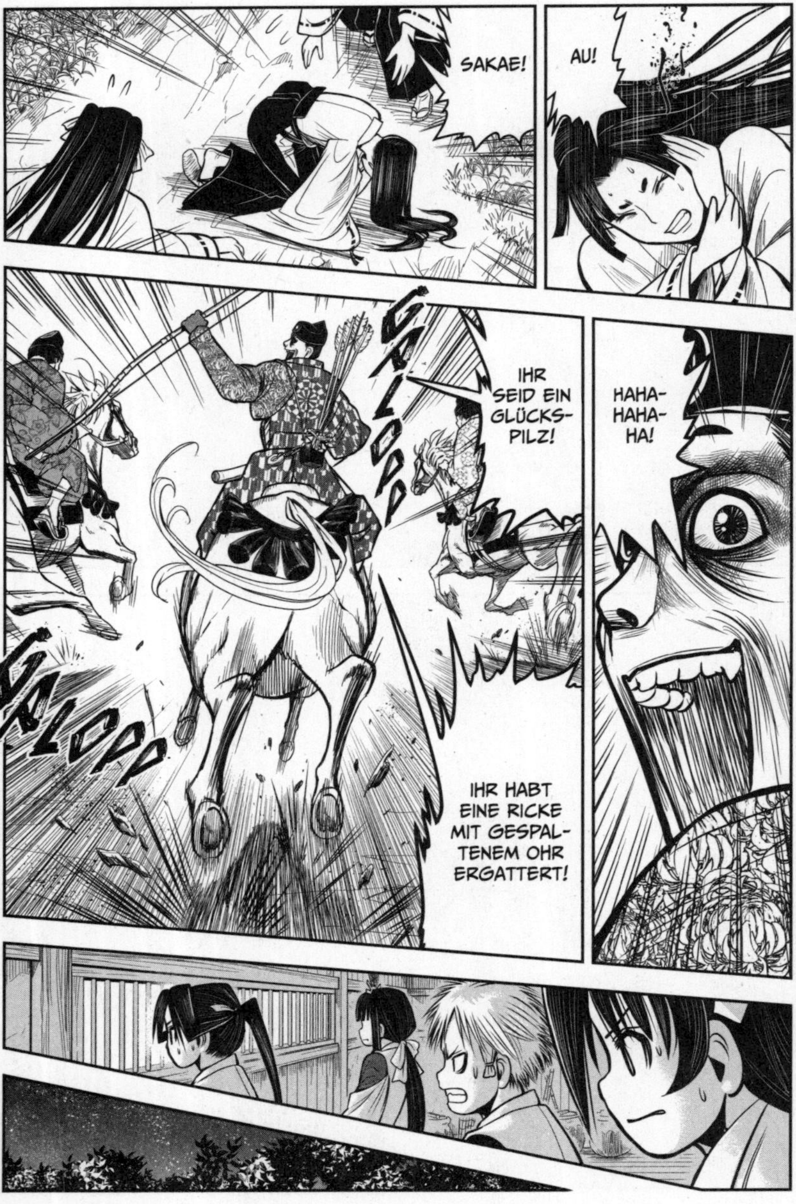
AU!
SAKAE!
HAHA-HAHAHA!
IHR SEID EIN GLÜCKSPILZ!
GALOPP
GALOPP
IHR HABT EINE RICKE MIT GESPALTENEM OHR ERGATTERT!

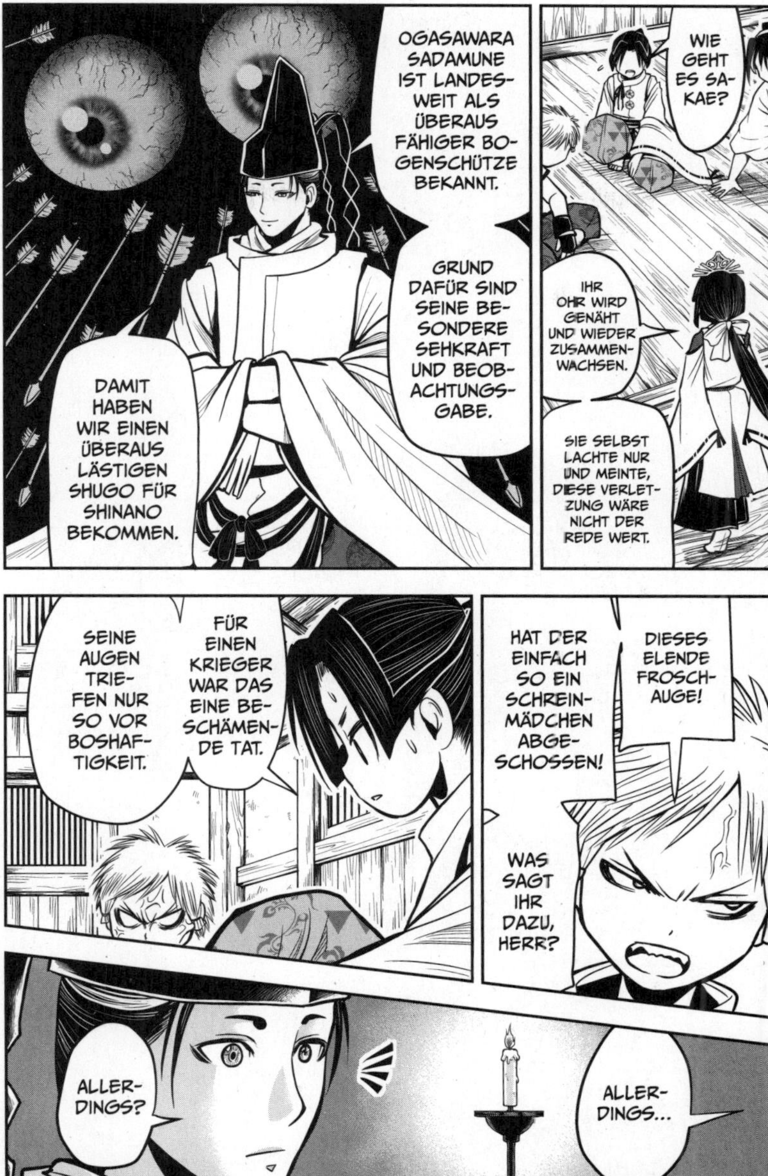

WIE GEHT ES SAKAE?
IHR OHR WIRD GENÄHT UND WIEDER ZUSAMMEN-WACHSEN.
SIE SELBST LACHTE NUR UND MEINTE, DIESE VERLETZUNG WÄRE NICHT DER REDE WERT.
OGASAWARA SADAMUNE IST LANDES-WEIT ALS ÜBERAUS FÄHIGER BO-GENSCHÜTZE BEKANNT.
GRUND DAFÜR SIND SEINE BE-SONDERE SEHKRAFT UND BEOB-ACHTUNGS-GABE.
DAMIT HABEN WIR EINEN ÜBERAUS LÄSTIGEN SHUGO FÜR SHINANO BEKOMMEN.
DIESES ELENDE FROSCH-AUGE!
HAT DER EINFACH SO EIN SCHREIN-MÄDCHEN ABGE-SCHOSSEN!
WAS SAGT IHR DAZU, HERR?
FÜR EINEN KRIEGER WAR DAS EINE BE-SCHÄMEN-DE TAT.
SEINE AUGEN TRIE-FEN NUR SO VOR BOSHAF-TIGKEIT.
ALLER-DINGS...
ALLER-DINGS?

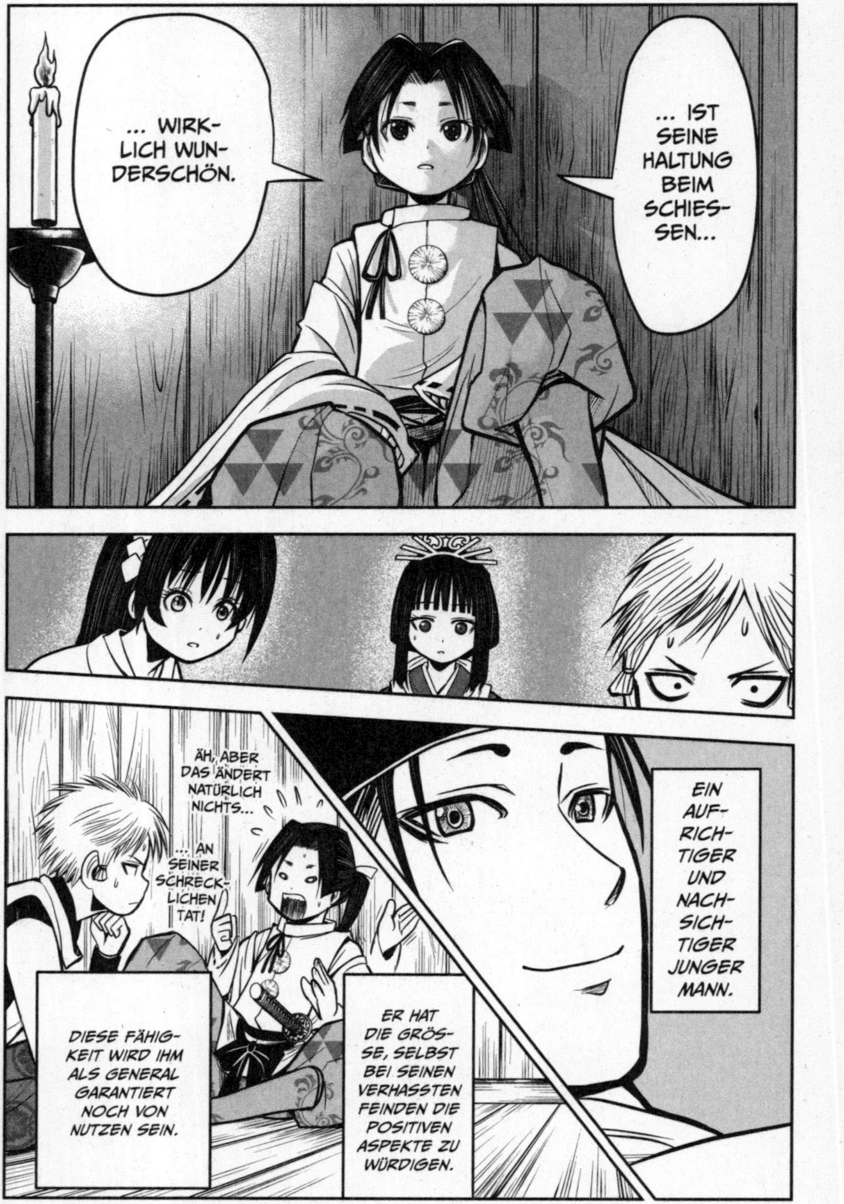
... IST SEINE HALTUNG BEIM SCHIESSEN...
... WIRKLICH WUNDERSCHÖN.
EIN AUFRICHTIGER UND NACHSICHTIGER JUNGER MANN.
ÄH, ABER DAS ÄNDERT NATÜRLICH NICHTS...
... AN SEINER SCHRECKLICHEN TAT!
ER HAT DIE GRÖSSE, SELBST BEI SEINEN VERHASSTEN FEINDEN DIE POSITIVEN ASPEKTE ZU WÜRDIGEN.
DIESE FÄHIGKEIT WIRD IHM ALS GENERAL GARANTIERT NOCH VON NUTZEN SEIN.

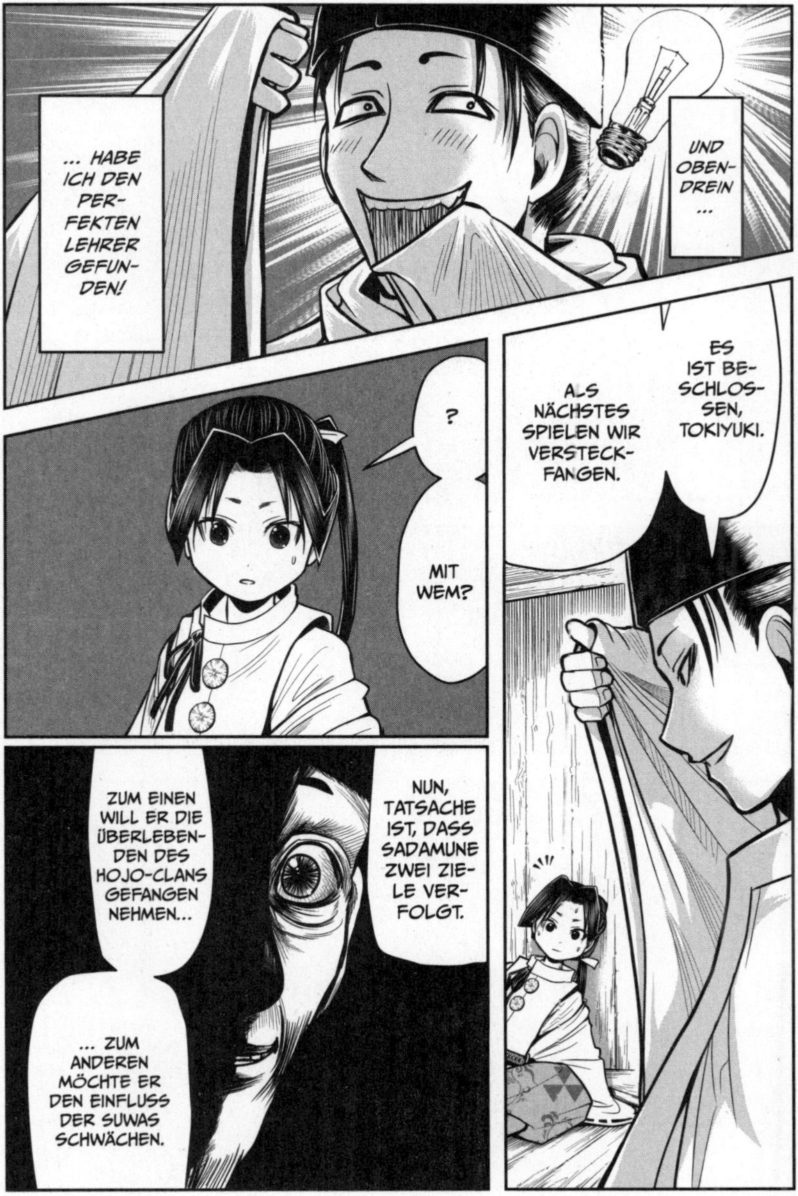
UND OBENDREIN ...
... HABE ICH DEN PERFEKTEN LEHRER GEFUNDEN!
ES IST BESCHLOSSEN, TOKIYUKI.
ALS NÄCHSTES SPIELEN WIR VERSTECKFANGEN.
?
MIT WEM?
NUN, TATSACHE IST, DASS SADAMUNE ZWEI ZIELE VERFOLGT.
ZUM EINEN WILL ER DIE ÜBERLEBENDEN DES HOJO-CLANS GEFANGEN NEHMEN...
... ZUM ANDEREN MÖCHTE ER DEN EINFLUSS DER SUWAS SCHWÄCHEN.

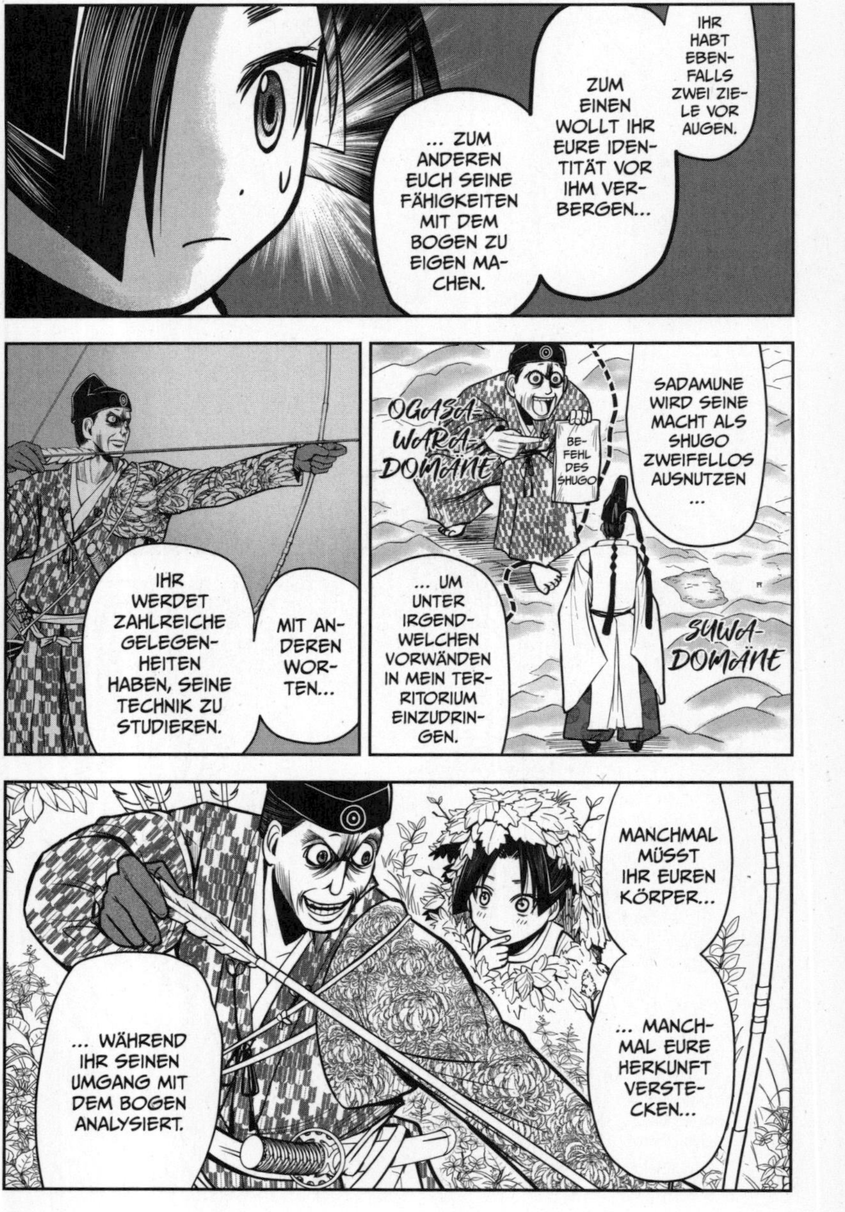
IHR HABT EBENFALLS ZWEI ZIELE VOR AUGEN.
ZUM EINEN WOLLT IHR EURE IDENTITÄT VOR IHM VERBERGEN...
... ZUM ANDEREN EUCH SEINE FÄHIGKEITEN MIT DEM BOGEN ZU EIGEN MACHEN.
SADAMUNE WIRD SEINE MACHT ALS SHUGO ZWEIFELLOS AUSNUTZEN ...
OGASAWARA-DOMÄNE
BEFEHL DES SHUGO
SUWA-DOMÄNE
... UM UNTER IRGENDWELCHEN VORWÄNDEN IN MEIN TERRITORIUM EINZUDRINGEN.
MIT ANDEREN WORTEN...
IHR WERDET ZAHLREICHE GELEGENHEITEN HABEN, SEINE TECHNIK ZU STUDIEREN.
MANCHMAL MÜSST IHR EUREN KÖRPER...
... MANCHMAL EURE HERKUNFT VERSTECKEN...
... WÄHREND IHR SEINEN UMGANG MIT DEM BOGEN ANALYSIERT.

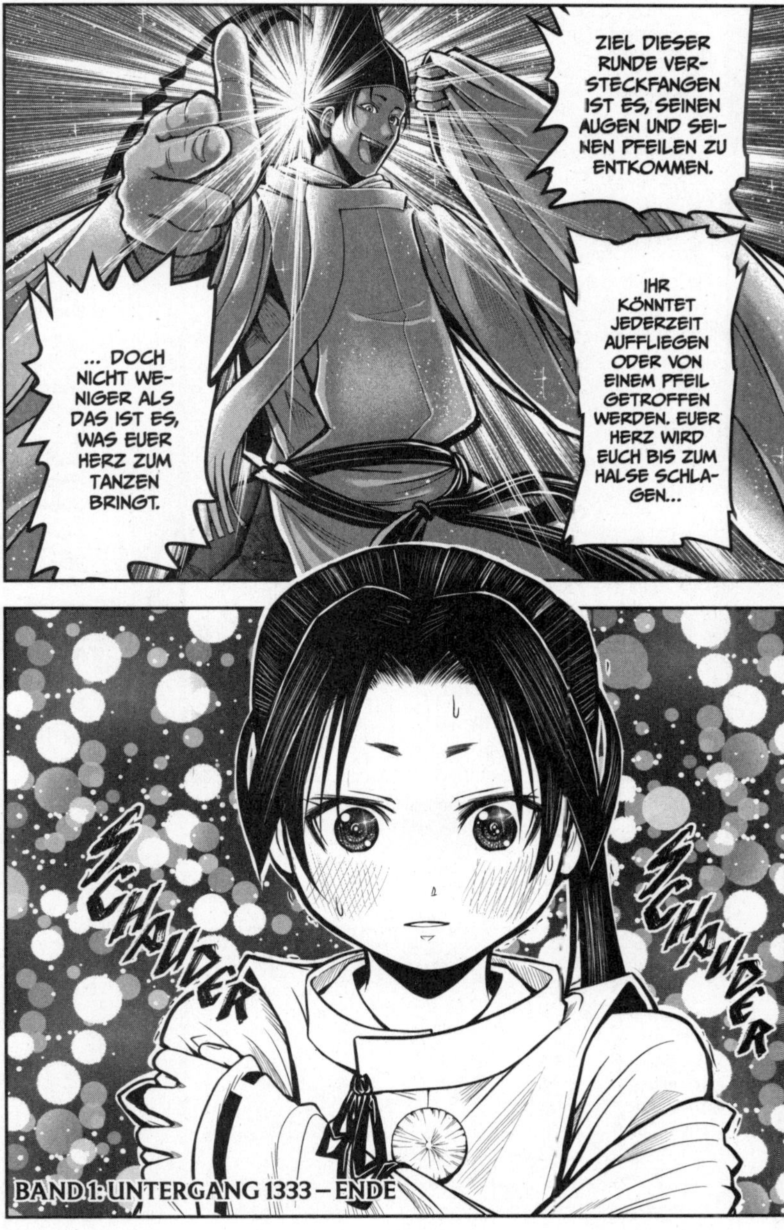

BAND 1: UNTERGANG 1333 – ENDE

Wie ist das Shogunat entstanden?

Es heißt, die Heian-Zeit (794-1185) wäre eine friedliche Epoche gewesen, doch das ist eine knallharte Lüge. Die Kanto-Region war zu der Zeit ein ländliches Gebiet, in dem lediglich das Gesetz des Dschungels galt. Den Boss eines Gebietes nannte man Zaichi-Ryoshu (Landherr). Diese verwalteten eine Fläche von durchschnittlich etwa 100 Cho (100 ha; entspricht 20-mal dem Tokyo Dome). Und wer richtig stark war, konnte auch mehr als 500 Cho (500 ha; entspricht 50-mal dem Tokyo Dome) an Fläche haben. Allerdings besaßen sie das Land nicht und mussten dem Adel in Kyoto, Tempeln und Schreinen daher ordentlich Steuern zahlen. Außerdem mussten sie selbst dafür sorgen, dass benachbarte Landherren ihnen nicht ihr Land stahlen. (Es gab nämlich keine Polizei.) Sie griffen zu Waffen und stiegen auf Pferde.

So wurde die Bushi (Kriegerklasse) geboren. Die Krieger sahen Minamoto no Yoritomo als ihren Dienstherrn, was ihm schließlich den Titel Shogun (General) einbrachte. Er vertrat die Interessen der Krieger und stellte sich dem kaiserlichen Hof in Kyoto entgegen. Die Krieger, die zu Gefolgsleuten des Shoguns wurden, nannte man Gokenin (niedere Vasallen). Sprich, Landherren wurden zu Kriegern und dann zu niederen Vasallen. Das Shogunat ist also eine Regierung aus einem Shogun und seinen Vasallen.

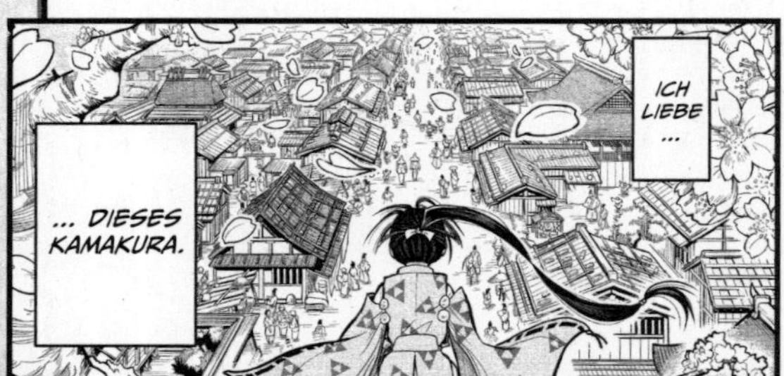

※ DIE VERWENDETEN BILDER STAMMEN AUS DEN *WEEKLY SHONEN JUMP* AUSGABEN 10-14.

THE ELUSIVE SAMURAI

In dieser Rubrik erfahrt ihr etwas über die historischen Hintergründe, wodurch ihr gleich noch viel mehr Spaß beim Lesen haben werdet.

Erklärungen von

Hongo Kazuto

▸ Welche Aufgaben hatte man als Shikken (Regent)? ◂

Eine Besonderheit in der japanischen Geschichte ist es, dass die Personen an der Spitze der Gesellschaft nicht unbedingt arbeiten mussten. Zu Zeiten historischen Umschwungs war das natürlich anders. Regenten wie Minamoto no Yoritomo oder Tokugawa Ieyasu arbeiteten wie Tiere. So haben sich neue Organisationsformen und Regeln entwickelt. Sobald sich die Zeiten allerdings stabilisiert hatten, war es für einen Regenten ausreichend, einfach nur eine repräsentative Rolle einzunehmen. Tokugawa Ienari, der 11. Shogun der Edo-Zeit (1603-1868), war zum Beispiel beliebt dafür, nichts zu tun außer Kinder (und zwar 50 Stück an der Zahl) zu zeugen. Dementsprechend mussten sich seine Untergebenen um militärische und politische Angelegenheiten kümmern. In der Kamakura-Zeit war das der Regent, ein Posten, der vom Hojo-Clan monopolisiert wurde. Aber sobald sich die Position des Regenten im Laufe der Kamakura-Zeit als Position an der Spitze der Regierung gefestigt hatte, waren auch Regenten nur mehr Zierde, deren Position innerhalb des Hojo-Clans weitervererbt wurde, denn die Hauptlinie des Clans war zu der Zeit an der Macht. Das Oberhaupt dieser Familie bezeichnete man als Tokuso.

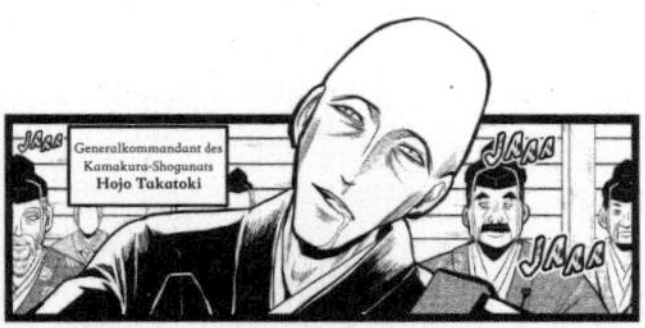

▸ Was für ein Mensch 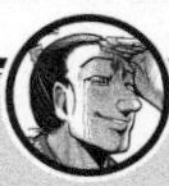 war Godaiin Muneshige? ◂

Der Familienname Godaiin ist selten. Er taucht lediglich in der späten Kamakura-Zeit auf. Die Hauptlinie des Hojo-Clans wurde als Tokuso-Linie bezeichnet und die Familie Godaiin diente dieser größtenteils als Krieger. Muneshiges jüngere Schwester wurde Hojo Takatokis Zweitfrau und gebar seinen ältesten Sohn Kunitoki, was Muneshige zu Kunitokis Onkel machte. Bevor Takatoki sich das Leben nahm, bat er Muneshige, der für ihn ein vertrauter Vasall und mit seinem Sohn blutsverwandt war, darum, mit Kunitoki zu fliehen. Muneshige war allerdings auf eine Belohnung aus, weswegen er Kunitoki, seinen Herrn und Neffen, an Nitta Yoshisada, der Kamakura angegriffen hatte, verkaufte. Da Kunitoki ein Überlebender der Tokuso-Linie war, köpften sie den armen Jungen. Nitta und dessen Leute verabscheuten und verachteten Muneshige aber für seine Tat, obwohl die Hojo ihre Feinde waren, und gaben ihm keine Belohnung. Laut aktuellem Forschungsstand heißt es, dass Muneshige daraufhin keinerlei Beachtung fand, es ihm an Lebensmitteln mangelte und er schließlich am Hungertod starb.

Über Tokiyuki und Kunitoki

Hojo Takatokis Hauptfrau war aus dem Adachi-Clan, seine Nebenfrau war die Schwester von Muneshige. Tokiyuki war der Sohn der Haupt- und Kunitoki der Sohn der Nebenfrau. Das historische Epos *Taiheiki*, das von dieser Zeit berichtet, bezeichnet Kunitoki als Erben, was allgemein als Fehler betrachtet wird, da man zu der Zeit denjenigen mit der besseren Abstammung bevorzugt hätte. Demnach wäre Tokiyuki der rechtmäßige Erbe gewesen, auch wenn er Kunitokis jüngerer Bruder war.Die Adachi waren die stärksten Vasallen des Shogunats und gelangten zusammen mit den Hojo an Stärke. Während Minamoto no Yoritomo, der das Kamakura-Shogunat schließlich gründete, noch als Verbrecher lebte, diente ihm nur ein einziger Krieger als Vasall und das war Adachi Morinaga. Yoritomo schrieb einst einen Liebesbrief an eine hübsche und angesehene Tochter des Hojo-Clans und schickte Morinaga, um diesen zu überbringen. Der aber dachte: »Der Brief ist für die jüngere Tochter des Hauses, oder? Die ältere Tochter ist aber die Bessere von beiden und daher eher als Ehefrau Yoritomos geeignet.« und überreichte den Brief daher der älteren Tochter. Bei dieser handelte es sich natürlich um Hojo Masako. Seitdem wurden die Töchter des Adachi-Clans mit Männern der Hojo-Hauptlinie, also der Tokuso-Linie, verheiratet. Die Tokuso-Linie könnt ihr der Grafik unten entnehmen.

Der Weg des Kriegers (bushido) = Der Weg des Kämpfers (tsuwamono no michi)

Die Kamakura-Krieger hielten fest an ihrer Moralvorstellung vom Weg des Kämpfers. Heißt, sie logen nicht, unternahmen keine feigen Taten, ehrten ihre Eltern, Geschwister und die ganze Familie, sowie ihre Freunde, gaben Ehre mehr Gewicht als Geld und vor allem würden sie niemals ihren Herrn verraten. In späteren Epochen wurde dieser Kodex die Grundlage des Bushido. Nehmen wir als Beispiel die Schlacht von Hoji 1247, in welcher Hojo Tokiyori den stärksten Krieger Kanagawas Miura Yasumura besiegte. Der Krieger Mori Suemitsu kontrollierte ein Gebiet, das dem heutigen Moridai in der Stadt Atsugi innerhalb der Präfektur Kanagawa entspricht.

Tokiyori, Tadatoki und Takatokis Mütter stammen jeweils aus dem Adachi-Chan, daher ist die Annahme, Tokiyuki wäre der rechtmäßige Erbe des Shoguns, da seine Mutter ebenfalls aus dem Adachi-Clan ist, legitim.

5. Regent: Tokiyori — 8. Regent: Tokimune — 9. Regent: Sadatoki — 14. Regent: Takatoki

Er war der Sohn von Oe Hiromoto, der Minamoto no Yoritomo in seiner Funktion als Minister der Regierungsverwaltung (mandokoro-chokan; die Spitzenposition in politischen und finanziellen Angelegenheiten) unterstützte. Hiromoto war ein Adliger niederen Ranges, der rekrutiert und nach Kamakura gebracht wurde. Folglich war Suemitsu nicht als Krieger geboren worden. Er hätte Beamter werden können, entschied sich aber für ein Leben als Krieger und versuchte mehr als jeder andere, diesem Leben auch gerecht zu werden. Suemitsu erkannte, dass der Miura-Clan nicht gegen den Hojo-Clan gewinnen würde, und wollte sich dem Hojo-Lager anschließen, als seine Ehefrau ihn darum bat, seinem Bruder zu helfen. Genau, bei diesem Bruder handelte es sich um Miura Yasumura. Daraufhin änderte Suemitsu sein Vorhaben, denn ein Krieger hatte seine Familie zu ehren und die Ehre wog mehr als das eigene Leben. Er wusste, dass sie diesen Kampf verlieren würden, zog aber an der Seite des Miura-Clans in die Schlacht und verlor dabei sein Leben. Mit seinem Tod verlor der Mori-Clan auch sein Land in Kanagawa. Ein Junge jedoch überlebte diese Schlacht und erhielt später Land auf Hiroshima. Einer seiner Nachkommen war Mori Motonari, ein Territorialfürst der Sengoku-Zeit (1477-1573), und das Gebiet wurde zum Ende des Tokugawa-Shogunats als Choshu-Lehen bekannt. In dieser Zeit galt jemand wie Godaiin, der seine Familie nicht ehrte und seinen Herrn verriet, allgemeinhin als Abschaum.

War es zu der Zeit üblich, seinen Namen zu ändern?

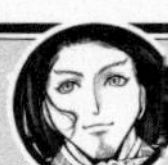

Die Krieger der Kamakura-Zeit waren nicht sonderlich gebildet und die wenigsten konnten Kanji lesen oder schreiben. Demensprechend bestand kein besonderes Interesse daran, seinen Kindern ungewöhnliche Namen zu geben, weswegen viele Personen der Zeit ähnliche Namen hatten. Zudem gab es den Brauch des Toriji, eines Schriftzeichens, das in vielen Namen der Mitglieder einer Familie enthalten ist. Das Toriji des Hojo-Clans war 時 (toki), das des Ashikaga-Clans war 氏 (uji) und das des Chiba-Clans, dem stärksten Clan der Boso-Halbinsel, war 胤 (tane). Es kam auch vor, dass ein Herr seinem Vasallen ein Schriftzeichen seines eigenen Namens verlieh. Da es sich dabei um eine große Ehre handelte, nahm man diese dankend an. Von Takatoki aus der Hojo-Hauptlinie erhielt Ashikaga Takauji während der Zeremonie zum Erreichen des Mannbarkeitsalters (genpuku; »Krönung«) das Schriftzeichen 高 (taka), das mit 氏 (uji), dem Toriji des Ashikaga-Clans, seinen Namen 高氏 (Takauji) bildete. Nach dem Sturz des Kamakura-Shogunats verlieh ihm der Tenno Go-Daigo von seinem gebürtigen Namen Takaharu das Schriftzeichen 尊 (taka), weshalb er seinen Namen fortan 尊氏 (Takauji) schrieb. Er mag bisher der einzige gewesen sein, der je ein Schriftzeichen vom Tenno erhielt.

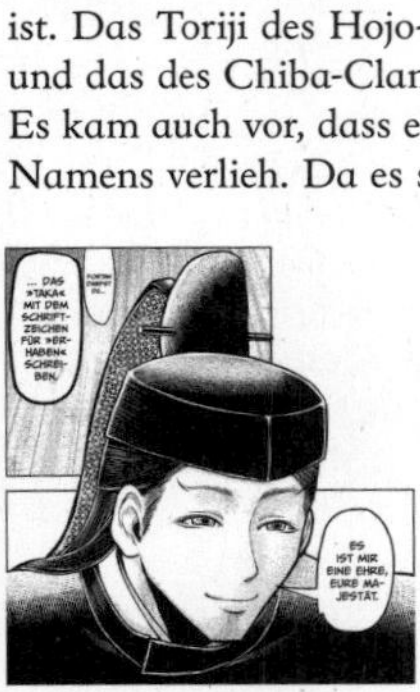

Wie sah es zu der Zeit am kaiserlichen Hof aus?

Der Kaiserhof existierte zu der Zeit schon seit einer geraumen Weile, verlor jedoch nach Gründung des Kamakura-Shogunats zunehmend an Macht. Besonders nach der Jokyu-Rebellion 1221. Der abgedankte Tenno Go-Toba wollte das Kamakura-Shogunat stürzen und zettelte eine Schlacht an, verlor diese aber und wurde auf die Oki-Inseln verbannt. Das Shogunat nahm dem Kaiserhof daraufhin sämtliche militärische Macht ab. Während das Shogunat in militärischen Angelegenheiten unschlagbar war, hatte es allerdings nur wenig Erfahrung mit administrativen oder kulturellen Angelegenheiten, und verstand auch nicht viel von Wirtschaft. In Sachen Regierung hatten sie viel vom Kaiserhof zu lernen. Schließlich koexistierten beide – das Shogunat im Osten und der Kaiserhof im Westen. Der Kaiserhof erkannte, dass er das Shogunat nicht mit militärischen Mitteln bezwingen konnte, weshalb er sich darauf konzentrierte, mit dem Tenno an der Spitze seine administrativen und juristischen Fähigkeiten auszubauen. Aus diesem Grund gab es in der zweiten Hälfte der Kamakura-Zeit einige weise Tenno. Mitten in dieser Zeitspanne wurde der spätere Tenno Go-Daigo geboren.

Wie groß waren die Japaner?

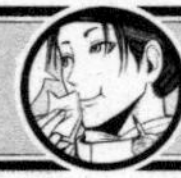

Um diese Frage zu beantworten, müssen wir uns zunächst einmal mit dem Körperbau der Menschen aus der Zeit befassen. Der japanische Mann hat heutzutage eine Körpergröße von durchschnittlich 170 cm. Aber wie war das damals? Die sterblichen Überreste lassen darauf schließen, dass sie flink gewesen sind. Daher vermutet man, dass die Menschen der Kofun-Zeit (ca. 300-538) relativ groß gewesen sein müssen (Männer durchschnittlich 163 cm). Dieser Wert sinkt aber kontinuierlich. In der Heian-Zeit lag der Durchschnitt bei 161 cm bzw. gegen Ende nur noch bei 157 cm. In der Edo-Zeit lag der Durchschnitt bei 155 cm. Die Zahlen stiegen erst wieder zur Meiji-Periode (1868-1912) und steigen auch weiterhin noch an. Aber wieso war das so? Alles deutet auf einen Zusammenhang mit der Aufnahme von Proteinen aus Tierfleisch hin. Der Buddhismus verbreitete sich in Japan im 6. Jahrhundert. Laut ihm war das Töten von Lebewesen eine schwere Sünde. Das Jagen, als auch der Verzehr von Fleisch war damit Tabu. Vögel waren von diesem Verbot ausgenommen, ebenso wie Hasen, da diese mit demselben Zählwort gezählt wurden wie Vögel und damit quasi als Vögel galten. Wildschweine, Rehe, Kühe, Pferde oder Hunde durften nicht gegessen werden. Dadurch kam es zum Proteinmangel, weswegen die durchschnittliche Körpergröße abnahm.

Was waren Krieger (bushi) eigentlich?

Diese Erklärung klingt zunächst schlüssig, kann so aber nicht ganz stimmen. Wenn ein Mensch Hunger hat, wird er wohl kaum wählerisch sein, oder? Eben. Irreguläres Wetter führt beispielsweise zu einer schlechten Reisernte. Während der Edo-Zeit sind viele Menschen verhungert. Da es sogar Geschichten darüber gibt, wie die Menschen in ihrer Not zu Kannibalen wurden, ist es nur schwer vorstellbar, dass sie nicht auch das Fleisch von Tieren gegessen haben. Angenommen, sie würden nur in Ausnahmesituationen Fleisch zu sich nehmen, nicht aber in friedlichen Zeiten, dann gäbe es auch keinen Widerspruch zu den schrumpfenden Zahlen. Aber das Jagen war untrennbar mit dem Leben eines Kriegers verbunden und das ist das Problem. Die Kriegerklasse entstand in der Heian-Zeit. Ein Krieger hatte seinen eigenen Leib und sein eigenes Gut zu beschützen. Dafür rüstete er sich. Das machte einen Krieger aus. War es also ausreichend, eine Rüstung zu tragen und einen Helm aufzusetzen, um als Krieger anerkannt zu werden? Nein, so einfach war das nicht. Man wurde erst zu einem Krieger, wenn man an einer großen Jagd teilgenommen hatte. Die Beamten, die damals die Provinzen (heute wären es Präfekturen) regierten, kamen von Kyoto und wurden Kokushi (Provinzverwalter; die Nummer 1 unter ihnen entspricht dem heutigen Präfekturgouverneur) genannt. Die Amtszeit war vier Jahre. Innerhalb dieser Zeit hatte der Kokushi der örtlichen Gottheit seinen Dank zum Ausdruck zu bringen, wofür er eine sogenannte Großjagd abhielt, und die Teilnehmer waren Krieger. Sprich, Krieger mussten das Jagen beherrschen. Sie mussten reiten und mit Pfeil und Bogen umgehen können. Außerdem mussten sie ihre erlegte Beute der Gottheit darbringen. Aus diesem Grund hielten gebürtige Krieger in ihrem Gebiet Jagden ab, um ihre Fähigkeiten zu perfektionieren. Sie erlegten Wildschweine und Rehe, aber würden sie sie dann nicht auch essen? Oder würden sie sie liegen und verrotten lassen? Das wäre doch Verschwendung! Salz war damals das einzige Gewürz, also würden sie das Fleisch braten oder kochen und mit Salz würzen. Das hätten sie bestimmt lecker gefunden und wäre eine Abwechslung zum Fisch. Würden sie dann nicht einmal im Monat auf die Jagd gehen, ein Wildschwein oder ein Reh erlegen, und das gesalzene Fleisch auf den Tisch bringen? Tja, allzu oft dürfte das nicht passiert sein, sonst wären sie nicht so klein gewesen. Es gibt keine Quellen darüber, dass Fleisch in den Mahlzeiten der Krieger enthalten war; keine Anzeichen dafür, dass Fleisch Teil ihrer Ernährung war. Wieso das? Weil sie sich strikt an das Tötungsverbot hielten? Wir wissen es schlichtweg nicht und werden es wohl auch nie.

Der besondere Charakter der Gottheit von Suwa

Es existieren viele Relikte aus der Region Suwa aus der Jomon-Zeit (ca. 14.000–300 v. Chr.). In der Gegend gibt es den Suwa-See und viele Bäume, wodurch die Menschen immer frisches Trinkwasser hatten und jederzeit Feuer machen konnten. Das Gebiet war schon in den alten Epochen für Menschen geeignet. Den Suwa-Schrein werde ich vorerst überspringen, da ich darüber noch an anderer Stelle etwas sagen kann. Einzigartig war allerdings die Gottheit dieses Gebietes, von der es Überlieferungen einer Jagdkultur gab, denn ihr wurde Fleisch geopfert. Damals war es schwer, Kami (Shinto-Gottheiten) und Buddhas voneinander zu trennen, weshalb das Tötungsverbot im Buddhismus auch die Schreine beeinflusste, die Menschen wollten daher nicht innerhalb eines Schreingeländes töten. Aus diesem Grund wurden den Gottheiten Fische, also Kreaturen des Meeres, statt Wildschweine oder Rehe, also Kreaturen der Berge, geopfert. Das Einzigartige an der Gottheit Suwas war, dass diese Letzteres als Opfergaben wünschte. Folglich ergibt es Sinn, dass Tokiyuki innerhalb der Geschichte gegen das monströse Wildschwein Botan kämpft. Vielleicht haben sie alle zusammen einen Botan-Eintopf genossen, nachdem sie es erfolgreich erlegt hatten. Yorishige ist zwar auch ein Shinto-Priester, aber nun wisst ihr, warum ihm beim Anblick von Wildschweinfleisch förmlich das Wasser im Mund zusammenläuft. In diesem Sinne: Guten Hunger!

Wie einflussreich war ein Shugo?

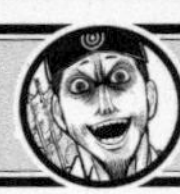

Bis vor noch gar nicht so langer Zeit hieß es laut Geschichtsbüchern, dass das Kamakura-Shogunat 1192 mit der Ernennung Minamoto no Yoritomos zum Seii-Taishogun (Barbaren unterwerfenden großen General)aufstieg. Heute glaubt man, dass es bereits 1185 mit dem Einsetzen von Shugo und Jito (Landvögten) entstand, weshalb die Geschichtsbücher nun umgeschrieben werden. So bedeutend war es, dass jede Provinz (entspricht den heutigen Präfekturen) ihren eigenen Shugo hatte. Anfangs war ein Shugo ein einfacher Beamter, zu dessen Aufgaben das Festnehmen von Schwerverbrechern oder die Mahnung zum Oban Yaku (Wachtdienst; er schickte abwechselnd Krieger seiner Provinz nach Kyoto, die dort die kaiserliche Wache übernahmen) zählten. Der Shugo war also der Anführer der Krieger seiner Provinz – so etwas wie ein großer Bruder. Mit der Zeit ordneten sich ihm die Krieger aber immer mehr unter und er wurde zu einer Vaterfigur bzw. ihrem Boss. Das Ergebnis davon war ein Militärgouverneur, der gleichzeitig der Shugo-daimyo (Territorialfürst) war, wie es ihn in der Muromachi-Zeit (1336-1573) gab. In diesem Manga ist die Entwicklung vom großen Bruder zum Boss noch im Gange. Ich würde sagen, er ist schon etwas mehr Boss als Bruder.

War ein Rinji (»Kaiserlicher Befehl«) etwas Besonderes?

Habt ihr schon einmal die japanische Redewendung »des Kaisers Worte sind wie Schweiß« gehört? Sie drückt aus, dass des Kaisers Worte so bedeutend sind, dass sie nicht rückgängig gemacht werden können, so wie der abgesonderte Schweiß nie wieder in den Körper zurückkehren kann. Die Worte des Kaisers bezeichnet man als Ringen (Zwirnworte), seine schriftlichen Befehle als Rinji (Zwirnbefehl). Schriftliche Befehle eines abgedankten Kaisers nannte man Inzen (Kaiserlicher Erlass eines Abgedankten). Offizielle Befehle des kaiserlichen Hofes nannte man Daijokan-pu (Dokument des Großkanzleramtes), doch der Erlass erforderte relativ viel Aufwand. Deshalb ging man in der Heian-Epoche zum Kansenji (Kaiserlichem Befehl der Staatsverwaltung) über. An der Ausstellung dieses Dokuments waren der Tenno, ein hochrangiger Adliger, zwei Adlige mittleren und einer niederen Ranges beteiligt. Und hier kamen Rinji und Inzen ins Spiel. Besaß der Tenno tatsächliche Macht, erließ er ein Rinji. Ein abgedankter Kaiser erließ ein Inzen. Der Tenno (oder der ehemalige Tenno) konnte dieses Dokument relativ einfach mithilfe nur eines einzigen Adligen mittleren Ranges verfassen. Sowohl Rinji als auch Inzen vermittelten den Willen des Kaiserhofs und waren daher überaus wichtige Dokumente. Der Kaiser Go-Daigo betonte sogar, Rinji wären allmächtig und die Befehle des Tenno würden über allem anderen stehen. Krieger trugen Rinji in Beuteln, die sie um ihren Hals hingen. Gemälde zeigen, dass sie ein Rinji stets bei sich am Körper trugen.

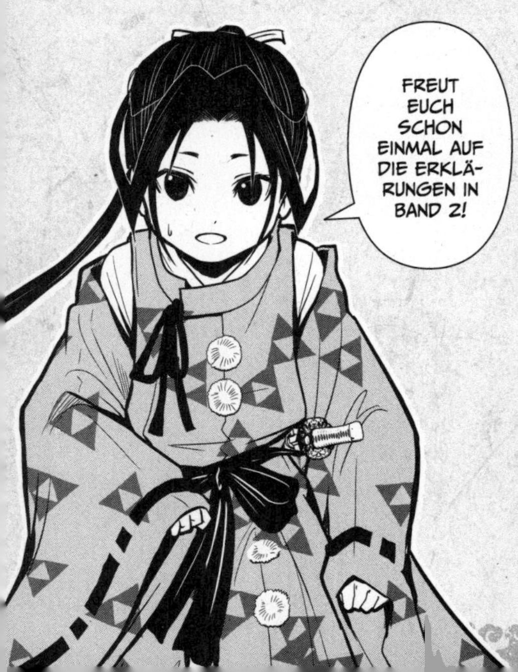

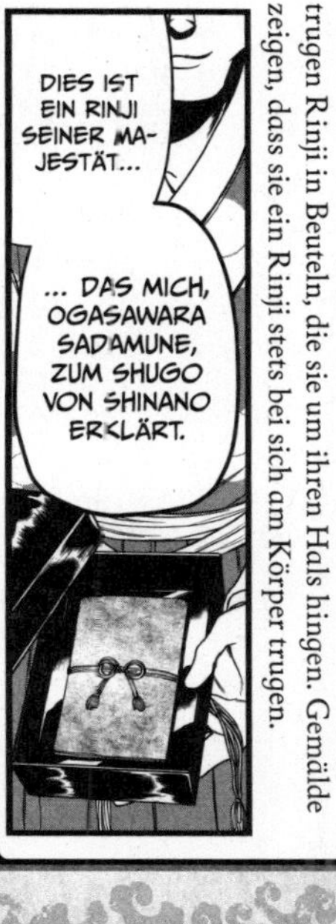

SPECIAL THANKS

Für *The Elusive Samurai* borge ich mir die Fähigkeiten vieler Personen.

Produktionsteam

Ashigaki Tei

Imada Yuuki

(Seine Reihe *MINI4KING* beginnt im August 2021 im *CoroCoro Comic*!)

Enoshima Daisuke

Koizumi Sakuju

Koyoi Wahare

Sie helfen mir bei der Anfertigung der Zeichnungen.
Sie sind meine Kamakura-Krieger, die auf allmächtige
Weise die Bilder zeichnen, die ich mir wünsche.

Redaktion

Azuma Riki

Er ist Redakteur bei *Weekly Shonen Jump*.
Kommt aus guten Kreisen, weshalb er trotz seines jungen
Alters einen verfeinerten Geschmackssinn hat.

Redaktion der Taschenbuchausgabe

Watanabe Satoshi

Er kümmert sich um alles, was mit der Taschenbuchausgabe
zu tun hat. Er hat unglaublich dünne Beine.

Design

Matsumoto Yuki (Banana Grove Studio)

Sie hat das japanische Logo entworfen und
kümmert sich um das Design der Taschenbuchausgabe.
Sie ist qualifizierte Kuratorin.

Maler (japanischer Stil)

Asakura Takafumi

Ich habe ihn für die Muster und den Hintergrund des Covers der Taschenbuchausgabe beauftragt. Bei seinen Fähigkeiten und seinem Format kann man kaum glauben, dass wir im selben Alter sind.

Kalligrafie

Maeda Kamari

Ihn habe ich um die Schriftzüge beim Auftreten von u. a. Dämonen gebeten. Während er ein begeisterter Kalligraf ist, ist er auch ein Meister der Präsentation. Er ist vielseitig begabt.

Schriftleitung & Artikelschreiber

Hongo Kazuto

Er überprüft die historischen Fakten und entwirft die Erklärungsseiten. Die Details, die im Widerspruch zu den historischen Fakten stehen, sind entweder erfunden oder persönliche Interpretationen.

Personal Mark Designer

Matsumoto Marika (& CAT)

Sie hat eine Vielzahl an Kimonomustern entworfen. Sie ist sehr serviceorientiert, weshalb sie diverse Muster vorgeschlagen hat.

Tuschmalerei

Kitamura Tokuro

Er ist für die Tuschezeichnungen zuständig. Ich wünsche ihm, dass er mit Leuten aus verschiedenen Genres zusammen Bilder erstellen kann.

3D CF Modeling

Melta AG

Ich habe sie beauftragt, 3D-Modelle von Rüstungen, Helmen, Schwertern, etc. zu machen, die nicht käuflich zu erwerben sind. Einer der Hauptgründe, warum es so wenig Manga zu dieser Epoche gibt, ist, dass die Rüstungen verdammt lästig zu zeichnen sind. Ich danke den Menschen und dem digitalen Zeitalter dafür, dieses Problem aus der Welt geschafft zu haben.

Hilfe bei der Recherche zu Suwa

Ishino Michiho

Ihr habe ich das Material zu Suwa zu verdanken. Aufgrund ihrer zahlreichen Erfahrungen und Ambitionen, ist sie nicht nur zum Thema Suwa, sondern generell sehr bewandert.

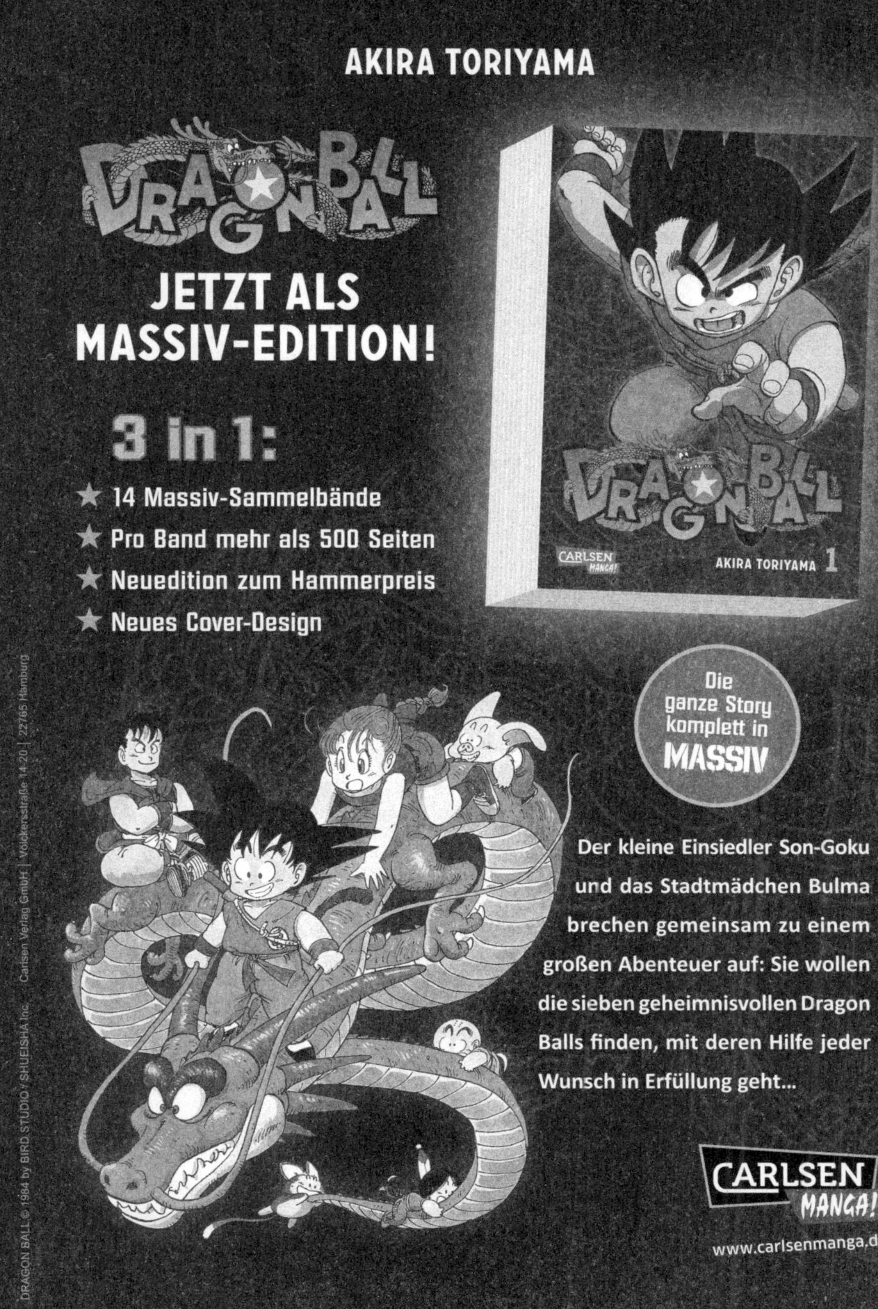
AKIRA TORIYAMA
DRAGON BALL
JETZT ALS MASSIV-EDITION!
3 in 1:
★ 14 Massiv-Sammelbände
★ Pro Band mehr als 500 Seiten
★ Neuedition zum Hammerpreis
★ Neues Cover-Design
DRAGON BALL
CARLSEN MANGA!
AKIRA TORIYAMA 1
Die ganze Story komplett in MASSIV
Der kleine Einsiedler Son-Goku und das Stadtmädchen Bulma brechen gemeinsam zu einem großen Abenteuer auf: Sie wollen die sieben geheimnisvollen Dragon Balls finden, mit deren Hilfe jeder Wunsch in Erfüllung geht...
CARLSEN MANGA!
www.carlsenmanga.de
DRAGON BALL © 1984 by BIRD STUDIO / SHUEISHA Inc. Carlsen Verlag GmbH | Völckersstraße 14-20 | 22765 Hamburg

MISSION: Yozakura Family

HITSUJI GONDAIRA

VORHANG AUF FÜR DIE SCHRÄGSTE UND GEFÄHRLICHSTE FAMILIE DER WELT!

Taiyo Asano ist ein extrem schüchterner Oberschüler. Die einzige Person, mit der er unbeschwert reden kann, ist seine Kindheitsfreundin Mutsumi Yozakura. Doch dann stellt sich heraus, dass Mutsumi ein Geheimnis hat, das Taiyos Leben völlig auf den Kopf stellt: Ihre Familie besteht aus lauter Superspionen! Und als wäre das nicht schon aufregend genug, trachtet Mutsumis großer Bruder ihm auch noch nach dem Leben! Wie weit wird Taiyo gehen, um seine Haut zu retten?

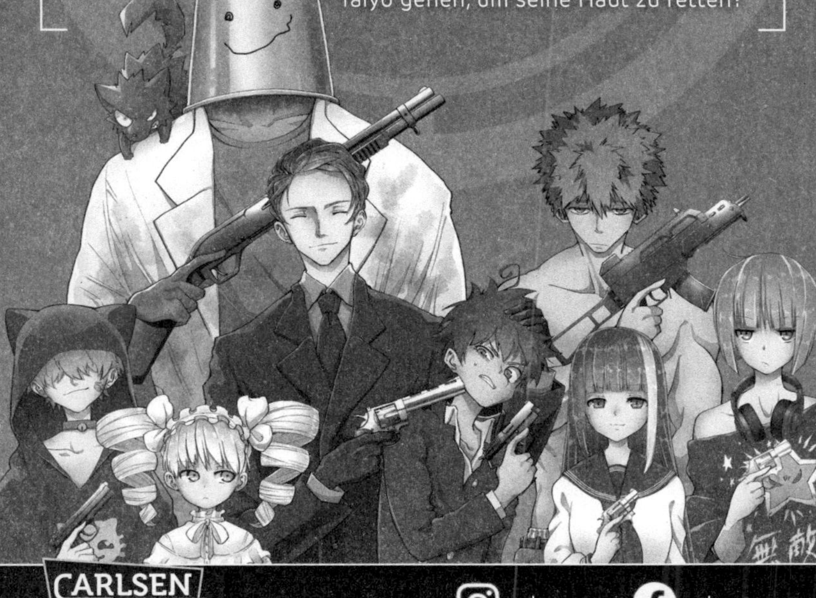

CARLSEN MANGA! www.carlsenmanga.de

carlsen_manga carlsenmanga

MASHLE
MAGIC AND MUSCLES

Story and Art by
HAJIME KOMOTO

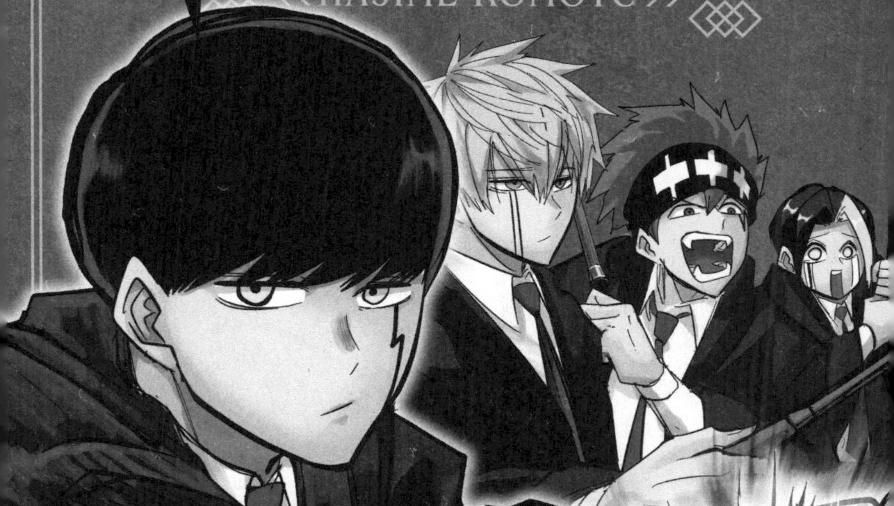

MAGIE IST GUT – MUSKELN SIND BESSER!

Im Reich der Magie wird der soziale Status durch die magischen Fähigkeiten bestimmt. Doch tief im Wald lebt Mash Burnedead, ein junger Mann, der seine gesamte Zeit damit verbringt, seinen Körper zu stählen. Er kann keine Magie benutzen, genießt jedoch ein friedliches Leben mit seinem Vater. Als das herauskommt, geraten beide in Gefahr. Die einzige Lösung: Mash wird in der Magieschule eingeschrieben, wo er die magische Konkurrenz schlagen muss! Wird sich Mash ohne einen Funken Magie und durch reine Muskelkraft einen Weg an die Spitze bahnen können?

CARLSEN MANGA!

www.carlsenmanga.de carlsen_manga carlsenmanga

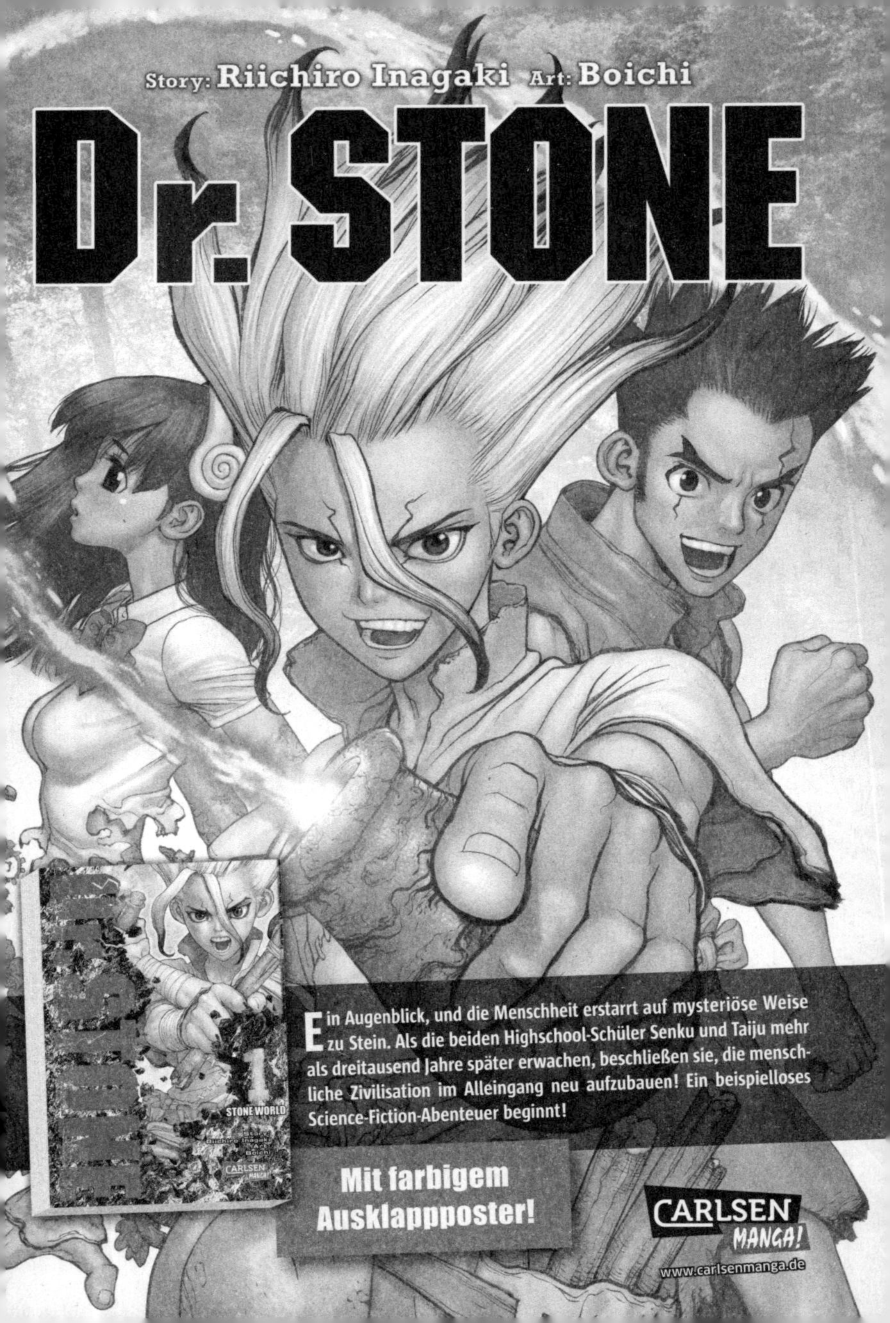
Story: Riichiro Inagaki Art: Boichi
Dr. STONE
1
STONE WORLD
Ein Augenblick, und die Menschheit erstarrt auf mysteriöse Weise zu Stein. Als die beiden Highschool-Schüler Senku und Taiju mehr als dreitausend Jahre später erwachen, beschließen sie, die menschliche Zivilisation im Alleingang neu aufzubauen! Ein beispielloses Science-Fiction-Abenteuer beginnt!
Mit farbigem Ausklappposter!
CARLSEN MANGA!
www.carlsenmanga.de

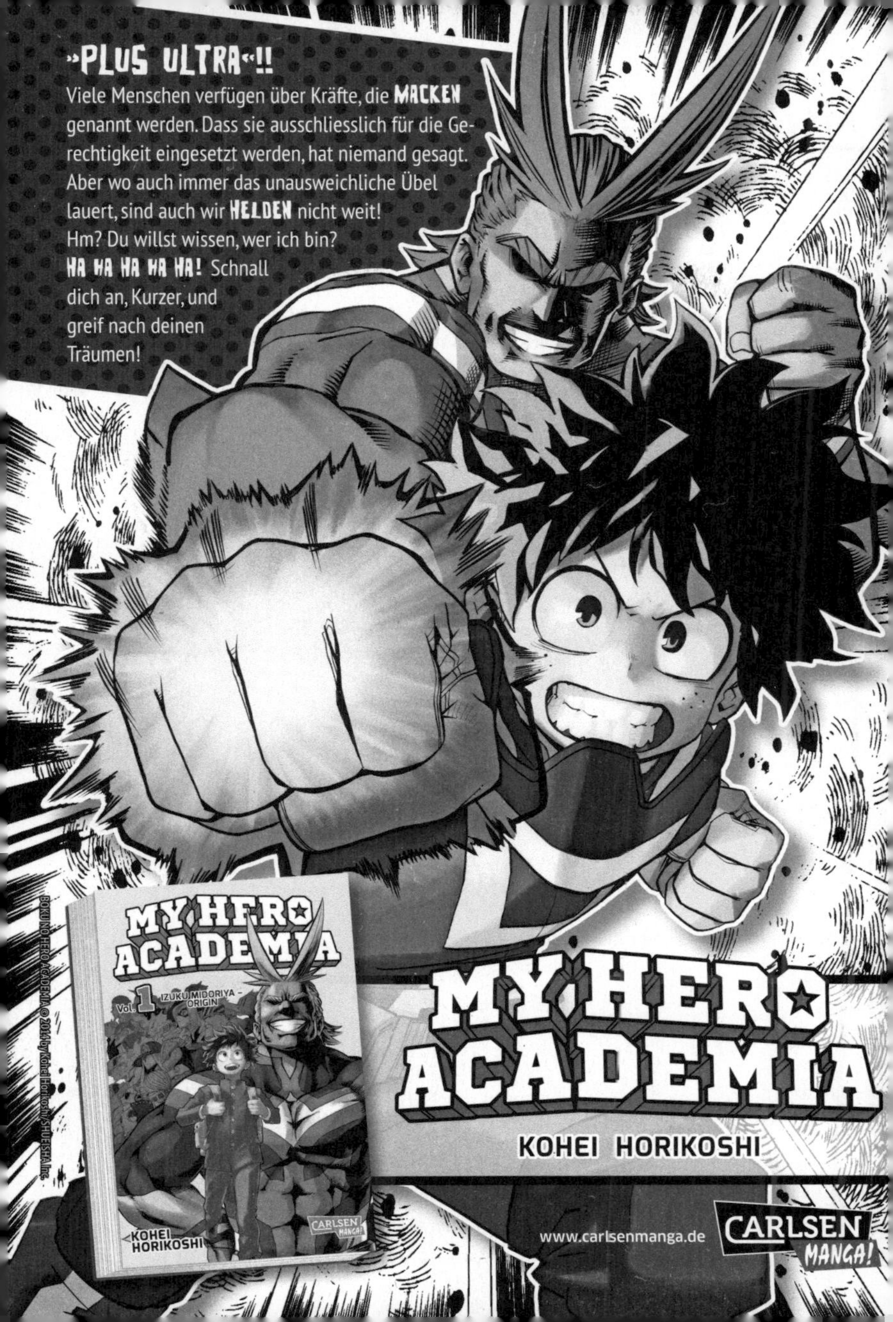
»PLUS ULTRA«!!
Viele Menschen verfügen über Kräfte, die MACKEN genannt werden. Dass sie ausschliesslich für die Gerechtigkeit eingesetzt werden, hat niemand gesagt. Aber wo auch immer das unausweichliche Übel lauert, sind auch wir HELDEN nicht weit!
Hm? Du willst wissen, wer ich bin?
HA HA HA HA HA! Schnall dich an, Kurzer, und greif nach deinen Träumen!
MY HERO ACADEMIA
Vol. 1 IZUKU MIDORIYA – ORIGIN
KOHEI HORIKOSHI
CARLSEN MANGA!
MY HERO ACADEMIA
KOHEI HORIKOSHI
www.carlsenmanga.de
CARLSEN MANGA!
BOKU NO HERO ACADEMIA © 2014 by Kohei Horikoshi/SHUEISHA Inc.

HALT!

Dieser Comic beginnt nicht auf dieser Seite.
The Elusive Samurai ist ein japanischer Comic.
Da in Japan von »hinten« nach »vorne« gelesen wird und von rechts nach links, müsst ihr auch diesen Comic auf der anderen Seite aufschlagen und von »hinten« nach »vorne« blättern. Auch die Bilder und Sprechblasen werden von rechts oben nach links unten gelesen, so wie es die Grafik hier zeigt.
Viel Spaß mit
The Elusive Samurai!

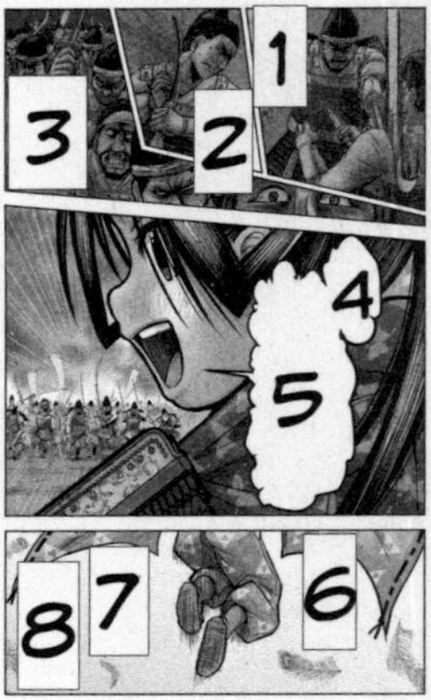

Carlsen Manga! News – jeden Monat neu per E-Mail!
www.carlsenmanga.de
www.carlsen.de

CARLSEN MANGA
Deutsche Ausgabe/German Edition

Aus dem Japanischen von Carina Dallmeier

First published in Japan in 2021 by SHUEISHA Inc., Tokyo.
German translation rights in Germany, Austria, Luxembourg and German-speaking Switzerland arranged by SHUEISHA Inc. through VME PLB SAS, France.
Redaktion: Lisa Gocke
Textbearbeitung: Beatrice Tavares
Lettering: Vibrant
Herstellung: Maria Niemann

ISBN: 978-3-551-80224-8

FSC
www.fsc.org
MIX
Papier | Fördert gute Waldnutzung
FSC® C083411

Unser Versprechen für mehr Nachhaltigkeit
- Klimaneutrales Produkt
- Papiere aus nachhaltigen und kontrollierten Quellen
- Hergestellt in Europa